教育部人文社会科学研究项目（20YJC710039）资助成果，
辽宁省教育厅人文社会科学研究项目(LNSZYT2019191)资助成果，
辽宁省社科规划基金项目（L18WSZ013）资助成果

徐复观
政治思想研究

刘　越／著

知识产权出版社
全国百佳图书出版单位
—北京—

图书在版编目（CIP）数据

徐复观政治思想研究 / 刘越著. —北京：知识产权出版社，2021.8
ISBN 978-7-5130-7639-5

Ⅰ.①徐… Ⅱ.①刘… Ⅲ.①徐复观（1903-1982）—政治思想—研究 Ⅳ.①D092.7

中国版本图书馆 CIP 数据核字（2021）第 155578 号

责任编辑：刘　江　　　　　　　责任校对：潘凤越
文字编辑：李　硕　　　　　　　责任印制：刘译文

徐复观政治思想研究
Xufuguan Zhengzhi Sixiang Yanjiu
刘　越　著

出版发行：知识产权出版社 有限责任公司		网　　址：http://www.ipph.cn	
社　　址：北京市海淀区气象路 50 号院		邮　　编：100081	
责编电话：010-82000860 转 8344		责编邮箱：liujiang@cnipr.com	
发行电话：010-82000860 转 8101/8102		发行传真：010-82000893/82005070/82000270	
印　　刷：三河市国英印务有限公司		经　　销：各大网上书店、新华书店及相关专业书店	
开　　本：720mm×1000mm　1/16		印　　张：17	
版　　次：2021 年 8 月第 1 版		印　　次：2021 年 8 月第 1 次印刷	
字　　数：256 千字		定　　价：88.00 元	
ISBN 978-7-5130-7639-5			

出版权专有　侵权必究
如有印装质量问题，本社负责调换。

前　言

徐复观是一位活跃于 20 世纪中国学术与政治之间的"独树一帜"的学者。他政治生涯的顶峰是担任过国民党党政军联合秘书处副秘书长，成为蒋介石所倚重的高级幕僚，因对国民党的腐败与专制彻底失望而从政治转向学术。他始终关怀着中华民族的命运，一生致力于传统文化与民主政治的融汇，为此他对中、西方政治文化进行了深刻的剖析和批判，提出了政治文化综合创新的理论。海内外学术界对徐复观的研究多集中于他的新儒学思想，而对其政治思想，尤其是其政治文化综合创新理论缺乏系统深入的研究。本书立足于马克思主义的立场、观点和方法，综合运用文献研究、历史分析与哲学思辨相结合、比较分析等研究方法，在对政治思想的科学含义进行界定的基础上，按照政治学的基本内容构建出徐复观政治思想的逻辑体系，并对其政治思想的内容、主要特征、理论意义与现实启示、理论缺失等进行探究。

徐复观通过对"忧患意识"的经典阐释，指出正是"忧患意识"标志着中国传统文化由原始宗教向人文主义的转化，包含了古代中国人以道德理性为主要元素的人文主义的觉醒。他对先秦儒家政治思想进行了深入的研讨和剖析，指出德治思想、民本主义和政治抗议精神构成先秦儒家思想的核心价值。然而，在帝制历史的现实中，宰相制度遭到破坏，法治思想严重缺失，具有政治抗议精神的儒家思想不仅得不到发展，反而与专制政治制度达成妥协。徐复观把先秦时期儒家政治思想的精华与专制时期扭曲变质的儒家政治思想区别开来，这是其政治文化综合创新的重要前提，是必不可少的第一步。

徐复观一方面发掘西方政治文化中民主与法治的精华，另一方面也批判了西方政治文化中自由与平等的矛盾、阶级与历史的局限及个人主义的弊端。他指出西方民主政治的建立，缺少了政治家与公民的"道德的自觉"这样一种思想与精神方面的坚实基础。他反对两极分化的社会，反对富贵豪强与民争利，认为平等和分配正义是人的真正自由的基础和必要的保证，批判了资本主义的弊端。这些表明他也受到了马克思主义的影响。徐复观坚决反对通过全盘西化来建设现代中国，主张对西方政治文化加以区分和鉴别，取其精华、去其糟粕，这是其政治文化综合创新的必要条件。

基于此，徐复观认为，中国必须学习和汲取西方政治文化中民主与法治方面的精华，使之与先秦儒家政治思想的精华创造性地融合，同时儒家人文主义可以赋予现代民主政治以道德和精神的内涵，弥补西方民主自由主义的缺陷。因此，他主张把先秦儒家的思想精华，如德治思想、民本主义和政治抗议精神等，与西方的民主和法治的思想精神相沟通融汇，通过综合创新的途径，来开创新的中国政治文化。这一政治文化综合创新的理论是徐复观政治思想的归结点和落脚点，也是其政治思想的核心内容。

徐复观关注中国的现实政治，力图重建儒家的政治之道。他立足于自由主义者的立场来维护传统文化，努力寻求传统与自由的综合创新，这是他对那个时代所作出的最具独创性的贡献。但是，徐复观的政治思想终究没有逃脱唯心史观的局限、阶级的局限及历史与时代的局限。从本质上讲，他所维护的是儒家伦理本位和心性之学的唯心主义传统，而建立在唯心史观基础上的道德理性和道德价值是不可能真正揭示政治思想的本质和规律的。他所代表的是士人阶级和知识分子的特殊利益，这决定了在他的价值理想中也不可能真正找到农民阶级的位置。基于历史和时代的局限，他对政治文化综合创新的构思与阐述也不可能以马克思主义为主导，这样的综合创新理论也不可能真正解决中国的民主政治问题。吸收和借鉴徐复观政治思想的合理成分，对于我们以马克思主义为指导、不断推动新形势下中国特色社会主义政治文化建设，具有重要的理论意义与现实启示。

目 录

第一章 绪论 ··· 1
  第一节 研究背景与意义 ··· 3
  第二节 研究综述 ··· 7
    一、港台地区研究状况 ··· 7
    二、内地（大陆）研究状况 ··· 13
  第三节 研究思路与基本框架 ··· 21
  第四节 研究方法 ··· 25
第二章 徐复观政治思想形成的历史背景及其人生与心路历程 ········· 27
  第一节 历史背景 ··· 29
    一、传统文化的危机与中国知识分子的回应 ························· 29
    二、国民党政府专制统治下的政治、经济等社会境况 ·············· 35
  第二节 人生与心路历程 ··· 46
    一、求学经历 ··· 47
    二、政治生涯 ··· 48
    三、转向学术 ··· 50
第三章 徐复观对先秦儒家政治思想的论析 ······························· 57
  第一节 对"忧患意识"的经典阐释 ·· 59
    一、"忧患意识"的发源 ··· 59
    二、"忧患意识"的内涵 ··· 62
    三、"忧患意识"的传承 ··· 67
  第二节 对孔子与孟子人性论学说的阐发 ······························· 69
    一、孔子的人性论学说 ··· 69
    二、孟子的人性论学说 ··· 74

第三节　对先秦儒家政治思想主要内涵的发掘 ………………… 80
　　　一、德治思想 ……………………………………………………… 81
　　　二、民本主义 ……………………………………………………… 83
　　　三、以德抗位的政治抗议精神 …………………………………… 88

第四章　徐复观对皇权专制制度及专制时期儒家思想的论析 …… 93
　　第一节　对皇权专制制度的剖析与批判 ………………………… 95
　　　一、专制制度的形成 ……………………………………………… 95
　　　二、专制制度的实质与特征 ……………………………………… 98
　　　三、皇权与相权的矛盾 …………………………………………… 109
　　　四、皇权与贵族及知识分子的矛盾 ……………………………… 114
　　第二节　对专制时期儒家思想的批判性研讨 …………………… 125
　　　一、对董仲舒"天人三策"的辨析 ……………………………… 126
　　　二、儒家的抗争与妥协 …………………………………………… 135
　　　三、法治思想的缺失 ……………………………………………… 140

第五章　徐复观对西方经典自由主义的论析 ……………………… 145
　　第一节　西方经典自由主义的合理因素 ………………………… 147
　　　一、自然权利思想 ………………………………………………… 147
　　　二、法治与民主思想 ……………………………………………… 149
　　第二节　西方经典自由主义的缺陷 ……………………………… 152
　　　一、自由与平等的矛盾 …………………………………………… 152
　　　二、阶级和历史的局限 …………………………………………… 153
　　　三、个人主义的弊端 ……………………………………………… 156

第六章　徐复观对政治文化综合创新理论的探索 ………………… 159
　　第一节　政治文化综合创新的必要性 …………………………… 161
　　　一、儒家思想与中国政治现实的矛盾 …………………………… 162
　　　二、西方民主政治缺乏伦理道德的根基 ………………………… 166
　　　三、儒家政治思想可以为西方民主政治提供伦理道德的根基 … 168
　　第二节　中国政治文化综合创新的途径 ………………………… 173

一、走民主政治道路……………………………………………… 173
　　二、将儒家思想中的德治与西方民主政治中的法治相统一…… 176
　　三、建立民主政治制度所要遵循的原则…………………………… 180
第七章　对徐复观政治思想的评价……………………………………… 185
　第一节　徐复观政治思想的贡献及特征……………………………… 187
　　一、与自由主义者的比较………………………………………… 187
　　二、与传统主义者的比较………………………………………… 192
　　三、与综合创新者的比较………………………………………… 202
　　四、主要特征……………………………………………………… 208
　第二节　徐复观政治思想的局限……………………………………… 211
　　一、唯心史观基础………………………………………………… 211
　　二、阶级局限性…………………………………………………… 214
　　三、历史与时代局限性…………………………………………… 217
　第三节　徐复观政治思想的当代启示………………………………… 221
　　一、正确认识传统与现代性的辩证关系………………………… 221
　　二、对西方政治文化要取其精华、去其糟粕…………………… 224
　　三、中西政治文化精华的综合创新……………………………… 228
第八章　结论、创新点与展望…………………………………………… 231
　第一节　结论…………………………………………………………… 233
　第二节　创新点………………………………………………………… 235
　第三节　展望…………………………………………………………… 237
参考文献…………………………………………………………………… 239
后　记……………………………………………………………………… 259

第一章

绪 论

第一节　研究背景与意义

作为中国两千年来的治国之道，儒家思想同现代西方文化之间的理论关系，一直是一个广为学界争论的重大课题。这一课题，不仅关系到儒学现代化的发展，更关系到中国政治文明的出路。晚清时期，一大批先进的知识分子致力于探索这一课题，他们奋身而起、呕心沥血，试图找寻融通中西的途径。然而，在当时的历史条件下，他们对西方文化的理解非常有限，对儒学现代化转化的探索并不成功，对儒家思想与西方文化关系的理解难免偏颇，不足以称为深刻的理论反思。近几十年来西方社会学家和政治学家不断地反思启蒙运动以来把传统与现代性截然对立的思想方法，指出传统并不是铁板一块，应把传统中的精华与其腐朽落后的因素区分开来，认为传统与现代的进步因素是相互渗透、相互作用的，会促成相互的转化、变革与更新。"五四"新文化运动是中国的启蒙运动，为中国社会的进步扫清了许多思想文化方面的障碍。但是"五四"新文化运动的主要领导人未能对传统中各种不同的成分与因素加以深入细致的鉴别与区分，因而导致了对儒家文化的全盘否定。这种对传统文化精华的误解，对于中国的新文化的创造无疑是非常不利的。

然而，在中国文化的空前厄运之中，却有少数学者保持了清醒的自我文化意识，他们既对儒家思想有着深切的体认，同时又对西方文化拥有开放的心态。作为对"五四"反传统思潮的挑战，新儒家应运而生。新儒家学者注目于儒家思想与西方文化之间的微妙和复杂的关系，融通中西，热爱传统，努力以现代精神诠释儒家思想，使之与现代社会相适应，从而开拓出一个崭新的研究视野。牟宗三评价说，新儒家维护孔子思想的真价值，阐扬传统文化的真精神，对极端反传统主义作出了直接回应。这个回应是对鸦片战争以来，中华民族对于所遭遇到的西方文化的冲击以及民族文化大患难的回应。❶ 第一代新儒家的代表人物，如梁漱溟、熊十力、冯友兰和贺麟等人都对西方的思想文化有相当深度的了解，并进行了富有成效的东西方文化的比较研究。他们用全新的观点看待历史，强调中国文化的创造与发展离不开传统文化的复兴，尤其是儒家思想的复兴。

最早使用"新儒家"概念解说文化保守主义思潮的是贺麟。1941年8月，《思想与时代》第1期刊登了贺麟的《儒家思想的新开展》。贺麟在这篇被称为1949年之前"现代新儒家的宣言书"中指出，中国近百年的危机源于文化的危机。中华民族若要复兴，就必须有中国文化的复兴，而中国文化要复兴，就必须有儒家思想的复兴。他认为，"五四"时期的知识分子最大的贡献在于，他们打破和扫除了儒家思想僵化迂腐的躯壳，但孔孟学说的真精神并没有被摧毁；由于五四运动的冲刷和净化，反而使得儒家思想的真谛获得了彰显的新机遇。现代西方文化的冲击与挑战，就提供了这样一种机遇，若能吸收西方文化的精华以充实和发展传统儒学，儒家思想必将获得新的生命。

1949年以后，第一代新儒家代表人物如梁漱溟、熊十力、冯友兰及贺麟等都留在了大陆，而第二代新儒家的代表人物牟宗三、徐复观和唐君毅等则去了香港和台湾地区。1958年年初，香港杂志《民主评论》发表了由牟宗三、徐复观、张君劢与唐君毅联合署名的《为中国文化敬告世界人士宣言——我们对中国学术研究及中国文化与世界文化前途之共同认识》（以下简称《中国文化宣言》）。《中国文化宣言》辨析了中国传统文化的优点与缺陷。它指出，中国传统文化没有像西方文化那样发展出民主和科学，这固然是其缺失之处。但是，先秦儒家思想中包含主张"民贵君轻"的民本主义和"以德抗位"的精神，这些在根本意义上与封建专制制度不相容，却与民主主义的内在要求相一致。《中国文化宣言》断

---

❶ 牟宗三. 大难后的反省——一个骨干，《历史与文化》代发刊词［M］//牟宗三全集（第26卷）. 台北：联经出版公司，2003：969-972.

定，儒家人文主义作为中国传统文化的主体仍然富有生命力，无论过去、现在还是将来，都将与中华民族血肉相连，并在新的中国文化的形态中获得复兴与发展。

从一方面来讲，在20世纪的中国学术界，徐复观是一位独树一帜、极富传奇色彩的重要学者。作为现代新儒家的代表之一，他同梁漱溟、张君劢、熊十力、唐君毅、牟宗三等人一样，面对20世纪的"道德迷失""存在迷失"及"形上迷失"凝聚成的"意义危机"（the crisis of meaning），努力去做"意义探求"（search of meaning）的工作，❶以解决传统与现代化的关系问题。在那样一个被本杰明·史华兹称为"与过去所有文化秩序做全盘而彻底的决裂"❷的社会，徐复观同他的师友们保持着清醒的文化自我意识，对极端反传统主义的文化思潮作出积极的回应，指出他们的偏颇与失误，为实现中国传统文化的创造性转化而努力，这是其最难能可贵的贡献。在现代新儒家学者中，徐复观以他曲折复杂的生命经历和自成一家的学术方向与成就，成为跋涉于学术与政治之间的一位相当独特的代表人物。

与牟宗三、唐君毅不同，徐复观不是"象牙塔"中的学者。早年的农村生活、后来的从政经历与学术生涯成为影响其政治思想形成的三个重要因素。徐复观出生于一个贫苦的农民家庭，早年目睹了农村的苦难与农民的艰辛。他深切地同情劳苦大众，视自己为"大地的儿子"。他在青年时代怀抱革新中国社会的理想，一介书生投身于政治的激流。他曾与国共两党许多重要政治人物有过交往，经历过许多重大的政治事件，对20世纪的中国政治有着深刻的理解与体验。对劳苦大众的同情与丰富的政治经历使得徐复观对政治问题的理解比其他新儒家学者们更为深刻。1949年后，他进入台湾和香港地区的文化学术界，由政治转向学术，开始了长达

---

❶ [美]张灏.新儒学与当代中国的思想危机[M]//幽暗意识与民主传统.成都：四川出版集团、四川教育出版社，2013：70-72.
❷ [美]林毓生.中国意识的危机——"五四"时期激烈的反传统主义[M].穆善培，译.贵阳：贵州人民出版社，1986：序1.

30多年的学术生涯，著作等身，成为现代中国一位卓有建树的政治思想家。除了学术著作外，他还发表了数百篇政论文章，在港台地区产生了重要影响，这些政论文章也成为人们了解和评价徐复观政治思想的重要途径。

与"五四"时期的许多有志青年一样，徐复观怀抱革新中国社会的愿望。在他看来，要救中国，并且建立一个现代化的、独立的、民主的民族国家，我们既要继承传统文化的精华，又要研究和吸纳西方思想文化的精华，并实现二者的创造性融合。"五四"时期的反传统主义者断言，儒家思想是封建专制社会的产物，是为维护封建专制制度服务的，其原则与民主政治完全相悖。而徐复观通过深入细致的研究，发现儒家政治思想并不是铁板一块，先秦儒家思想中包含着一种"以德抗位"的政治抗议精神及以人民利益和需求为本位的民本主义，并力图把这种思想精华与秦汉后在近两千年专制政体的压抑下被扭曲了的儒家思想相区分，使之与现代民主与法治意识相沟通，以开创新的中国政治文化。因此，研究徐复观的这方面思想，对于我们不断推动新形势下中国特色社会主义政治文化建设具有重要的理论意义与现实意义。

同时，应对各种社会思潮的挑战是马克思主义中国化实践中一个不可回避的重要问题。马克思主义中国化在实践过程中，除了遭到自由主义"全盘西化派"的攻击之外，还始终受到文化保守主义新儒家的挑战。三种思潮都主张中国要现代化，但各自选择的道路有原则性的分歧。马克思主义者坚持走社会主义现代化的道路，通过马克思主义的普遍原理与中国实际的结合，把"中国特色"置于越来越重要的地位；自由主义者主张照抄西方经验，走西方工业文明即西方资本主义的道路；现代新儒家则批判"现代化即等于西化"的口号，主张走"儒学复兴"的道路。在反对"全盘西化论"和自由主义这一方面，现代新儒家同马克思主义者具有一致性；在拒斥马克思主义这一方面，现代新儒家又同自由主义者具有相似性。

由于当时两岸隔绝的特殊政治环境，以及马克思主义中国化实践过程中存在的一些曲折，第二代新儒家的一些代表人物对马克思主义和中国共产党的认识有一些错误和偏差。然而，与牟宗三和张君劢等人不同，徐复观深受中国共产党和马克思主义的影响，并且他自己也毫不隐晦地表明，马克思主义曾在一个相当长的时间里在他的思想中占重要位置。但是，历史的、时代的、阶级的局限使得徐复观最终还是放弃了马克思主义，从而对马克思主义和中国共产党产生了误解和驳难。因此，我们应以马克思主义的立场、观点和方法为指导，对徐复观政治思想进行客观和实事求是的分析和评价，研究其与中国化马克思主义的关系。这不仅有助于我们全面了解徐复观政治思想的理论特质，也有利于我们更加坚定马克思主义理想和信念，树立科学的马克思主义观。从这个意义上说，研究徐复观的政治思想具有重要的理论意义和学术价值。

第二节 研究综述

徐复观是第二代新儒家中极其特殊的重要代表人物，他的思想在港台地区有很大的影响。不过，直到20世纪80年代，随着大陆（内地）对新儒学研究的不断深入，徐复观的思想才逐渐引起大陆（内地）学术界的关注。

一、港台地区研究状况

1982年4月1日，徐复观病逝。12日，他的生前亲友、学生、同事与学者聚集在台湾东海大学举行"徐先生纪念会"，共同追悼这位新儒学大师。在这次纪念会上，东海大学教授蔡仁厚发表了题为《徐复观先生对中国思想史的贡献》的讲话。蔡仁厚高度评价了徐复观对中国思想史的卓越贡献。他指出，徐复观道出了先秦儒家思想的真谛，即"真正的儒家思想是以人性为根基，以道义为血脉，以民为本、以民为贵的，它根本不利于专制独裁。而一个纯正的儒者，是永远站在正义公理的立场，针对专制权势的泛滥而提出敢正之批评的"。❶

1984年在台北出版发行了《徐复观教授纪念文集》，这是第一本纪念和研究徐复观的论文集。书中收录了他的亲友、学生、同事以及其他学者的90多篇文章，内容涉及他的生前轶事、人格风范、学术贡献等多个方面。其中著名学者余英时的文章高度评价了徐复观的学术地位和批判精神。他指出，徐复观一生的成就最可以用他的早期著作《学术与政治之间》作象征，徐复观的学术研究往往反映出其政治生涯的影响。"徐先生的一生，与学术、政治二者，都有着关系。近代的知识分子也有不少是如此的，但不同的是，很少人能够像徐先生一样深入到政治与学术之中，很多知识分子都是徘徊在政治与学术的边缘，对两者都没有深刻的了解，不如徐先生在这两面的突出。"❷ 余英时把徐复观与新儒家的另外两位有影响的代表人物唐君毅和牟宗三做了比较，认为徐复观比唐君毅和牟宗三更能把握历史的关键，并且对一般读者能有更深刻的启发。他指出这是因为只有徐复观能够做到以历史的经验发掘思想的问题。此外，他赞扬徐复观不追攀主流和当权派，具有知识分子的独立人格和批判精神，而这些都有助于徐复观最终成就了自己在中国政治思想史上的独特地位。

1991年6月，台湾东海大学召开"徐复观学术思想国际研讨会"，纪念徐复观逝世10周年。此次会议在学术与思考、文学与艺术、历史与社会等三个维度对徐复观的思想进行了研讨，会后出版了《东海大学徐复观学术思想国际研讨会论文集》。杜维明在其专题报告《徐复观先生的人格风范》中指出："徐复观老师的自我认识、社会关切、人文精神和终身之忧为现代新儒家开辟了一条文史哲三途并进，上承孔孟，旁及老庄，融

---

❶ 蔡仁厚. 徐复观先生对中国思想史的贡献 [M]//曹永洋. 徐复观教授纪念文集. 台北：时报文化出版事业有限公司，1984：372.

❷ 余英时. 血泪凝成真精神 [M]//曹永洋. 徐复观教授纪念文集. 台北：时报文化出版事业有限公司，1984：115-116.

合汉代思想，体究魏晋美学，汲取宋明精神（特别是程伊川所启示的平实做人的道理），消化乾嘉的朴学，针对西方自由民主思潮，为儒学第三期发展创造了多彩多姿，殊途同归的康庄大道。"❶

从总体上说，港台地区学术界对徐复观政治思想的研究主要体现在以下四个方面。

（1）港台地区学者普遍认为，徐复观以现代的视角揭示了先秦儒家思想的核心价值，并力图使之重新获得生机与活力，这是徐复观所作出的十分重要的学术贡献。

苏新鋆和黄俊杰指出，徐复观从其著名的"忧患意识"概念入手，揭示了中国人文主义精神的起源。在苏新鋆看来，徐复观对于"忧患意识"这一概念的阐释"为我们要得知中国文化走上重道德的人文精神的道路发展，主要是由于有忧患意识的产生，忧患意识是道德的人文精神的起点这种正确的了解，指点出了直接契入的捷径"❷。黄俊杰认为，对于"忧患意识"这一概念的提出与阐释是徐复观对于中国学术的一个特殊的贡献。他指出徐复观正是以"忧患意识"作为重新解释儒家思想的主轴，贯通了"孝""仁""礼"等儒家重要的价值观念，而这些道德概念和行为都是"忧患意识"的显现。❸何信全从徐复观对儒家性善论和德治观念两个方面进行重新诠释的角度，分析了儒家贯穿伦理与政治，并使伦理与政治合二为一的理论。何信全指出，在徐复观看来，儒家的伦理思想也就是儒家的政治思想，而从这一点上说，徐复观掌握了儒家政治哲学的核心。❹乐炳南也有过相似的论述。他指出，在徐复观那里，儒家思想从某一角度看是伦理思想，而从另一角度看则是政治思想，"伦理与政治不

---

❶ 杜维明. 徐复观先生的人格风范［C］//吕士朋，杨承祖，蔡仁厚，等. 东海大学徐复观学术思想国际研讨会论文集. 台中：东海大学，1992：28.
❷ 苏新鋆. 徐复观先生活转先秦儒家之思想纲脉［C］//吕士朋，杨承祖，蔡仁厚，等. 东海大学徐复观学术思想国际研讨会论文集. 台中：东海大学，1992：35.
❸ 黄俊杰. 东亚儒学视域中的徐复观及其思想［M］. 上海：华东师范大学出版社，2012：128-142.
❹ 何信全. 儒学与现代民主［M］. 北京：中国社会科学出版社，2001：113-130.

分"正是儒家思想的特色。此外,乐炳南还就徐复观对儒家思想的诠释与阐发进行了详尽分析。他指出,徐复观把儒家政治思想的精髓归结为德治思想、民本思想和礼治思想,并对此进行了详尽的阐发,同时论述了徐复观对于儒家政治思想的历史性局限的分析,以及儒家政治思想在当代社会超越其局限、取得新的发展以适应时代要求的途径。❶

林载爵指出,徐复观"对于民主与自由有着强烈的渴望。他追本溯源,指出儒家思想在开出民主政治上的基本限制,但更强调儒家思想所具备的自由精神必然可补西方民主政治之不足。他最珍惜的是儒家的道德自觉可以解决西方民主政治的问题,而民主政治反过来又可以提升德性"。❷所以,林载爵认为徐复观是真正把握儒家精神的人,同时又是以实现民主政治为己任的政治思想家。

(2) 港台地区学者还比较深入地探讨了徐复观对于秦汉以来中国专制制度的深刻剖析与批判。

林毓生认为,徐复观对于秦汉以来中国专制政体的分析和批判,是20世纪以来中国人文学界少数几个最重要的成果之一。❸廖伯源、乐炳南和黄俊杰等指出,徐复观将"中央集权"和"一人专制"归结为中国古代专制政体的两大特征。❹乐炳南和黄俊杰还进一步评述了徐复观对"一人专制"的五种特性的剖析,肯定了徐复观关于"一人专制"

---

❶ 乐炳南. 徐师对秦汉专制政治方面的精解和对儒家思想的阐发 [M]//曹永洋. 徐复观教授纪念文集. 台北:时报文化出版事业有限公司,1984:181-183.

❷ 林载爵. 徐复观论民主与自由 [C]//吕士朋,杨承祖,蔡仁厚,等. 东海大学徐复观学术思想国际研讨会论文集. 台中:东海大学,1992:486.

❸ 林毓生. 中国传统的创造性转化 [M]. 北京:生活·读书·新知三联书店,1988:244-245.

❹ 廖伯源. 述徐复观先生对秦汉政治制度史研究的两点成绩 [C]//吕士朋,杨承祖,蔡仁厚,等. 东海大学徐复观学术思想国际研讨会论文集. 台中:东海大学,1992:304-305;乐炳南. 徐师对秦汉专制政治方面的精解和对儒家思想的阐发 [M]//曹永洋. 徐复观教授纪念文集. 台北:时报文化出版事业有限公司,1984:171;黄俊杰. 东亚儒学视域中的徐复观及其思想 [M]. 上海:华东师范大学出版社,2012:35.

的专制制度乃是两千多年来中国思想与学术发展缓慢的根本原因的论断。❶ 此外，乐炳南还高度评价了徐复观对汉代宰相制度演变的分析。徐复观慧眼独具地指出，"专制中所谓英明之主，常与宰相制度不相容，必加以破坏而后快。但埋葬此一朝代的因素，也即孕育于此。"❷ 在乐炳南看来，徐复观对于皇权与相权关系的剖析是十分深刻的，皇权与相权的矛盾无疑是"一人专制"的专制制度本身造成的无法克服的矛盾。

（3）港台地区学者探讨了徐复观关于传统与现代辩证关系的思想。

萧欣义把徐复观称为"积极的保守主义者"或"创新的传统主义者"。他指出，"如果说徐教授有所保守，他所要保守的中国文化中尊重人性，个人人格尊严，个人心灵自由"❸ 等积极的因素。韦政通把徐复观的思想特征概括为"以传统主义卫道，以自由主义论政"。他指出，"五四"以来学术界、知识界往往误将现实统治中的弊端统统归咎于孔子与孟子的思想学说，因而要一并打倒，徐复观对于这种做法进行了驳斥，对于当代自由主义者极端反传统的做法也进行了深刻的批判。然而在对于现实政治的批评方面，徐复观又往往同自由主义结成联盟。在徐复观那里，儒家思想中的"天下为公""民贵君轻""当仁不让于师""匹夫不可夺志"等政治理想和刚毅独立的人格与精神，与近代自由主义者所追求的民主、自由的精神是一致的，而儒家精神、人文主义又是民主、自由精神的真正依据，是他更加积极的主张。❹

---

❶ 乐炳南. 徐师对秦汉专制政治方面的精解和对儒家思想的阐发 [M]//曹永洋. 徐复观教授纪念文集. 台北：时报文化出版事业有限公司，1984：171-173；黄俊杰. 东亚儒学视域中的徐复观及其思想 [M]. 上海：华东师范大学出版社，2012：35-36.

❷ 乐炳南. 徐师对秦汉专制政治方面的精解和对儒家思想的阐发 [M]//曹永洋. 徐复观教授纪念文集. 台北：时报文化出版事业有限公司，1984：180.

❸ 萧欣义. 一个创新主义的传统观 [M]//罗义俊. 评新儒家. 上海：上海人民出版社，1989：554.

❹ 韦政通. 以传统主义卫道，以自由主义论政——徐复观先生的志业 [M]//罗义俊. 评新儒家. 上海：上海人民出版社，1989：557-566.

(4) 港台地区学者还评析了徐复观从广义的视角对于中西文化的比较研究。

李明辉和翁志宗都以徐复观和自由主义的代表人物殷海光等人为例，把新儒家同自由主义进行了比较研究。李明辉认为，徐复观和殷海光的争论焦点主要集中在两个问题：一是中国传统文化是否阻碍了科学与民主在中国的发展；二是民主政治是否需要道德基础。对于这两个问题的回答，徐复观和殷海光是针锋相对的。然而，随着时间的流逝，殷海光的看法逐渐发生变化，对于传统文化采取了更加包容的态度和立场。所以李明辉得出结论，新儒家与自由主义之间并无不可调和的矛盾。❶ 翁志宗认为殷海光是典型的古典自由主义者，而徐复观则试图将中国传统文化中的积极因素与自由主义中的积极因素相融合。他还指出，自由主义和新儒家都认为应当建立现代化的民主与法治的政治制度。❷

综上所述，港台地区学术界对徐复观其人和其思想的研究，向度比较多样，研究的资料和文献更为丰富，其中包括徐复观的亲朋故旧对于他生平及思想的回忆。他的长女徐均琴曾忆及其父卧病在床时，依然提及"天下为公"的思想。徐均琴在回忆文章中称父亲为"大地之子"，揭示了徐复观思想与人格中的人民性。徐复观的次女陶一贞讲述了其父青年时代与陶子钦、熊十力等交往的鲜为人知的往事。余纪忠、胡秋原、赵聪、廖伯源、薛顺雄、曹永洋、区结成等学者，或为徐复观书写人物传略，或撰文回忆其生活点滴，这些对我们全面了解徐复观的人生道路和思想历程均具有重要意义。港台地区学术界的研究成果，为内地（大陆）徐复观政治思想的研究提供了十分有价值的第一手资料，也在一定程度上促进了内地（大陆）徐复观研究的深入和发展。

---

❶ 李明辉. 徐复观与殷海光——当代新儒家与中国自由主义的争辩之一个剖面 [C]//吕士朋，杨承祖，蔡仁厚，等. 东海大学徐复观学术思想国际研讨会论文集. 台中：东海大学，1992：491-522.

❷ 翁志宗. 自由主义者与当代新儒家政治论述之比较——以殷海光、张佛泉、牟宗三、唐君毅、徐复观的政治论述为中心 [D]. 台北：政治大学，2001：211-212.

二、内地（大陆）研究状况

内地（大陆）学术界最早对徐复观思想进行研究的是卢善庆，他所撰写的《中国古代文化中艺术精神的探源溯流——读徐复观〈中国艺术精神〉》一文，刊载于1987年复旦大学出版社出版的《中国文化》第四辑。1987年9月，由方克立、李锦全主持的"现代新儒学思潮研究"课题组在安徽宣州召开第一次工作协调会议，把徐复观列为课题组重点研究的现代新儒家代表人物之一。李维武作为课题组成员，负责承担徐复观新儒学思想研究，由此推动了内地（大陆）学术界的徐复观研究。四年之后，湖南教育出版社出版李维武的博士论文《二十世纪中国哲学本体论问题》，论文中的一节为"徐复观：消解形而上学"。李维武认为，徐复观"一反人文主义思潮重建哲学本体论的基本立场，力主消解形而上学，主张直接立足于中国人的文化世界去把握其人文主义精神"。❶ 李维武发现，在对这一问题的理解上，徐复观表达了他与熊十力、牟宗三和唐君毅诸师友不同的学术取向。

1995年8月29~31日，武汉大学和东海大学联合举办了研究徐复观思想的专题学术会议——"徐复观思想与现代新儒学发展学术讨论会"，徐复观的亲友和学生，以及致力于现代新儒学研究的诸多学者到会。会上萧萐父、杜维明、方克立等28位学者做了主题报告。会议收到大陆（内地）、香港、台湾地区学者提交的学术论文30余篇；会后出版论文集《徐复观与中国文化》。在这次会议上，学者们对徐复观的哲学、经学、史学、美学、政治学等诸方面思想，以及徐复观学思成就的个性特征和时代价值进行了深入细致的讨论。武汉大学萧萐父教授对徐复观学术成就的评价是具有代表性的。他在题为《徐复观学思成就的时代意义》的演讲中指出，徐复观是一位跋涉于学术与政治之间的卓有建树、耿直不阿的学者和思想家。徐复观的学术特点是，在中学与西学、旧学与新学、历史与现实、

---

❶ 李维武.二十世纪中国哲学本体论问题[M].长沙：湖南教育出版社，1991：254.

传统与现代、儒门与道家、道德与艺术之间自觉地保持张力，在对中西文化传统的批判与继承中寻求思想的进步。萧萐父认定，徐复观所发掘的中国传统文化的人文精神，是现代价值的生长点，也是传统与现代的接合处，他认为这是徐复观留给我们的宝贵思想遗产和学术成就，具有重要的时代意义。❶ 这次会议的成功举办，推进了大陆（内地）学术界对徐复观思想的研究，也为进一步加深海峡两岸现代新儒学的思想交流打下良好基础。

2003年12月，为纪念徐复观百年诞辰，武汉大学主办了"徐复观与20世纪儒学发展"海峡两岸学术研讨会。与会学者对徐复观的哲学、政治学、文学、美学等思想，以及徐复观的思想性格和精神归属等问题进行了更加深入的研究和探讨。这次会议对徐复观思想的研究是全方位的，不仅议题更为广泛，视角也更加多样，这标志着徐复观思想研究的长足进步。

大陆（内地）学术界两次研究徐复观思想的专题学术会议的成功举办，集中展示了徐复观思想研究的重要成果。而这之后，大陆（内地）学术界开始对徐复观的著作进行细致的整理和编撰工作。1996年，中国广播电视出版社出版《中国人文精神之阐扬——徐复观新儒学论著辑要》；2002年，湖北人民出版社出版《徐复观文集（1~5卷）》；2001年，上海三联出版社出版《中国人性论史——先秦篇》；同年，华东师范大学出版社出版《中国文学精神》《两汉思想史（1~3卷）》；2002年，上海书店出版社出版《徐复观论经史学二种》；2004年，上海书店出版社出版《中国思想史论集》《中国思想史论集续篇》；同年，华东师范大学出版社出版《中国学术精神》《中国知识分子精神》《中国人的生命精神》《中国的世界精神》；2009年，华东师范大学出版社出版《学术与政治之间》；2014年，九州出版社将徐复观的著作重新编辑、校订和整理，出版《徐复观全集》，共计26册。近些年来，大陆（内地）学术界的整理和编撰工作，使得徐复观毕生积累的智慧完整地呈现在读者面前，无疑为研究徐

---

❶ 萧萐父. 徐复观学思成就的时代意义［M］//李维武. 徐复观与中国文化. 武汉：湖北人民出版社，1997：13.

复观的政治思想打下了良好的基础。

前文曾从徐复观对先秦儒家思想核心价值的现代诠释等四个方面分析了港台地区学术界对徐复观政治思想的研究现状，大陆（内地）学术界对于徐复观政治思想的研究情况与港台学者的研究互有交叉、各有侧重。

（1）高度肯定徐复观对先秦儒家思想核心价值的现代诠释。

徐复观所提出的以"忧患意识"为中国人文主义精神之滥觞的思想，得到学术界的广泛认同。黄克剑认为，徐复观着力于对中国思想史中的中国文化精神的抉发，并把先秦儒家的人文主义看作中华民族精神的源头活水。他认为先秦儒家的人文主义不仅居于中国哲学史的主干地位，"而且作为中华民族历史之谜的谜底为变化着的诸多文化现象提供最初和最后的凭依"。❶ 肖滨指出，徐复观把传统中国文化置于中国人性论思想史演进的轨迹中，把握到传统中国文化是心的文化的真谛。❷ 姜国柱也致力于徐复观心性论的研究，他与肖滨一样，都认为徐复观把心性论作为中国传统文化的基础与核心。姜国柱还进一步分析了徐复观文化观的心性与政治的关系，指出"至善"是儒家政治的归结。❸ 陈进国沿着徐复观的思路，对忧患意识和中国人文精神形成的关系进行了疏解，认为徐复观的研究不仅体现了其高度的智慧和批判精神，也为我们对今天转型的现实社会进行理性的批判提供了启示。❹

还有一些学者注意到，徐复观将先秦儒家政治思想视为中国传统政治思想的主流，认为先秦儒家政治思想表现出来的最高原则是德治主义与民本主义。刘鸿鹤在《一位儒家自由主义者看儒家——徐复观对儒家政治

---

❶ 黄克剑. "一个中国人在文化上的反抗"——徐复观文化思想探要［M］//黄克剑，林少敏. 当代新儒学八大家集：徐复观集. 北京：群言出版社，1993：25.
❷ 肖滨. 传统中国与自由理念：徐复观思想研究［M］. 广州：广东人民出版社，1999：112-133.
❸ 姜国柱. 徐复观的心性论［M］//李维武. 徐复观与中国文化. 武汉：湖北人民出版社，1997：275-288.
❹ 陈进国. 从忧患意识到和乐境界——徐复观先生对中国人文精神的开掘与反省［M］//李维武. 徐复观与中国文化. 武汉：湖北人民出版社，1997：158-172.

思想的批判性研讨》(*Confucianism in the Eyes of a Confucian Liberal*：*Hsu Fu-kuan's Critical Examination of the Confucian Political Tradition*) 一书中指出，徐复观对儒家政治思想进行了深入的研讨和剖析，指出儒家人文主义中本就含有一种政治抗议精神和以人民利益及需求为本位的民本主义，并力图把这种人文主义精华从秦汉后在专制政体的压抑下被扭曲了的儒家思想中析离出来，与现代民主意识相沟通，以开创新的中国政治文化。❶ 颜炳罡和李维武等学者高度评价了徐复观对先秦儒家德治主义与民本主义互为表里的论断，认为这种互为表里的政治的出发点是对人的尊重和人性信赖，所以统治者与被统治者之间是以德相予的关系，不是以权力相加相迫的关系，而把这种德治主义落实下来，就必然表现为民本主义。❷ 颜炳罡则指出，虽然徐复观认为儒家的德治主义可以为西方的民主主义提供一种道德哲学的基础，但是仅凭儒家思想并不能解决中国现代政治思想与制度的建设问题，因此中国必须吸纳西方民主制度的合理元素。也就是说，他追求儒家德治主义与西方民主主义的融合。❸

（2）评析徐复观对皇权专制制度的批判。

学者普遍认为，徐复观对中国两千年来皇权专制性质的揭示是非常深刻的。在黄克剑看来，徐复观是"以一种超越传统儒者的眼光，对终于未能被儒家思想改变的专制政治的现实，作一种洞彻根底的揭露"。❹ 罗义俊将徐复观对传统专制政治的厘清工作做了阐释。他指出，将传统文化从专制政治的歪曲、屠乱中抉而去之，洗涤传统文化中沾染的专制毒素，这是徐复观毕生坚持不懈为之努力的方向。罗义俊还论述了徐复观对传统

---

❶ Liu Honghe. Confucianism in the Eyes of a Confucian Liberal：Hsu Fu-kuan's Critical Examination of the Confucian Political Tradition [M]. New York：Peter Lang Publishing，2001：15-16.

❷ 颜炳罡. 徐复观的政治理念——兼论徐、牟政治理念之异同 [J]. 齐鲁学刊，1994(6)：73-79；李维武. 徐复观学术思想评传 [M]. 北京：北京图书馆出版社，2001：242-246.

❸ 颜炳罡. 徐复观的政治理念——兼论徐、牟政治理念之异同 [J]. 齐鲁学刊，1994(6)：76-78.

❹ 黄克剑. "一个中国人在文化上的反抗"——徐复观文化思想探要 [M]//黄克剑，林少敏. 当代新儒学八大家集：徐复观集. 北京：群言出版社，1993：34.

专制政治的基本性格、思想根源，以及专制者的心理状态的揭示，高度评价了徐复观思想的敏锐与深刻。❶ 李维武认为，徐复观揭示了对儒家政治理想与中国历史上的专制政治之间的深刻矛盾与鲜明的反差。在徐复观看来，儒家政治思想主张的政治主体是人民，而历史上的中国现实政治的主体始终是君主。也就是说，儒家政治思想所主张的政治主体，在历史上的现实政治之中未能真正建立起来，而在历史上的现实政治中建立起来的，不是儒家政治思想所主张的政治主体。所以，历史上的中国现实政治中的"二重主体性"是中国历史中的巨大矛盾的真正根源。而要克服这种"二重主体性"，徐复观指出，唯一的办法是把以君主为现实政治的主体，转变为以人民为现实政治的主体，即走民主政治的道路。❷ 刘毅青从解释学的角度，深刻分析了徐复观对儒家思想与皇权专制制度之间关系的论述。在刘毅青看来，徐复观以儒家知识分子的遭遇为线索，挖掘了儒家学术在皇权专制形成过程中压抑和扭曲的真相，揭示了传统学术与政治社会变化之间存在的同构关系，从而为我们重新理解中国学术史提供了知识社会学的解剖。刘毅青还指出，先秦儒家思想是反对专制政治的，而中国历史上真正秉持先秦儒家思想的知识分子往往因此而受到迫害。❸

（3）评析徐复观对中国传统文化的新的诠释。

学者们认为，徐复观对中国传统文化做的是一分为二的思考，这超越了全盘西化派与顽固守旧派所持的"两橛对立、只取一端"的机械二分法。罗义俊认为，徐复观把中国传统文化分为三个部分：一是到现在还有意义的部分；二是阻碍现在进步的部分；三是既非有意义、也不阻碍进步，而是形成一种风俗习惯、带有生活情调的部分。❹ 萧萐父指出，在徐复观那里，中国传统文化的真精神与封建专制主义是完全不同的，徐复观

---

❶ 罗义俊．儒家批判传统的重建——论徐复观先生的时代贡献［M］//李维武．徐复观与中国文化．武汉：湖北人民出版社，1997：202-207.

❷ 李维武．徐复观学术思想评传［M］．北京：北京图书馆出版社，2001：251.

❸ 刘毅青．徐复观解释学思想研究［M］．北京：人民出版社，2014：183-190.

❹ 罗义俊．儒家批判传统的重建——论徐复观先生的时代贡献［M］//李维武．徐复观与中国文化．武汉：湖北人民出版社，1997：205.

既反对将儒家思想不加分析地归结为维护封建专制制度的思想体,又坚决反对对封建专制制度的姑息乃至美化。徐复观"坚持从中国历史中把与种种政治污秽夹杂在一起的中国文化真精神剥离开来,即把中国文化中原有的反抗专制的自由民主精神以及'贬天子,退诸侯,讨大夫'和'从道不从君'、'忧道不忧贫'等优秀思想传统,认真发掘出来,并使之与现代民主意识相沟通,以推进中国现代化进程"。❶ 李维武则认为,徐复观的思想是指向着未来的,他的目的是把返本与开新相结合,要揭示中国传统文化的现代价值,找到中国文化再生于当今世界的生长点。李维武指出,徐复观主张弘扬中国文化中对于现实的批判精神。这是因为,对现实没有批判精神的文化是僵死的文化,是无法加以复兴的,只有具有批判精神的文化,才能不断地汲取在现实生活中产生的新的鲜活的因素,才能焕发出新的生命力,以至于影响整个世界的文化。❷ 肖滨将徐复观对中国传统文化的诠释上升到一种理论上的建构,并称为"二元诠释模式"。这一模式即是"基于价值与事实、应然与实然的区分,以展示文化要求(民为主体)与历史事实(专制政体)的二元对峙格局,从而揭示传统中国文化的历史困境,并进而指明其现代出路"。❸

(4)评析徐复观从宏观的视角对于中西文化的比较研究。

与对中国传统文化的态度相同,学者们认为,徐复观对西方思想同样采取了一种一分为二的方法。李维武指出,中国向西方学习,实现现代化是势所必然的。徐复观本人绝不反对现代化。然而,徐复观也敏锐地发现,西方的现代化并不是十全十美的,而是存在根本性的弊端。因此,徐复观从宏观的文化视角,对西方现代化存在的问题、局限、负面效应等进行了深刻的揭示与批判。比如,他批评西方的现代化过分地重视科学世

---

❶ 萧萐父.徐复观学思成就的时代意义[M]//李维武.徐复观与中国文化.武汉:湖北人民出版社,1997:9.

❷ 李维武.中国人文精神之阐扬——徐复观新儒学论著辑要[M].北京:中国广播电视出版社,1996:编序36.

❸ 肖滨.传统中国与自由理念:徐复观思想研究[M].广州:广东人民出版社,1999:144.

界，而忽视价值世界，从而必然导致人性的失落和人类的生存危机。❶ 罗义俊也探讨了徐复观对欧美文化的批评。他指出，徐复观从欧美文化的"具体的社会问题如代间对立契入，或椽笔直入其思想观念，涉及其文化特色、文化性格、根源性问题等，大致可以概括为三个'恶质化'和一个'失落'。三个恶质化是恶质化的游戏、恶质化的艺术、恶质化的人生，一个失落是价值世界的失落。"❷

（5）对徐复观与自由主义的关系进行较为深入的研究。

徐复观与自由主义的关系已成为学术界研究的一个热点。吴根友认为，徐复观的自由主义思想与现代西方的政治自由主义有很大的区别，所以他将徐复观的自由主义思想称为"文化自由主义"。他认为，徐复观揭示了文化自由与政治自由的辩证关系，从中国文化传统出发，对现代西方自由主义思想做了精彩的补充。❸

任剑涛、谢晓东和何卓恩等则从徐复观与殷海光的自由主义学说相比较的角度进行研究，取得了相当的成就。任剑涛把殷海光的自由主义学说归结为西化的自由主义。在殷海光的理论中，民主与自由都不可能从中国传统中直接引申而出，而是必须从西方引进。任剑涛把徐复观的自由主义学说称为儒家自由主义。他认为，徐复观"不会武断地认定自由主义与中国社会的相斥性，他竭力要去历史中寻求自由思想以为之生存的余地"，而这使得徐复观成为"从自由视角通观中西的颇具优势的学者"。❹ 何卓恩与任剑涛的观点相似，他也把殷海光称为西化自由主义者，而把徐复观称为儒家自由主义者。❺ 谢晓东把殷海光定位为新古典自由主义者，

---

❶ 李维武. 徐复观学术思想评传 [M]. 北京：北京图书馆出版社，2001：135.

❷ 罗义俊. 儒家批判传统的重建——论徐复观先生的时代贡献 [M]//李维武. 徐复观与中国文化. 武汉：湖北人民出版社，1997：208.

❸ 吴根友. "文化自由主义"的理论张力及其启示意义——评徐复观的"儒家自由主义" [J]. 新东方，2012（2）：6-10.

❹ 任剑涛. 自由主义的两种理路：儒家自由主义与西化自由主义——徐复观、殷海光政治哲学之比较 [M]//李维武. 徐复观与中国文化. 武汉：湖北人民出版社，1997：340.

❺ 何卓恩. 自由主义的新遗产——殷海光、夏道平、徐复观政治经济文化论说 [M]. 北京：九州出版社，2013：227-251.

并指出殷海光晚年改变了反传统主义的立场,而转为主张自由主义与中国传统文化的相互融合。他把徐复观定位为新传统主义者,认为徐复观的目标在于儒家政治哲学的重构和自由主义的中国化。❶ 然而,张世保等则认为,徐复观坚持"道德主义"与"政治自由"可以贯通,这与古典自由主义在根源上有本质的分歧。因而,不能把徐复观纳入自由主义的阵营。❷

综上所述,经过多年的努力,大陆(内地)学界对于徐复观思想的研究取得了丰硕的成果。但是还存在薄弱环节,这主要体现在以下三个方面。

(1) 学者们普遍把徐复观归类为"现代新儒家",认为他是与牟宗三、唐君毅并驾齐驱的第二代新儒家的三位主要代表人物之一,因此着重论析和凸显他作为新儒家的思想、观点和立场,但是对于把徐复观作为政治思想家来进行研究,就显得很不够。

(2) 学术界对徐复观的研究还没有像对其他新儒家如牟宗三、唐君毅等那样重视和普及。近年来,这种状况得到了相当的改善。随着徐复观的著述的陆续出版,特别是2014年共26册的《徐复观全集》问世,这种研究资料的不断丰富,促进了对于徐复观思想的研究。

(3) 张岱年曾提出中国文化综合创新的观点和理论,在这一点上,徐复观与张岱年不谋而合。不同的是徐复观更侧重于政治文化的综合创新,这其实是徐复观思想的一个本质特征。而学术界对这一点似乎关注与研究得还不够,同时,对于徐复观关于政治文化综合创新的理论,学术界也缺少深入与充分的探讨。这都有待我们今后的共同努力。

---

❶ 谢晓东.现代新儒学与自由主义——徐复观殷海光政治哲学比较研究[M].北京:东方出版社,2008:279-304.

❷ 张世保."徐复观与20世纪儒学发展"海峡两岸学术研讨会综述[J].中国哲学史,2004(1):129;谢永鑫."徐复观与20世纪儒学发展"海峡两岸学术研讨会综述[J].孔子研究,2004(2):108.

第三节　研究思路与基本框架

近年来，关于徐复观政治思想研究的不断深入，为我们展开徐复观的政治思想研究提供了丰富的思想资源。徐复观的政治思想是其整个学术思想中的重要一环。如何在以往研究成果的基础上，正确框定徐复观政治思想的内容，首先，必须要从马克思主义理论角度对政治思想的含义和内容进行论述，并对徐复观政治思想进行整体把握、定性分析与评价；其次，按照政治学的基本内容构建徐复观政治思想的逻辑体系，并对其政治思想的内容、主要特征、理论意义与现实启示进行发掘与探究。

政治活动是人类社会发展到一定阶段的产物。自从有了政治活动，就有了人类对政治活动的观察和思考。政治思想是人们认识政治活动的思想成果，是人们对政治现象和政治事件的观念反映。❶ 因此，对政治思想的理解离不开对政治及其核心问题的认识。根据马克思主义的政治观，人类进入文明社会以来，总是按照一定的社会经济关系形成不同的阶级、阶层和集团，他们在经济上的不同利益和要求总是集中通过政治要求和政治斗争的形式表现出来。也就是说，政治是建立在一定经济基础之上的上层建筑，是各种社会经济利益和要求的集中表现，是以一定阶级关系为基本内容，围绕国家政权而展开的各种社会活动和社会关系的总和。

政治活动包括诸多方面的内容，但最主要和核心的内容则是阶级的统治权，也就是国家政权问题。恩格斯指出："在全部纷繁复杂的政治斗争中，问题的中心始终是社会阶级的社会和政治的统治，即旧的阶级要保持

---

❶ 《中国政治思想史》编写组．中国政治思想史［M］．北京：高等教育出版社、人民出版社，2012：1-2；《西方政治思想史》编写组．西方政治思想史［M］．北京：高等教育出版社、人民出版社，2011：1-2．

统治,新兴的阶级要争得统治。"❶ 无论是剥削阶级社会,还是人民掌握政权的社会,各种政治关系的存在和解决一般都通过国家政权实现。也就是说,任何阶级只有掌握国家政权,才能按照本阶级的意志整合社会关系、协调社会矛盾、稳定社会秩序、促进社会发展,最终实现本阶级的利益和要求。所以,政治的核心问题是国家政权。

马克思主义经典作家关于政治概念和政治核心问题的科学阐释,为我们正确认识和把握政治思想的含义和内容提供了科学的依据。政治思想是人类社会发展到一定阶段,各阶级、阶层和集团为了实现其利益要求,对各种政治现象进行的观察和思考,集中表现为认识与组织以及管理国家的观点、理论和学说。政治思想主要包括政治理想、政治信仰、政治理论等要素。其中,政治理想是对政治体系和政治过程未来目标指向的设定,是社会成员在政治活动中重要的精神依托,它在政治社会化的作用下,往往转化为一些坚定不移的政治信念,并在相当程度上决定人们的政治动机和政治行为。政治信仰是一个人对特定的政治目标,特别是对某种政治理论、党派、政治制度或某项政治价值或价值群深深地接受或同意的心理状态。它能够赋予政治行为以特定的意义,从而构成了一定社会中人们最重要的政治取向,是决定政治文化性质的关键因素。共同的政治信仰是政治体系赖以凝聚人心、整合分歧的重要纽带。政治理论是人们有关政治生活的系统性认识,以及在认识的基础上形成的概念、原理的体系,是系统化的理性认识。它直接反映了社会经济运动和生产方式的状况,直接体现了社会阶级关系和不同阶级的地位和利益,是政治思想最直观的表现方式。

马克思主义关于政治思想的内涵是从一般意义上阐述的,而不同历史时期、不同国家,特别是东西方不同历史文化传统,导致其政治思想在主体、思维方式、理论形态、发展线索等方面存在巨大的差异。

徐复观政治思想的核心是儒家人文主义与西方民主政治之精华的创造

---

❶ 恩格斯. 卡尔·马克思 [M]//马克思恩格斯全集(第十九卷). 中共中央马克思恩格斯列宁斯大林著作编译局,编译. 北京:人民出版社,2014:121-122.

性融合。因此，本书在界定政治思想理论内容的基础之上，把徐复观置于中西方文化的大背景下，从徐复观的人生经历入手，分析其曲折复杂的生命活动，特别是他退出国民党，从政治转向学术的心路历程。同时以此为切入点，从他对先秦时期儒家政治思想、专制时期儒家政治思想、西方经典自由主义和政治文化综合创新理论的研究等四个方面，论述徐复观的政治思想的主要内容，并将这四方面的内容贯穿起来，试图提供一幅完整的徐复观政治思想的脉络。在此基础上，把徐复观与自由主义者、传统主义者及综合创新者相比较，挖掘徐复观政治思想的主要特征，展示其政治思想的内在逻辑，从马克思主义理论的角度给予其客观、准确的评价。全书共分八章。

第一章绪论，系统介绍本选题的研究背景和意义、研究状况、研究思路与基本框架、主要研究方法。

第二章阐述徐复观的学思和生平，以及其思想产生和发展的社会历史背景。徐复观是新儒家中一位相当独特的代表人物，并非象牙塔中的学者，农村生活、政治与学术生涯是对他影响最深刻的三个因素。徐复观以他曲折复杂的生命经历和自成一家的学术成就，成为中国20世纪一位重要的政治思想家，他将中西方政治文化精华创造性融合的思想在当今具有重要的学术价值和现实意义。

第三章论述徐复观对先秦儒家政治思想的研究。徐复观首先从其著名概念"忧患意识"入手，探讨中国人文精神的起源，揭示正是忧患意识标志着中国传统文化由原始宗教向人文主义的转化，预示着以后几千年整个中国文化发展的人文主义的根本趋向。徐复观进而指出，孔子与孟子的人性论是先秦儒家政治思想的哲学基础，而德治思想、民本主义和政治抗议精神构成先秦儒家政治思想的精髓。

第四章阐述徐复观对于皇权专制制度及专制制度下儒家思想的批判性研讨。徐复观深入剖析了秦汉以来中国皇权专制政治的基本性质，以及由此形成的专制君主的心理状态，皇权与相权的矛盾，在此背景下中国知识分子的艰难处境和软弱性格，中国学术文化依附于政治的畸形发展等。徐复观认为，儒家思想对于专制制度既有抗争，又有妥协，而妥协最主要体现在它无形地放弃了"抑君"的观念，逐渐地转向顺应专制，未能使儒家人文主义的理念制度化，更无法发展出法治的思想原则。然而在另一方面，先秦儒家思想中的积极因素在下层人民的生活中，于专制的缝隙之间，起到了一种人们的精神信仰与人生的道德规范的作用，助成了中华民族文化命脉的延续。

第五章论述徐复观对西方经典自由主义的解析。徐复观推崇西方政治文化传统中的民主与法治，但认为西方的民主制度缺少了政治家与公民的"道德的自觉"这样一种思想与精神方面的坚实基础。在他看来，经典自由主义者强调的资产阶级追求无限财产的无限权利和自由，是以牺牲劳动者的权利和自由以及社会的公平正义为代价的。对于西方政治文化，徐复观意欲通过批判的审视"取其精华、去其糟粕"，并对先秦儒家思想与西方政治文化的精华实行创造性融合。

第六章论述徐复观对政治文化综合创新理论的阐述。徐复观以审视、批判的精神对中西政治思想进行了创造性的发掘和阐释，主张以西方民主政治来弥补儒家政治思想的局限性，为中国的民主政治提供制度上的保证；以儒家思想中的道德伦理弥补西方民主政治的无根性，在中国传统文化中开出一条适合中国自身发展的民主政治道路。他所做的努力就是把儒家思想的精华从秦汉后在专制政体的压抑下被扭曲了的儒家思想中析离出来，与现代西方民主政治的精华进行创造性融合，以实现政治文化的综合创新。这是徐复观政治思想的归结点，也是徐复观政治思想的核心问题。

第七章是对徐复观政治思想进行评价。通过把徐复观与胡适、殷海光等自由主义者，与牟宗三、唐君毅和钱穆等传统主义者，以及与张岱年、方克立等综合创新者相比较，分析徐复观政治思想的主要成就。同时，站在马克思主义的立场，坚持马克思主义的阶级分析方法，坚持社会存在决定社会意识的历史唯物主义基本原则，从唯心史观、阶级的局限、历史与时代的局限等三个方面揭示徐复观政治思想的偏颇和不足。在此基础之上，从传统与现代性的辩证关系、对西方政治文化的态度以及政治文化的综合创新等三个角度，分析徐复观政治思想对当代的启示。

第八章是结论、创新点与展望。

第四节 研究方法

本书主要从政治学、哲学、历史学等多个视角对徐复观的政治思想展开分析和论证，并在此基础上归纳总结其政治思想所具有的思想史意义与社会现实意义，主要采用文献研究、历史分析与哲学思辨相结合、比较分析等研究方法。

第一，文献研究方法。以对徐复观原著的阅读、整理、分析为基础，把握徐复观政治思想的基本内容和致思理路。

第二，历史分析与哲学思辨相结合的研究方法。将徐复观的政治思想置于 20 世纪中国由传统文化向现代文化转型的时代背景下进行研究，分析他对先秦和秦汉以来专制时期儒家以及对西方政治文化的历史性考察和批判，突出其在中国政治思想史上的地位及影响。与此同时，对徐复观的思想从政治哲学思辨的视角加以阐释，运用马克思的历史唯物主义方法进行辨析，揭示其思想的深刻哲学内涵。

第三，比较分析方法。徐复观的政治思想不仅具有较为深厚的历史继承性，而且与西方众多思想家的观点和立场有着惊人的相似。例如，徐复观与卢梭都反对两极分化的社会，都反对富贵豪强与民争利，都认为平等和分配正义是人的真正自由的基础和必要的保证，他们都是真正的民主主义者和追求自由的无畏的斗士。再如，在对经典自由主义思想以及资产阶级两面性的批判上，徐复观与麦克弗森的观点和立场是一致的，都受到马克思主义深刻影响。同时，把徐复观与自由主义者胡适、殷海光，与传统主义者牟宗三、唐君毅、钱穆,与综合创新者张岱年、方克立等相比较,揭示徐复观政治思想的独特性和深刻性。此外,对中国传统文化与西方文化的优点和缺陷进行分析,以期在比较中对于二者"取其精华、去其糟粕",探索中国政治文化的综合创新。

第二章

徐复观政治思想形成的历史背景及其人生与心路历程

第二章　徐复观政治思想形成的历史背景及其人生与心路历程

徐复观所生活与创作的时代始于20世纪之初，终于20世纪之末。这个历史时期，与徐复观的人生与思想历程密切相关的有这样两个时代因素：一个是在西方文化冲击下中国传统文化的危机与中国知识分子的回应；另一个是以蒋介石为首的国民党政府统治时期政治上的独裁、经济上的腐败和思想文化方面的专制。这两个时代因素，深刻影响了徐复观的人生轨迹及其思想的形成与发展。

第一节　历史背景

一、传统文化的危机与中国知识分子的回应

20世纪初叶的中国，一个显著特征是对传统文化的全盘彻底地抨击与否定。正如美国著名汉学家本杰明·史华兹所说，中国正经历一个巨大的变革，面临着与过去所有的文化传统全面而彻底的决裂。由此导致的结果便是以儒家思想为主体的中国传统文化遭遇了前所未有的危机。著名美籍华人学者林毓生把这种文化潮流称为极端的反传统主义（radical anti-traditionalism）。这种极端反传统主义之所以产生，其根源则在于1840年以来西方文明的入侵。在林毓生看来，西方文明破坏了中国传统文化的稳定性和连贯性。❶

西方文化伴随着坚船利炮对中国的渗入和冲击，迫使当时中国的知识分子对于中国传统的物质文明与精神文明进行审视与反思。这种审视与反思有一个从物质到精神层面的演进过程，这个过程大体上经过了以下三个阶段。

第一个阶段是"器物层面"的反思。这一阶段的跨度是从鸦片战争

---

❶ ［美］林毓生. 中国意识的危机——"五四"时期激烈的反传统主义［M］. 穆善培，译. 贵阳：贵州人民出版社，1986：15.

经过洋务运动到甲午战争结束。清政府所采取的"闭关"政策,曾经起到了抵御西方侵略的作用。然而,从社会发展的角度来看,这一政策归根结底是中国封建社会自给自足的自然经济结构的反映,本质上是保守的和没有出路的。

鸦片战争的一声炮响,惊醒了中国封建地主阶级中的一些有识之士,他们要求学习西方资本主义的科学技术,以达到强国御侮的目的。以魏源为代表的地主阶级改革派羡慕西方的"船坚炮利",进而提出了"师夷长技以制夷"的主张。起初,清政府并没有采纳他们的建议,顽固的当权派斥责西方的科学技术是"奇技淫巧"。然而,经过两次鸦片战争的灾难性失败和太平天国、捻军等农民起义的沉重打击之后,清政府出现了空前严重的统治危机。在严酷的现实面前,清政府为了维持统治,不得不"师夷长技"和"求强求富",于是掀起了一股兴办"洋务"的热潮。这样一来,洋务派把"师夷长技"的思想变为具体的行动,通过对外交涉、购买洋枪洋炮、采用新法操练军队、创办军事工业和民用企业、设立新式学堂、翻译西式书籍、派遣留学生等方式,进行了一次向西方学习的大胆尝试,史称"洋务运动"。洋务派无论是兴办事业、创办学堂或者向国外派遣留学生,其目的都是实现"船坚炮利"和培养军事技术人才。对于资产阶级的社会政治学说,他们却坚决排斥。他们坚信,中国的传统制度和传统思想优于西方,因此不需要做出改变。❶他们以"中学为体,西学为用"为指导思想和政治纲领,试图在封建专制政治制度的"体"上,移植西方资本主义的科学技术,用来强化封建统治和维护封建统治秩序。然而,这种"企图重新把现代的生产资料和交换手段硬塞到已被它们突破而且必然被突破的旧的所有制关系的框子里去"的做法,必然是"反动的,同时又是空想的"❷。因此,洋务运动最终失败了。

第二个阶段是"制度层面"的反思。这一阶段的时间跨度是从甲午

---

❶ [美]周策纵. 五四运动史[M]. 陈永明,等译. 长沙:岳麓书社,1999:16.
❷ 马克思,恩格斯. 共产党宣言[M]//马克思恩格斯全集(第四卷). 中共中央马克思恩格斯列宁斯大林著作编译局,编译. 北京:人民出版社,2014:494.

战争经戊戌变法到辛亥革命。甲午战争的失败使洋务派的"新政"彻底破产，强化封建专制统治的目的也最终落空。这时的中国知识分子感到仅仅学习西方的"船坚炮利"而不改变政治制度，不可能达到富强的目的。于是，主张改君主专制为君主立宪的维新变法运动随之兴起，这是在更高层次、更广范围向西方学习的实践。以康有为和梁启超为代表的当时中国年轻的知识分子，鉴于日本明治维新的成功，认为中国除了要学习西方的科学技术之外，还要学习西方的法律和政治制度。❶ 于是，对"新学"的介绍不再仅限于自然科学，也扩展到对西方资产阶级的社会政治学说的学习与探讨。近代中国的著名翻译家严复毕生"致力于译述以警世"❷，曾翻译了《天演论》《原富》《法益》《名学》等西方名著。此外，很多西方哲学、社会政治经济学以及各国历史的著作，也先后被译成中文。但是，资产阶级改良派介绍西方学说的目的，并不是想学法国那样的资产阶级革命，而是只想进行一场自上而下的立宪改良运动。因为他们仍然坚持，那些他们心目中认为更基本更实质的中国的哲学、道德伦理以及传统社会的基本原则是不应被改变的。❸ 所以，他们在介绍西方资产阶级学说时，夹杂了许多封建主义的思想。而当革命力量的兴起对他们构成威胁时，他们也必然堕落成复古主义者，并和封建势力勾结起来对付革命。

此外，资产阶级革命派也主张向西方学习，并且做了一些启蒙工作。但是，无论从数量上还是从质量上来说，他们做得都很不够。首先，资产阶级革命派所依据的思想资料主要来自维新运动时期的改良派；其次，他们对西方思想的介绍不仅零星散乱，而且附加了主观的臆断；最后，他们对资产阶级民主革命的理论缺乏创造性的研究，也缺乏系统翔实的介绍。❹ 结果，辛亥革命虽然推翻了清政府的统治，但并没能攻破封建主义

---

❶ [美] 周策纵. 五四运动史 [M]. 陈永明, 等译. 长沙: 岳麓书社, 1999: 16.
❷ 王蘧堂. 严复年谱 [M] //中国史学会. 戊戌变法（第4册）. 上海: 上海人民出版社, 1957: 183.
❸ [美] 周策纵. 五四运动史 [M]. 陈永明, 等译. 长沙: 岳麓书社, 1999: 16.
❹ 彭明. 五四运动史 [M]. 北京: 人民出版社, 1984: 130.

的思想堡垒，革命的果实迅速被北方军阀吞噬。在传统的政治和文化规范不复存在、而新的现代政治和文化规范又没有建立起来的迷惘时刻，只有"强者"才是"统治者"。混乱的中国便简单地屈从于大军阀袁世凯的军事力量，而袁世凯篡权窃国的行为加剧了中国的颓废与衰败。林毓生指出："'国家领袖'袁世凯不但未能致力恢复中国的稳定与和谐，相反地，由于他肆无忌惮的篡权窃国活动，无论在他决定称帝前或称帝后都加剧了中国的道德衰败，使之每况愈下。袁世凯的一切活动都是以求助于儒教和企图恢复已被废弃的过去的政治模式为根本出发点的。"❶ 清朝覆灭、民国成立之后，军阀们的胡作非为和两次复辟帝制运动的闹剧使当时的中国知识分子感到，只有法律和政治制度的简单移植，而没有思想文化方面的变革，是不可能把中国引向现代与富强的。

第三个阶段是"思想文化层面"的反思。这一阶段的高潮是20世纪初叶的五四新文化运动。辛亥革命推翻清朝帝制之后，一方面是建立共和，民主气氛高涨，学术趋向自由；另一方面则是袁世凯篡权窃国，封建势力复辟，革命成果付诸东流。李大钊、陈独秀等一批爱国知识分子，吸取辛亥革命失败的教训，高举科学与民主的旗帜，掀起了一场祛蔽启蒙、促进青春中国之诞生的五四新文化运动。"五四"时期的知识分子与上一代知识分子的显著区别在于，他们是激进的反传统主义者。他们声称，要建立一个崭新的、活力的、富有生命力的中国，不仅应该学习西方的科学技术，也要引进西方的哲学、道德规范和社会理论，这就必须与儒家思想这一"腐朽落后"的传统文化彻底决裂，而以一种全新的文化来取而代之。❷

五四新文化运动是一场伟大的思想解放运动，是近代中国的启蒙运动。它带来了巨大的思想转变、知识进步和社会变革，为中国人民走向自由解放扫清了诸多思想文化方面的障碍。国际儒学联合会会长滕文生认

---

❶ [美]林毓生. 中国意识的危机——"五四"时期激烈的反传统主义[M]. 穆善培，译. 贵阳：贵州人民出版社，1986：29-30.

❷ [美]周策纵. 五四运动史[M]. 陈永明，等译. 长沙：岳麓书社，1999：17.

为:"新文化运动所进行的批判与反思,打开了中国人的新的眼界,打破了中国历史文化中那些束缚和禁锢人们思想的陈旧过时的精神枷锁,从而为后来中国共产党的成立和中国民主革命新生面的开创作了重要的思想、政治和群众条件的准备。"❶

"五四"时期的知识分子所取得的成就和所作出的贡献是毋庸置疑的,然而他们的思想与理论也有很大的局限性。在中国面对西方文化前所未有的冲击和挑战的时刻,唯一的实质性问题是:中国人对待西方文化的冲击与挑战应当如何应对?林毓生指出:"五四"时期大多数知识分子领袖给出的答案是"全盘性的反传统主义"。❷ 正如林毓生对"五四"时期知识分子的最重要的领导人陈独秀思想的详尽中肯的评论与分析所指出的,"五四"时期的知识分子未能对传统中各种不同的成分与因素加以深入细致的鉴别、分析与研究,导致了极端的反传统主义。他们在采取完全否定中国的传统文化和主张全盘西化的立场的时候,并没有对中国社会文化传统和西方文化的各个方面作深入细致的、实质性的研究与思考,从而在此基础上来明智地做出有益于中国新文化发展与创造的取舍。他们看到了中国文化存在的问题,然后以偏概全,认为这种有问题的、腐朽的传统文化必须加以全盘否定与抛弃。他们看到了西方文化的某些优点,就认为西方文化是一个有机的整体,必须把这种先进的文化全盘地接受。❸ 滕文生在充分肯定五四运动的作用与贡献的同时,也同样认识到其中发生的一些错误倾向:"一是有些知识分子主张全盘否定以儒学为主干的中国传统文化,完全无视传统文化的思想精华,而盲目推崇西方的一切思想,甚至要求在中国实行'全盘西化';二是有些知识分子则主张恪守中国传统文化的一切东西,完全拒绝学习和借鉴西方的任何先进东西。这些错误主张

---

❶ 滕文生. 中国清朝后期中欧思想文化交流的概况及启示,"国际儒学论坛——威尼斯会议"上的发言 [EB/OL]. [2019-01-25]. 国际儒学联合会微信公众号.

❷ [美] 林毓生. 中国意识的危机——"五四"时期激烈的反传统主义 [M]. 穆善培,译. 贵阳:贵州人民出版社,1986:285.

❸ [美] 林毓生. 中国意识的危机——"五四"时期激烈的反传统主义 [M]. 穆善培,译. 贵阳:贵州人民出版社,1986:285-286.

在思想文化领域都产生了一些不良影响，留下了深刻的历史教训。"❶ 急切地想要清除改革进程中的障碍，想要找到一条进步的途径，五四运动的知识分子们表现得不耐心、不踏实、随意性强且过分简单粗暴。从某种程度上讲，五四运动的缺点是时代的产物，是很难避免的。而五四运动的缺点同其成就一样在随后的几十年里产生了深远的影响。

20世纪20年代初期，作为对"五四"反传统思潮的挑战，出现了一个新的思想流派，这就是新儒家。第一代新儒家的代表人物有梁漱溟、熊十力、冯友兰和贺麟。这些新儒家的代表人物对西方思想文化都有比较深入的了解。梁漱溟的名著《东西方文化及其哲学》曾被著名军事学家蒋百里称为"震古烁今"之作。冯友兰曾获美国哥伦比亚大学哲学博士学位，并用英语写就名著《中国哲学简史》（*A Short History of Chinese Philosophy*）。贺麟曾在美国与德国留学5年，对西方哲学有很深的造诣，对黑格尔、斯宾诺莎、怀特海等西方近现代哲学家都有深入的研究。这些第一代新儒家的代表人物往往是在与西方思想的比较中审视中国传统文化。他们与五四运动代表人物一样，深深关怀着中华民族的前途和命运。不同的是，他们坚信中国文化的复兴绝对离不开传统文化，尤其是离不开儒家思想在西方文化的挑战下的自我扬弃、自我超越与自我更新和创造。最早使用"新儒家"这个概念来形容这一文化思潮的是贺麟。❷ 他认为，中华民族的复兴从根本上讲应是中国文化的复兴，中国文化的复兴实质上应是儒家思想的复兴。❸ 他指出，"五四"时期的知识分子最大的贡献在于他们打破和清除了儒家思想僵化迂腐的躯壳，但儒家思想不会因此而陷入绝境，孔孟学说的真精神反而因为新文化运动的冲刷和净化而得到了凸显。现代西方文化的冲击与挑战，必将促进儒家思想的新生与新的发展。

---

❶ 滕文生. 中国清朝后期中欧思想文化交流的概况及启示，"国际儒学论坛——威尼斯会议"上的发言［EB/OL］.［2019-01-25］. 国际儒学联合会微信公众号.
❷ 贺麟. 文化与人生［M］. 北京：商务印书馆，1988：4-6.
❸ 贺麟. 儒家思想之开展［M］//罗义俊. 评新儒家. 上海：上海人民出版社，1989：30-44.

正是在这样的历史文化背景下，徐复观走上了 20 世纪中国思想文化领域的舞台。1949 年以后，当多数第一代新儒家代表人物都留在了祖国大陆（内地），徐复观、牟宗三和唐君毅等另外一些新儒家学者则去了香港和台湾地区，他们致力于发掘传统文化的精华，探索儒家人文主义复兴及中西文化精华相融合的途径，成为第二代新儒家的代表人物。

二、国民党政府专制统治下的政治、经济等社会境况

当中国历史进入 20 世纪 20 年代，在西方列强的操纵与策动下，封建军阀割据、混战愈演愈烈，反抗列强、铲除军阀成为全国人民的共同愿望。这样的历史形势促使国民党与刚刚诞生的中国共产党联合起来，形成反帝反封建的革命统一战线。1926 年 2 月，中共中央在北京召开特别会议，分析时局，认为党在现时的使命是从各方面准备北伐。7 月 1 日，广东革命政府在广州誓师北伐。在此后不到 10 个月的时间里，国共两党一致对敌，北伐军将士英勇奋战，从广州打到武汉、上海、南京，打垮吴佩孚、孙传芳两大军阀，歼敌数十万，一场规模空前的国民大革命席卷了大半个中国，在中国历史上写下了光辉的篇章。在北伐途中，1927 年蒋介石在上海发动"四一二"反革命政变，北伐战争的胜利果实被窃取。血的教训使中国共产党人开始认识到，建立自己的无产阶级革命军队、独立开展武装斗争至关重要，从此开始走上创建中国工农红军，开展土地革命，以农村包围城市，武装夺取政权的无产阶级革命道路。1928 年 2 月，在国民党二届四中全会上，蒋介石被推举为中央政治委员会主席和军事委员会主席，10 月，任国民政府主席兼陆海空军总司令，遂开始了以他为首的国民党政权对中国长达 20 余年的独裁统治。国民党独裁统治的特点可以概括为政治上的独裁、经济上的腐败和思想文化上的专制。

1. 政治上的独裁

蒋介石为确立个人独裁统治，首先是在军事力量上排斥乃至消灭异己。他力图通过"编遣"冯玉祥、阎锡山、李宗仁的军队，削弱他们的势力，遂导致蒋桂战争、蒋冯战争、蒋冯阎中原大战的相继爆发。蒋介石

凭借帝国主义和江浙大资产阶级的支持，一一战胜了各派势力，巩固了自己的独裁统治。同时蒋介石实行"攘外必先安内"的政策，对共产党领导的中国工农红军进行了五次"围剿"，迫使红军实行战略转移。

1936年西安事变之后，蒋介石在国内外各种压力之下，被迫同中国共产党建立了抗日民族统一战线。然而，蒋介石念念不忘的仍然是其"攘外必先安内"的反动政策，必欲将中国共产党人斩尽杀绝而后快。1940年10月19日，国民党政府军事委员会强令黄河以南的新四军撤到江北；新四军9000多人行至皖南泾县时，遭到国民党军8万多人的伏击，新四军大部分被俘或牺牲。周恩来在重庆《新华日报》上写下"千古奇冤，江南一叶；同室操戈，相煎何急"的诗句，以表达中国共产党人的愤慨与抗议。这就是震惊中外的皖南事变，也是在抗日战争时期，国民党在其所发动的反共高潮中犯下的最令人发指的罪行。

1941年，太平洋战争爆发后，国民党政府在长沙会战和派遣远征军与驻印军入缅甸的作战中，痛击日军，国际地位显著提高。然而，在国民党统治区内，政治、经济、文化危机却不断地深化，它的根本原因在于国民党政府自身的腐败和专制。蒋介石执政的特点是大权独揽。1938年4月，蒋介石成为国民党总裁，代行党章所规定的总理职权，总揽党务。1939年1月，他又通过国民党五届五中全会成为国防最高委员会委员长，将党政军大权集于一身。1943年8月，国民政府主席林森去世，蒋介石则在9月，由国民党五届十一中全会确定为国民政府主席兼行政院院长，并继续担任军事委员会委员长。❶ 这样一来，他成了名副其实的大独裁者。张君劢在《中国第三势力》一书中揭示了蒋介石的独裁统治："他的权力变得毫无限制。任何经费，只要他批准，就是法律上有效的。他发布命令都是用'下条子'的方式。在重庆，蒋的政府被公开地称为'下条子政府'，而这种制度当然导致整个权力的滥用……训政，说到底，也不

---

❶ 荣孟源. 蒋家王朝[M]. 北京：中国青年出版社，1980：217.

是由整个党来统治,而是堕落成为由个人的一时喜怒来统治。"❶

蒋介石独裁统治的另一个特点就是"特务政治"。他的独裁统治在很大程度上借助"中统"(国民党中央执行委员会调查统计局)与"军统"(军事委员会调查局)等特务组织。这些特务组织虽然在对日作战的情报以及"锄奸"等方面做了一些事情,但其主要职能是加强对国民党统治区人民的严密控制和对共产党人的残酷镇压。"这种横行无忌的特务网,在中国以往历史上还不曾有过。他们不受任何法律的限制,到处设立集中营,进行暗杀活动,视人命如草芥,至于检查新闻和邮政、监视爱国人士行动、以'缉私'为名大量走私、联络地方流氓势力等等就更不用说了。"❷

蒋介石还授意其黄埔系的亲信于1932年3月成立中华民族复兴社,简称复兴社。复兴社鼓吹"一个主义、一个政党、一个领袖",推行对蒋介石的个人崇拜,加强蒋介石嫡系对国民党军队内部的思想控制。由于复兴社干部模仿意大利黑衫军和纳粹德国褐衫军,均穿蓝衣黄裤,故又称"蓝衣社"。该社主要骨干有贺衷寒、滕杰、康泽、桂永清、肖赞育、戴笠、郑介民等所谓"十三太保"。复兴社书记长刘健群是蒋介石的心腹干将。他在谈到蒋介石的独断专行时也不得不承认,一切问题"全凭领袖的脑壳去决定……一切都在领袖脑壳之中,领袖的脑壳要怎样就应该怎样,我们一切不必问,也不该问。只要随着领袖的脑壳去,你可以万无一失"。❸蒋介石的这种独裁统治的不断加强,以及特务组织的横行霸道,引起了人民普遍的不安和愤怒,人民的安全和自由毫无保障。

此外,蒋介石一贯排斥民主党派、反对民主主义、鼓吹法西斯独裁。在1946年4月1日国民党政府的国民参政会上,蒋介石作了一个长篇政治报告,一是表明废止国共停战协定,二是撕毁政治协商会议决议,公然向全国宣布实施法西斯独裁统治。延安的《解放日报》在1946年4月7

---

❶ 张君劢.中国第三势力[M].台北:稻香出版社,2005:94.
❷ 金冲及.二十世纪中国史纲(上)[M].北京:社会科学文献出版社,2009:504.
❸ 邹韬奋.患难余生记[M]//韬奋全集(第十卷).上海:上海人民出版社,1995:836.

日发表社论指出,蒋介石报告的宗旨就是要全国人民都要"依法律"服从国民政府,国民政府要服从主席蒋介石,实行法西斯独裁统治。

正是在这种法西斯专制的原则指导下,蒋介石集团利用特务政治等手段对各民主党派加以排斥,对著名民主人士进行无耻的迫害。1946年6月,国民党政府调集百万大军准备向解放区大举进攻,挑起全面内战。6月23日,上海工人、学生和各界人民10万人,举行反对内战、要求和平的集会和游行示威,并组织上海人民和平请愿团,推派著名民主党派领导人马叙伦、盛丕华、胡厥文、雷洁琼等11人为代表,赴南京向国民党政府呼吁和平。当晚,代表团到达南京下关车站时,遭到国民党特务包围毒打,马叙伦、雷洁琼等多人受伤,被送往医院。这一事件被称为"下关惨案"。"下关惨案"激起了全国各界人民的愤怒和抗议。

1946年2月10日上午,政治协商会议在重庆较场口广场举行庆祝"政协"成立大会,并推选郭沫若、马寅初、李公朴、施复亮、章乃器等20位著名民主人士组成大会主席团,李德全为总主席,李公朴作总指挥。陈立夫等中统特务头子亲自组织破坏,特务们当场打伤郭沫若、李公朴、章乃器等60多人,许多人失踪和被捕,造成较场口血案(也称"陪都惨案")。

另一件令人愤慨的事件是"李闻惨案"。1946年7月11日和15日,国民党特务在昆明暗杀了著名的民主人士李公朴和闻一多。李公朴是中国民主同盟中央执行委员会委员兼民主教育运动委员会副主席,闻一多是中国民主同盟中央执行委员会委员兼云南省支部常委暨宣传部主任,他们都是在社会上有很大影响的著名学者和社会活动家。1946年6月,他们筹划成立了昆明各界争取和平反对内战委员会,发起了万人签名运动以反对内战的爆发。对此,国民党当局散布李公朴"谋暴动"、闻一多"组织暗杀团"的谣言制造舆论,同时将二人列入暗杀名单的第一名和第二名。❶ 7月11日晚,李公朴和夫人于外出归途中,遭国民党特务暗杀。李公朴

---

❶ 丁永隆,孙宅巍. 南京政府的覆亡 [M]. 郑州:河南人民出版社,1987:53.

被暗杀后，社会各界极为震动。闻一多出席李公朴治丧委员会，并在云南大学至公堂召开的会议上，发表了著名的《最后一次的演讲》，以抗议国民党当局的暴行。当天下午，闻一多即在西仓坡宿舍门口被国民党特务枪杀，其子闻立鹤也身受重伤。"李闻惨案"发生后，民盟中央主席张澜在唁电中说："当权者对付民主人士，其卑劣残酷，至于此极，殊堪痛恨！"❶ 民盟秘书长梁漱溟说："李、闻两先生都是文人、学者，手无寸铁，除以言论号召外，无其他行动，假如这样的人要斩尽杀绝，请早早收起宪政民主的话，不要再说，不要再以此欺骗国人。"❷ 国民党一意孤行，其结果只能是把自己更加孤立起来。各民主党派和无党派人士积极参加到爱国民主运动中来，国民党陷入了众叛亲离、空前孤立的境地。

2. 经济上的腐败

国民党统治时期政治上的独裁伴随着的是经济上的腐败。这个时期，在经济领域中占主导地位和支配力量的是以蒋介石、宋子文、孔祥熙和陈果夫、陈立夫四大家族为代表的官僚资本主义。他们在经济一片混乱、物资极端匮乏的情况下，利用政治权力，利用垄断外汇和控制运输的特权，假借统制贸易的名义，实行专卖，掌握短缺物资，囤积居奇，牟取暴利，借机大发国难财。

著名经济学家马寅初1940年10月20日发表的《对发国难财者征收临时财产税为我国财政金融唯一的出路》一文指出，现在前方将士抛头颅洒热血，人民流离四方，而达官贵人们趁火打劫，大发国难财。主张"官吏所发之国难财，尤宜全部予以没收，以为人民表率"❸。马寅初因此而获罪，被国民党当局关押在贵州息烽监狱和江西上饶监狱达21个月之久。

对官僚资本的横行不法和民众的愤慨，曾任国民党政府中央银行总裁

---

❶ 禾于. 李公朴被刺前后［N］. 新华日报，1946-07-22；白衣. 闻一多被害之前［N］. 新华日报，1946-07-22.

❷ 梁漱溟. 梁漱溟全集（第6卷）［M］. 济南：山东人民出版社，1993：630.

❸ 徐汤莘，朱正直. 马寅初选集［M］. 天津：天津人民出版社，1988：198-199.

的张公权后来也坦率地写道:"中国的通货膨胀产生了一个发国难财的特殊阶级,并且使大多数的其他阶级,特别是公务员、教师和其他工资收入者,陷入一种远比……世界经济大萧条时期更为悲惨的境地。公务员和士兵被即使以中国的标准而言的极端贫困所压迫,对那些由损公肥私而发财致富的新兴的暴发阶级而大为敌视。中国政府由于没能事前防止和事后改善造成这种结果的经济情况,而招致军、政两界人员的不满。凡此种种,政府便丧尽人心。"❶

抗战胜利后,由于内战军费的激增和官僚资本中饱私囊,国民党政府财政严重入不敷出的状况渐渐病入膏肓,无药可救。然而国民党政府继续加强对人民的高压政策,通货膨胀、物价飞涨、各种苛捐杂税不断增加,导致工业萧条,农业凋敝,经济恶化,民不聊生。到了 1947 年,通货膨胀更加剧烈,物价飞涨更加迅速。进入 5 月,物价好似脱缰野马向前飞奔,而恶性的通货膨胀和物价飞涨直接影响人民的生活。1947 年 7 月 24 日美联社上海电,叙述了法币的购买力:法币 100 元,1937 年可以买两头牛,到 1946 年能买一个鸡蛋,到 1947 年就只能买三分之一盒火柴了。所以人们说,政府拿着一张纸币,像符箓一样,不动声色便把人民手里的钱变走了。❷ 所有这些使得国民党统治区各阶层人民生活日益恶化,失业人数大量增加。1946 年下半年,仅北平、上海、南京三地失业和无业人数就达 260 多万人,1946 年各地饿死人数高达 1000 万人,而 1947 年各地的饥民竟然达到 1 亿人以上。❸

国民党为挽救其财政经济危机,维持日益扩大的内战军费开支,决定废弃法币,改发金圆券。1948 年 8 月 18 日,政府下令实行币制改革,以金圆券取代法币,强制将黄金、白银和外币兑换为金圆券。但由于滥发造成恶性通货膨胀,致使大量城市中产阶级因此破产,导致政府民心大失,成为国民党内战迅速失败的原因之一。这次币值改革的实质内容主要有两

---

❶ 张公权. 中国通货膨胀史(1937—1949 年)[M]. 北京:文史资料出版社,1986:45.
❷ 荣孟源. 蒋家王朝[M]. 北京:中国青年出版社,1980:225.
❸ 郭廷以. 中国近代史纲[M]. 上海:上海外语教育出版社,1980:206.

点：第一，用金圆券来替代在民众中已毫无信用的法币。第二，个人、法人及其他社团持有的黄金、白银、外币，必须在期限内兑换成金圆券，违反者一律没收。这是蒋介石最看重的一条，也就是将民间持有和存储的金、银和外币，一律用迅速贬值的金圆券夺归国名党政府所有。❶ 金圆券发行量，到1949年5月更增加到679 458亿圆，是1948年8月刚发行时的12万倍；由于人们根本不愿再持有纸币，上海物价一日内上涨几倍，批发物价的指数在此期间疯狂上涨1200万倍。❷ 特别是无米可买，人民无法生活下去，整个社会经济已陷于不可收拾的大雪崩状态。

币制改革的失败，导致政府政策的信用丧尽，国民党统治区民心再次剧变。《观察》的特约记者写道："由战局到政局，由经济到政治，由物价到民生，由前方到后方，由民心到士气，综合来看，当前大局确是暗淡，难关重重，也可以说是民心动摇，危险透顶。"❸ 旅美学者、抗战时期中国赴缅远征军参谋长萧毅肃次子萧慧麟在谈及国民党政府溃败原因时写道："币制改革当天，我亲眼看见守法民众，在鼓楼附近的中央银行外，排成几百公尺的队伍，把持有的黄金美钞向政府缴纳，换成金圆券。但曾几何时，金圆券又步上法币的后尘，不但后来居上，而且短命（不到一年就被'银圆券'取代了）。除了少数的特权阶级，全国绝大多数民众的财富，也就此被政府搜刮得干干净净，而一文不名了。民众对政府完全失去了信心，也由守法转变成痛恨政府，希望国府早日垮台。"❹

上海是全国的经济中心和金融中心，在币制改革的过程中蒋介石曾派中央银行总裁俞鸿钧担任上海经济督导员，派儿子蒋经国协助督导，以期有效推行币制改革，而实权掌握在蒋经国手中。蒋经国到上海后，公布有关的经济管制法令和物价管制办法，并采取雷厉风行的措施，号称要

---

❶ 金冲及. 二十世纪中国史纲（上）[M]. 北京：社会科学文献出版社，2009：637-638.
❷ 许涤新，吴承明. 中国资本主义发展史（第3卷）[M]. 北京：人民出版社，2003：697，701.
❸ 观察特约记者. 物价·豪门·大局 [J]. 观察，5（12），1948-11-13：11.
❹ 萧慧麟. 萧毅肃上将轶事 [M]. 台北：书香文化事业公司，2005：266.

"打老虎",先后逮捕了上海黑社会势力头子杜月笙的儿子杜维屏和申新纱厂老板荣鸿元等60多人。① 在他这种强硬手段的威慑下,上海物价在很短一段时间内保持了稳定。

但是,蒋经国的"打老虎",遇到孔祥熙的儿子、宋美龄的外甥孔令侃这只真正的"大老虎"就打不下去了。孔祥熙长子孔令侃的扬子公司,借其父之权势,倒卖囤积,早已人所共知,只是碍于孔家势力,没人敢举报。但杜月笙很快就收集到了足够的证据,并派人将这些证据报告警厅。孔令侃是宋美龄的大姐宋霭龄与孔祥熙的儿子。宋美龄膝下无子,故将孔令侃和孔令俊(人称"孔二小姐")视如己出。孔令侃的扬子公司,网罗了纳粹德国的战犯、联合国对华救济总署负责分配物资的官员、国民政府财政部信托局官员、军政部官员等,又通过宋美龄的关系广泛结识了美国的金融界巨头和著名实业家。多年来,扬子公司、孚中公司(宋子文的亲弟宋子良任总经理)等官僚买办资本性质的公司,大"捞"联合国和美国的援华物资,大规模非法套汇,肆无忌惮地破坏进出口限额政策,走私倒卖、操纵市场等,无所不为。这一次蒋经国表示要对扬子公司倒卖囤积之事"依法办理"。但是,当蒋经国派人去查抄扬子公司时,宋美龄打急电给在北平的蒋介石,说上海出事,要他火速南下。蒋介石闻讯后顾不得北平战事吃紧,迅即乘飞机赶回上海。第二天,蒋介石召见蒋经国,要他立刻停止查抄扬子公司。蒋经国的"打老虎"只得草草收场。

3. 思想文化上的专制

国民党内的蒋介石集团在建立其政治与军事方面的独裁统治的同时,开始不断地实施与强化其思想文化方面的专制。据统计,蒋介石集团上台以来,仅1931年被查禁的进步书籍就有228种,1934年仅上海被查禁的文艺书籍就有149种。1936年国民党中央宣传部秘密制定了《取缔反动文艺书籍一览》,内容分"查禁类""暂禁类""查扣类"三部分,开列

---

① 刘统. 中国的1948年:两种命运的决战 [M]. 北京:生活·读书·新知三联书店,2006:231-232.

了自 1929 年 3 月至 1936 年 3 月被禁文艺书籍 364 种。1936 年 8 月，国民党中央宣传部印发《取缔社会科学反动书籍一览》，查禁 676 种社会科学书刊。据不完全统计，1929～1935 年，社会科学与文艺方面被查禁的书籍达千余种之多。此外，国民党还把进步书籍和刊物消灭在未出版之前。1930 年 12 月，国民党政府颁布《出版法》，1931 年 10 月，颁布《出版法施行细则》，11 月颁布《宣传品审查标准》，1934 年颁布《图书杂志审查办法》。❶ 这些法条的总的精神就是剥夺人民的言论和出版自由。凡报纸、杂志、书籍在出版之前，都要送到"党国政府"的检察机关审查，它们可以随意删改或毁掉稿本。

抗战初期，面临民族危亡的时局，全国各地人民掀起了呼吁救亡图存的舆论高潮。对此国民党当局不仅不予支持，反而视之为洪水猛兽，予以压制和查禁。国民党中央政府于 1938 年 7 月 21 日成立中央图书杂志审查委员会，其后各地方相应成立地方图书杂志审查处，1939 年 2 月，在重庆设立"重庆市戏剧审查委员会"，以这些机构对进步的文学与影视作品进行查禁。国民党当局在中央还专门成立了新闻检查处，负责全国新闻检查工作。抗战爆发后，国民党政府以抗战为名颁发了一系列战时新闻检查法令，建立和健全战时新闻检查制度。国民党当局还加强对于进步文化人士的监管，对他们的著作进行查禁。如宋庆龄著有《中国不亡论》等著作，反映了人民的抗战呼求、鼓舞人民的斗争意志，却遭到国民党政府的查禁。

在国民党当局的这种高压的文化专制时期，许多优秀的知识分子受到迫害乃至谋杀。下面仅举几个著名的事例。

著名新闻记者、政论家和出版家邹韬奋，1895 年 11 月 5 日生于福建永安，先后就读于福州工业大学、上海圣约翰大学，1926 年接任《生活》周刊主编。《生活》周刊敢于面对现实、伸张社会正义，发行量创了纪

---

❶ 魏宏运，郭彬蔚，金普森. 中国现代史稿［M］. 哈尔滨：黑龙江人民出版社，1980：470.

录；《生活》周刊敢于抨击黑暗势力，对于社会上的腐败现象，予以无情的揭露和批判。因此，邹韬奋经常受到国民党当局的威逼、利诱和恐吓，被迫于1933年7月流亡国外。半年后，《生活》被当局查封。邹韬奋流亡国外期间，日本侵略者的铁蹄正步步深入华北腹地。1935年8月，邹韬奋离开美国回国，全身心地投入爱国民主运动之中。同年11月，他在上海创办了《大众生活》周刊，呼吁全国人民奋起抵抗帝国主义侵略。《大众生活》的正义言论，再度激起国民党政府的惶恐。1936年2月，《大众生活》被国民党政府查封，邹韬奋出走香港。

中国共产党于1935年8月发表《为抗日救国告全体同胞书》，通称"八一宣言"。在"八一宣言"的影响下，一批爱国知识分子的领袖人物沈钧儒、章乃器、陶行知、邹韬奋等于1936年5月31日，在上海发起成立了"全国各界救国联合会"，简称"救国会"。1936年7月31日，邹韬奋和沈钧儒、陶行知、章乃器等发表《团结御侮的几个基本条件与最低要求》的公开信，呼吁全国各党派停止纷争，共同抗日，呼吁国民党政府"应该赶快消灭过去的成见，联合各党各派，为抗日救国而共同奋斗"。❶ 1936年11月22日深夜，国民党当局逮捕了邹韬奋和救国会的其他领导人沈钧儒、李公朴、沙千里、史良、章乃器、王造时共七人，制造了震惊中外的"七君子"事件。

史量才生于1880年，江苏南京人，中国杰出的商人、教育家和报业巨子。他经营的《申报》以"言论自由、不偏不倚、为民喉舌"为宗旨，敢于抨击时弊，揭露当局的黑暗统治，因而声誉鹊起，到1931年，该报日发行量达到15万份。《申报》副刊《自由谈》"以不违时代潮流与大众化为原则"，专登新文学作品，特别是杂文。鲁迅、茅盾等左派作家利用《自由谈》这块园地，发表了大量针砭时弊、批评时政的杂文，产生了巨大的社会影响。国民党当局对史量才施以威胁利诱，试图影响其办报方向，史量才都不为之所动。1934年11月13日，蒋介石亲自下令军统特

---

❶ 周天度，孙彩霞．救国会史料集［M］．北京：中央编译出版社，2006：127.

务组成特别行动组，在沪杭公路上狙击史量才以及其妻儿乘坐的汽车，刺杀了史量才。

此外，国民党还疯狂地镇压、逮捕、监禁和屠杀进步的知识分子。其中，最典型的事例是"左联五烈士事件"。中国左翼作家联盟，简称"左联"，于1930年3月2日成立于上海，鲁迅是其发起人之一和最主要的领导者。1931年1月7日，胡也频、柔石、殷夫、冯铿、李伟森五位"左联"作家被国民党淞沪警备司令部逮捕，2月7日在上海龙华监狱被秘密杀害。这五位左翼作家生前创作了一批优秀的文学作品，为中国早期无产阶级革命文学的发展作出了积极的贡献。他们的作品中尤以柔石的小说和殷夫的诗歌所产生的影响最为突出。裴多菲的著名诗句，"生命诚可贵，爱情价更高，若为自由故，两者皆可抛"，就是殷夫翻译的。

当鲁迅得知柔石他们遇难的消息后，十分悲痛，写下了那首有名的"忍看朋辈成新鬼，怒向刀丛觅小诗"的悼诗。他还发表了《中国无产阶级革命文学和前驱的血》一文。他写道："统治者也知道走狗的文人不能抵挡无产阶级革命文学，于是一面禁止书报，封闭书店，颁布恶出版法，通缉著作家，一面用最末的手段，将左翼作家逮捕，拘禁，秘密处以死刑，至今并未宣布。这一面固然在证明他们是在火亡中的黑暗的动物，一面也在证实中国无产阶级革命文学阵营的力量……"❶ 这是对左联五位烈士的沉痛悼念，更是对国民党当局思想文化专制的愤怒指斥与抗争。

我们在上面探讨了与徐复观的人生和思想历程密切相关的几方面的时代因素，即在西方文化冲击下中国传统文化的危机与中国知识分子的回应，以及以蒋介石为首的国民党政府统治时期政治上的独裁、经济上的腐败和思想文化方面的专制。这些时代的因素，有助于我们理解为什么徐复观一再地向蒋介石进言，规劝他关注人民的疾苦，实行土地改革，由集体领导制取代个人独裁，并由多党参政的联合政府取代国民党的一党专政；

---

❶ 鲁迅．中国无产阶级革命文学和前驱的血［M］//鲁迅全集（第四卷）．北京：人民文学出版社，2005：289．

为什么他在《民主评论》上撰文，尖锐地批判国民党政府在政治、经济方面的腐败与堕落；为什么他在抗战胜利后公然退出国民党，以此表达自己宁愿急流勇退、洁身自好、甘愿清贫与寂寞，表明这个国家决非一人或一家之天下；为什么他在《两汉思想史》中对专制政治的基本性格、中国知识分子的艰难处境、中国学术文化依附于政治的畸形发展等作出深切之透视，绵密之论析，进而主张民主是中国通向富强与现代化的必由之路。

第二节 人生与心路历程

徐复观（1903~1982），湖北省浠水县人，出生于一个半耕半读的农村小知识分子家庭。他的父亲是一位乡村教师，以教蒙馆为生，收入微薄。母亲是位温顺贤良的农村妇女，除了养育五个子女外，还要养猪、纺线以维持全家生计。他的哥哥12岁便开始负担田里的劳动。他的母亲和姐姐起早贪黑纺纱织布。晚年的徐复观曾充满感慨地回忆说，他小时候经常看到缠过足的母亲背着一大筐豆角或棉花，从田野里步履蹒跚地走回家。徐复观还写道："我的家庭，我的村庄，我的亲戚，都是道地的农民，所以也都是道地的穷苦。砍柴、放牛、捡棉花、摘豆角，这都是我二十岁以前，寒暑假中必做的功课。我父兄的艰辛，一闭目都到我眼前来了；所以我真正是大地的儿子，真正是从农村地平线下面长出来的。"❶农村的生活经历，在徐复观的心中留下了刻骨铭心的记忆，尽管他日后走南闯北、四海为家，但始终没有忘记自己是来自这片故乡的土地。这种对农村之根的眷恋和对贫苦农民的同情，成为他政治思想形成的深刻根源。

---

❶ 徐复观.谁赋豳风七月篇——农村的记忆[M]//无惭尺布裹头归·生平.北京：九州出版社，2014：5.

第二章　徐复观政治思想形成的历史背景及其人生与心路历程

一、求学经历

徐复观8岁开始跟随父亲发蒙读书。徐父采用"新旧并进"的教学方法，在他的指导下，徐复观既读新式的教科书，又读《论语》《四书》《五经》《东来博议》《古文笔法百篇》《古文观止》《纲鉴易知录》《御批通鉴辑览》等。12岁时，他以第一名的成绩考取了浠水县高等小学。1918年，他告别乡土，到武昌求学，就读于湖北省立第一师范学校，即武汉大学的前身。这里集中了一批好老师。校长刘凤章先生，对《周易》及阳明学有很深的造诣。讲授国文课的安路陈仲甫先生，对桐城派文章研究很深，讲得也非常好。改作文的武昌李希哲先生对周秦诸子素有研究，他出的作文题，都是富有启发性的学术题目。❶ 在这些师长的教育启迪下，徐复观对先秦诸子的思想和著作产生了浓厚的兴趣。正是在读师范的5年间，他系统地学习了中国传统典籍，打下了坚实的文史基础。这一时期，他也读了一些当时知名学者如梁启超、梁漱溟、王星拱、胡适等人的著作。

1923年，徐复观报考了刚刚开办的湖北省武昌国学馆，在3000多名考生中名列榜首。主持武昌国学馆的国学大师黄季刚先生评阅了徐复观的考卷后赞叹说："我们湖北在满清一代，没有一个有大成就的学者，现在发现一位最有希望的青年，并且是我们黄州府的人。"❷ 在国学馆的3年学习中，徐复观成绩优异。时任湖北省第一师范学校校长的著名学者刘凤章也在国学馆任教，他预言徐复观将来会以他的才智"名动公卿"。在这一时期的学习中，徐复观进一步深入学习了文史典籍，为他后来的学术研究打下了扎实的国学功底。

1928年，徐复观东渡日本留学，先后就读于明治大学经济系和陆军士官学校步兵科。在五四新文化运动的影响下，徐复观开始对线装书愈发

---

❶ 徐复观. 我的读书生活［M］//无惭尺布裹头归·生平. 北京：九州出版社，2014：48.
❷ 徐复观. 我的教书生活［M］//无惭尺布裹头归·生平. 北京：九州出版社，2014：63.

反感,而对新思想逐渐着迷。在"五四"时期,徐复观几乎阅读了鲁迅的所有作品,认为鲁迅所批评的,正是他所要批评而不能表达出来的,因此对鲁迅十分崇拜。但是,到了日本,通过日本马克思主义者河上肇的著作了解到马克思主义理论之后,徐复观开始感到不能满足于鲁迅的思想。他发觉鲁迅投射给他的还只是一种否定性的光芒,而未能指示出国家和民族的出路与方向。他求索的目光开始转向马克思主义。这样,他和同学、好友一起组织了"群不读书会",专门阅读马克思、恩格斯和日本马克思主义者河上肇的书籍,研究马克思主义的哲学、政治学和经济学。甚至连译成日文的苏联杂志《在马克思主义的旗帜下》,他们也是一期不漏地阅读。30年后,他坦承:在归国从军后的那些年里,对于马克思主义与社会主义,"虽然口里不说,笔下不写,但一直到民国二十九年前后,它实在填补了我从青年到壮年的一段精神上的空虚。"❶

二、政治生涯

1931年"九一八"事变发生后,徐复观与他在日本陆军士官学校的一些中国同学愤然中断学业,回国参加抗日。回国后,徐复观和同期归国的同学们向南京政府请愿,要求组织起来进行抗日,是国民党政府却把他们遣散了。徐复观起草了一个解散宣言,表达了自己对日本侵略者的愤慨和对南京政府的不满。其后,蔡廷锴、陈铭枢等爱国将领因反对蒋介石政府对日的不抵抗政策,发动了反蒋的福建起义,徐复观也参加了这次起义。起义被镇压时,徐复观由于正在河南出差,方得幸免于难。

1942年春,徐复观奉国民党军事委员会的命令赴延安任少将联络官。在延安生活的半年时间里,他与毛泽东、朱德、周恩来、刘少奇、叶剑英等中国共产党领导人都有过交往与晤谈。朱德还曾经赠送给他一条毛毯,这条毛毯徐复观终生都保留在身边。毛泽东对徐复观的才学与见解颇为欣赏,两人有过几次关于政治与学术问题的彻夜长谈。居延安期间,徐复观

---

❶ 徐复观. 我的读书生活 [M]//无惭尺布裹头归·生平. 北京:九州出版社,2014:50.

清楚地看到中国共产党的政治、军事素质和潜能。他曾感慨地说,中国的热血男儿都在共产党里了。他还赞扬延安的整风运动,并称延安"仿佛是大革命时代的黄埔","令人敬佩"。❶

1943 年,徐复观从延安回到重庆。本来徐复观对于国民党的统治以及对于蒋介石本人是心存不满的。同时多年军旅生涯,看尽国民党军官高层的腐败和无能,他感到深深的失望与格格不入,所以在去延安之前他是决意要解甲归田的。不过从延安回到重庆后,经何应钦等引荐,徐复观受到蒋介石的召见,直接向蒋汇报延安之行的经历与思考。结果蒋介石对于徐复观的学识与才干十分欣赏,执意慰留,后提升徐复观为党政军联合秘书处副秘书长。蒋介石对他的倚重,使徐复观最终改变主意,决定留了下来,想要帮助蒋介石来改造国民党。❷ 徐复观对于中国的劳苦大众有着深切的同情。他一再地向蒋介石进言,希望他关注人民疾苦,实行土地改革,并在抗战胜利后由集体领导制取代个人独裁,由多党参政的联合政府取代一党专政。蒋介石尽管对徐复观的建议表示出相当的克制和容忍,但无意去付诸实施。徐复观与蒋介石在思想上的分歧是深刻的,不可弥合的。蒋介石代表的是大地主大资产阶级的利益,而徐复观则时刻不忘人民的苦难。是否为了人民——这就是徐复观与蒋介石之间的分水岭。

1944 年春,徐复观与新儒学第一代代表人物之一的熊十力相识于重庆。1945 年春,徐复观又去北碚勉人书院看望熊十力。离别时,在暮色黄昏中,熊十力送徐复观走了很长一段路,边走边谈。熊十力对徐复观讲述了他一生的挫折,流露出他对国家命运和人民苦难的忧虑。他认为想要救中国,必须先救学术,必须有人出来挺身讲学,形成一种风气。然而,"天下泊没于势利,知识分子丧心病狂,真有使我发生将万世为奴的感慨。一二人之力,单薄孤危,要挽救也无济于事。党人以势利相结合,尤

---

❶ 徐复观. 中共问题断想 [M]//徐复观杂文——论中共. 台北:时报文化出版事业有限公司,1980:157.

❷ 徐复观. 末光碎影 [M]//无惭尺布裹头归·生平. 北京:九州出版社,2014:159-161.

不可言。"❶ 所以，在他看来，国民党的统治是令人失望的；应当以讲学的方式把许多有志之士团结起来，代替政党的作用，为国家培植根本，为社会转移风气。徐复观为熊十力这番话所深深感动，心情久久不能平静。与熊十力的交往是促使他决心脱离官场、从事学术活动的一个重要契机。他说："我决心叩学问之门的勇气，是启发自熊十力先生。对中国文化，从二十年的厌弃心理中转变过来，因而多有一点认识，也是得自熊先生的启示。"❷

三、转向学术

抗战胜利后，徐复观决意从实际政治、从官场中脱离出来。他在南京创办《学原》杂志，并通过办这一刊物与牟宗三、唐君毅、钱穆、朱光潜及洪谦等学者结识，这些人都曾为《学原》撰稿。徐复观经常与牟宗三、唐君毅等讨论当时中国所面临的问题。他们都认识到，中国的问题从根本上说是文化问题。也就是说，要救中国，就必须复兴以儒家为代表的中国文化。这个信念亦成为徐复观脱离政治转向学术的一个重要原因。

1949 年，徐复观赴香港办《民主评论》。徐复观创办这份刊物的动机有二：第一，通过社会舆论的力量来促使国民党进行自我反省。他认为，国民党官员的腐化、堕落和自私是导致国民党失败的重要原因。没有大规模的彻底反省，国民党将毫无希望。第二，唤起知识分子重振中国文化的责任意识。在他看来，正是由于 20 世纪初叶以来中国传统文化所遭遇的危机以及由此带来的信仰危机，导致了中国知识分子迷失本性和日趋腐化下流。所以，若欲振兴中华民族，必先复兴中国文化。这需要一个期刊来唤起知识分子对时代的担当。此外，创办这份刊物也表明他离开官场的坚定决心。

---

❶ 徐复观. 有关熊十力先生的片鳞只爪 [M]//无惭尺布裹头归·交往集. 北京：九州出版社，2014：107.

❷ 徐复观. 我的读书生活 [M]//无惭尺布裹头归·生平. 北京：九州出版社，2014：51.

徐复观开始在《民主评论》上撰文，尖锐地批判国民党政府在政治经济方面的腐败与堕落。徐复观十分赞同毛泽东的观点，他说："中国社会，正如毛泽东所说，是'中间大，两头小'的社会，也就是中产阶级占绝对优势的社会。"❶ 中产阶级是中国人口最多的阶级，包括自耕农、中农、富农、一般工商业者和知识分子。在徐复观看来，国民党的失败就在于失去了占人口最多的中产阶级的支持，而中产阶级对国民党的失望和背离，正与国民党的贪污腐败息息相关。❷ 他指出，国民党的腐败集中表现在两个方面：一是由"孔宋财团"所代表的财政金融；二是由国民党内派系所表演的"派系政治"。

徐复观指出，在经济方面，孔祥熙、宋子文两大财团利用裙带关系和政治特权垄断工商业，排挤民族工商业，牟取暴利，然后把所榨取的人民血汗钱存到国外银行，总额高达130亿美元。孔宋财团以"国家资本""战时统制"等为借口，用政府的名义把社会的资源财富集中起来加以控制，尤其是对金融机构进行垄断。孔宋财团把他们的私人股份放进了中央银行、中国银行、农业银行和交通银行等四大国有银行，以国家银行的姿态，享受国家银行的特权，然后由这些所谓国家银行，再培养出许多私人的"子银行"。"子银行利用政府关系，直接或间接地利用中央银行的发行和政府机关的存款，来取得由通货膨胀所得到的巨额利润。"❸ 子银行支持的公司行号再利用低利贷款等手段，无视法律、囤积居奇。徐复观认为，这是对金融命脉的公开占领。

徐复观进一步指出，孔宋财团还采取间接手段进行贪污。通过垄断对外贸易，他们用官方汇率购买国外的货物，再用很高的黑市汇率出售这些商品。依据徐复观的分析，由于孔宋财团垄断了对外贸易，一切外汇自然

---

❶ 徐复观. 是谁击溃了中产阶级的力量 [M]//学术与政治之间. 北京：九州出版社，2014：221.

❷ 徐复观. 是谁击溃了中产阶级的力量 [M]//学术与政治之间. 北京：九州出版社，2014：222.

❸ 徐复观. 是谁击溃了中产阶级的力量 [M]//学术与政治之间. 北京：九州出版社，2014：225.

落入他们的手中。而且，商人们不得不以远低于官方汇率的价格将外汇出售给孔宋财团控制的银行，孔宋财团自然成为这些差价的受益人。孔宋财团凭借限制他人、便利自己的方法，垄断交通、资源和资金，最大限度地谋取自身利益。结果，通过改进技术与管理获得收益的正当的工商业，特别是工业，则根本没有办法与通过其独有特权获得利润的孔宋财团竞争。因此，国内正常的民族工商业已是无法生存，官僚资本完全扼杀了民族工商业的生机。

国民党内部的派系政治与孔宋财团是一对"难兄难弟"，在当时社会上发挥着异曲同工的作用。在徐复观看来，国民党原本是一个由中国中产阶级组成的政党，代表中产阶级的政治路线。然而，由于封建余毒的影响，随着统治时间的延长，国民党逐渐改变了其原有的性质，由"以党治国"退堕到党内的"派系分国"。这一现象从1927年开始，但当时各派系的内部仍保持着其政治上的活力。一直到抗战发生，各派系虽有其反作用，但也有其正作用，且有时正作用高于反作用。然而，1939年以后，则只有其反作用，几乎没有正作用，进而形成无法控制的局面。它的内容虽然复杂，但因为一切都是以派系为中心、通过派系而表现出来的，所以徐复观称它为"派系政治"。

徐复观认为，派系政治是在三民主义的幌子之下，因国民党党员的封建贪婪思想而形成的。某些党员仅以现实利害和血缘关系为中心，为追求自己的私利竭尽全力组成派系。这种关系开始是在家人和亲戚之间建立，然后是与其老乡、校友、学生等组成，那些与他们没有私人关系的人则被排除在派系之外，即被排除在政府之外。于是，国民党之所谓"党"，变成了由封建人事关系组成的许多小集团。❶ 徐复观认为，在一个典型的封建社会里还有封建的道德加以维系。然而在他所生活的国民党统治的时代，传统的道德已陷入深深的危机之中，没能留下任何真正可靠的道德观

---

❶ 徐复观. 是谁击溃了中产阶级的力量 [M]//学术与政治之间. 北京：九州出版社，2014：229.

念的规范与约束。因此，每一个小集团的内容都是空虚而动摇的，根本没有真正的团结性。徐复观认为，1947年秋冬之际发生在国民党内部的政治竞选加剧了这种局面，他们以谩骂、哭闹、争吵等手段瓜分官职，已达到了"冠绝古今、登峰造极"的程度。

徐复观把批评的矛头直指国民党领导阶层，甚至是蒋介石本人。他指出，在抗日战争爆发后，国民党无法适应新的形势，以舆论帮助政府祛除腐败、革故鼎新。国民党政府总是认为，政权属于他们个人，政权代表国家，而国家是至高无上的，因此他们自己也是至高无上的。为此，每个人就不得不向他们乞求恩赐并赞誉他们，却没有权利去要求和评价他们。而批评他们就意味着心怀恶意、侮辱庄严。徐复观坚决反对这种做法，他强调指出，清除孔宋财团的弊病和派系政治的邪恶是对国民党最后的考验。❶ 徐复观的上述言论激怒了国民党的上层，包括蒋介石本人。从那以后，徐复观与蒋介石渐行渐远。当徐复观必须在一个欣赏他、奖掖他，但要与人民的利益背道而驰的领袖与人民之间做出抉择的时候，他义无反顾地选择了人民。

徐复观最后毅然决定退出国民党。他给同在国民党内任职的一位朋友唐良雄写了一封长信，表达退党的决心。他在信中说，在国民党内多年，国民党待他不薄。可是看到国民党在政治军事上无可救药地腐败与堕落，他实在是羞于继续与之为伍。他说："但年来实不再愿以一国民党员自居，今则更为坚决。此乃经过长期内心之矛盾斗争，终不能自加克制之必然结论。……今日之派系自私，卑劣无耻，已习与性成。……见有公正廉能之士，无不引为怪笑，不锄而去之，糟踏戮辱之不止。……此种风气，积之已近二十年，弟既无力加以挽回，只好看其扑地横行，而自甘蜷伏，不必再凑热闹。"❷ 他决意急流勇退，选择清贫与寂寞，并以此表明这个国家绝非一人或一家之天下，表明人民的意愿终将得到伸张，而不会永远

---

❶ 徐复观. 是谁击溃了中产阶级的力量［M］//学术与政治之间. 北京：九州出版社，2014：236.

❷ 唐良雄. 我所认识的徐复观先生［M］//余纪忠，等. 追怀. 北京：九州出版社，2014：88.

地沦于湮灭。就这样，徐复观告别了政界，转向学术。

在《民主评论》上所发表的文章中，徐复观还着重指出，民主是中国通向富强与现代化的必由之路。这是他在多年的宦海浮沉中，通过对于专制政体的体察与思考所得出的痛切的结论。同时，他认识到近代西方政治文化的缺陷，主张儒家人文主义可以补救其偏弊，赋民主政治以精神道德的内涵。❶ 1958 年 1 月，徐复观与牟宗三、唐君毅、张君劢联名，在《民主评论》上发表了《为中国文化敬告世界人士宣言——我们对中国学术研究及中国文化与世界文化前途之共同认识》。该宣言指出，中国传统文化的缺失在于它未能发展出民主与科学。然而，中国传统文化固有其可以与现代民主精神相融通的精华因素，同时在过去与中国人民的思想、精神和生活紧密相连，在将来也必将获得复兴与新的发展。

1955 年，徐复观到东海大学任教授，讲授中国思想史。由于他刚直不阿的政治抗议精神，与蒋氏父子渐行渐远。20 世纪 60 年代，徐复观移居香港，执教于香港中文大学的新亚书院，同时在《华侨日报》撰写专栏文章。在 30 年的教学生涯中，他培养出一批热爱中国文化的优秀的学生。这些学生在为中国文化的发展和转变，以及向西方介绍中国文化等方面作出了重要贡献。

在近 30 年的学术生涯中，徐复观以惊人的毅力、无畏的勇气、过人的才智和超乎常人的刻苦，笔耕不辍，先后完成了《中国思想史论集》（1959）、《中国人性论史》（1963）、《中国艺术精神》（1966）、《徐复观文录》（四册）（1971）、《周秦汉政治社会结构之研究》（1972）［后作为《两汉思想史》（卷一）］、《中国文学论集》（1974）、《两汉思想史》（卷二）（1976）、《两汉思想史》（卷三）（1979）、《儒家政治思想与民主自由人权》（1979）、《徐复观杂文》（四册）（1980）、《徐复观文录选粹》（1980）、《周官成立之时代及其思想性格》（1980）、《学术与政治之间》

---

❶ 徐复观. 儒家政治思想的构造及其转进 [M]//学术与政治之间. 北京：九州出版社，2014：47-55；徐复观. 中国的治道——读陆宣公传集书后 [M]//学术与政治之间. 北京：九州出版社，2014：110-111.

(甲乙集合刊)(1980)、《徐复观杂文续集》(1981)、《中国文学论集续编》(1981)、《中国经学史的基础》(1982)、《中国思想史论集续编》(1982)等20多部学术著作。徐复观的学生曹永洋曾评说:"前五十年他活在动荡苦难的时代,历经惊涛骇浪,看尽政治舞台上一些叱咤风云的人物,在台湾三十年间(最后十二年在香江度过),他埋首著述,他的文字成为这个时代中国人最有力的声音之一,也是苦难时代良知的象征。"❶

在徐复观的诸多著述中,《中国人性论史》及《中国艺术精神》被公认为可传世之作。他的《两汉思想史》则被认为是20世纪中国人文学界最重要的著作之一。林毓生认为徐复观在该书中对于秦汉以来中国专制主义的分析和批判是20世纪中国人文学界少数几个最重要的成果之一。著名学者萧萐父指出,《两汉思想史》"从社会史与思想史结合的角度,剖析从西周到秦汉政治体制的诸方面,尤其是专制政治的基本性格及其所造成的专制主义的心理状态;在此背景下中国知识分子艰难处境和软弱性格,中国学术文化依附于政治的畸形发展等,其透视之深切,论析之绵密,为以往史学论著所罕见。"❷

中国共产党领导人并没有忘记徐复观这位老朋友。1980年3月,全国人大常委会副委员长、长期主管港澳台侨事务的廖承志去美国做心脏手术,5月归来途中停留香港数日。其间,廖承志由新华社香港分社社长王匡作陪,在一栋山顶别墅会见了徐复观。廖承志与徐复观就一些政治与社会问题进行了比较深入的交谈,并代表邓小平邀请他访问祖国大陆。❸ 尽管由于种种原因未能成行,但重访祖国大陆一直是徐复观内心的夙愿。他在致故乡友人柴曾恺的信中说:"一两年内,极欲返鄂一行,届时自当拜

---

❶ 曹永洋.在记忆的回廊里[M]//徐复观家书精选.台北:学生书局,1993:编序Ⅱ.

❷ 萧萐父.徐复观学思成就的时代意义[M]//李维武.徐复观与中国文化.武汉:湖北人民出版社,1997:7-8.

❸ 李维武.徐复观学术思想评传[M].北京:北京图书馆出版社,2001:60.

候。万一在港随草露以俱化，如得政府许可，亦当埋骨灰于桑梓之地。"❶ 1982 年 4 月 1 日，徐复观病逝于台湾大学医院，享年 80 岁。他的骨灰由夫人王世高亲自送回故乡浠水，安葬于县城郊外的凤栖山。这位大地的儿子，最终回到了故乡的土地。

---

❶ 徐复观. 徐复观致柴曾恺 [M]//李维武. 徐复观与中国文化. 武汉：湖北人民出版社，1997：2.

第三章

徐复观对先秦儒家政治思想的论析

徐复观的政治思想主要包括四个方面的内容：对先秦时期儒家思想的论析、对专制时期儒家思想的论析、对西方经典自由主义的论析以及对政治文化综合创新理论的探索。一方面，徐复观把先秦儒家思想中的精华（第三章）与秦汉大一统专制制度建立后被压迫、被扭曲了的儒家思想相区别析离（第四章），另一方面，徐复观对西方政治思想展开了批判，从而将西方政治文化中的精华和缺陷进行了区分和鉴别（第五章）。徐复观所做的努力就是把儒家思想的精华从秦汉后在专制政体的压抑下被扭曲了的儒家思想中析离出来，与现代西方民主政治的精华进行创造性地融合，以开创新的中国政治文化（第六章）。这一政治文化综合创新理论是徐复观政治思想的归结点和落脚点，也是其政治思想的核心内容。

徐复观对先秦儒家政治思想进行了深入的研讨和剖析，指出儒家人文主义中本含有一种德治思想、政治抗议精神和以人民利益和需求为本位的民本主义，而这三者构成了先秦儒家政治思想的核心价值。他力图把这种人文主义精华从秦汉后在专制政体的压抑下被扭曲了的儒家思想中析离出来，与现代民主意识相沟通，以开创新的中国政治文化。同时徐复观认为，孔子与孟子的人性论学说为先秦儒家思想的核心价值奠定了哲学的基础，而孔子与孟子的人性论学说又是商末周初以"忧患意识"为标志的中国古代人文主义精神萌动、生长和长期发展的结果。

第一节 对"忧患意识"的经典阐释

一、"忧患意识"的发源

徐复观认为，中国古代的忧患意识起源于商朝至周朝。这种忧患意识的产生，明显地标志着中国古代文化开始由原始宗教文化向人文主义主导文化的转折，其中包含了古代中国人的以道德理性为主要元素的人文主义的觉醒。

通过对商文献的研究，徐复观发现，"中国事神的主体……是政治的领导者而不是巫"，❶ 也就是说，商朝祭祀神明的活动是由国王而不是由巫师主持的。与其他民族不同，在中国历史上，并不曾产生一种独立的、能够与政治领袖抗衡的僧侣阶层，国王既是政治领袖又是宗教领袖，宗教活动和政治活动经常密不可分。所以，统治者和被统治者都受到了宗教的影响。祝福和惩罚都以神的意愿为基础，百姓通过统治者的行为知晓神的意志或"天命"，统治者的失德就是神的失灵。

徐复观指出，周朝推翻商朝之后，原始宗教出现了根本的转折：人本化。商朝时期，人们相信天命是无条件地永远眷顾一个统治者，因此他们有"天命不易"的说法。《西伯戡黎》记载，殷纣王说："我生不有命在天"❷，认为天命一定是站在自己这边的。到了周朝初期，通过对商取代夏、周取代商的朝代兴替的反思，周人发觉天命不一定站在谁的一边，所以《康诰》记载："惟命不于常"❸。人们发现每当统治者变得邪恶与暴虐，天命就会转向另一个朝代。于是周人就有了"天命靡常"的理念。他们感到天命是不可知、不可倚恃的。徐复观解释说："天命不可知，不可信，是说离开了自己的行为而仅靠天命，则天是不易把握，是无从信赖的。天命既无从信赖，则惟有返而求之于人的自身，这便渐渐从宗教对神的依赖性中解脱出来了。"❹ 于是便开始由对于上帝和鬼神的依赖，变为"敬鬼神而远之"，转向人的自身，试图把命运掌握在人自己的手中。"这样一来，天命渐渐从它的幽暗神秘的气氛中摆脱出来，而成为人们可以通过自己的行为加以了解、把握，并作为人类合理行为的最后保障。并且人类的历史，也由此而投予以新的光明，人们可以通过这种光明而能对历史作合理的了解、合理的把握。因而人们渐渐在历史中取得了某程度的自主

---

❶ 徐复观. 中国人性论史 [M]. 北京：九州出版社，2014：252.
❷ 尚书·商书·西伯戡黎 [M]//孙星衍. 尚书今古文注疏. 北京：中华书局，1986：252.
❸ 尚书·周书·康诰 [M]//孙星衍. 尚书今古文注疏. 北京：中华书局，1986：371.
❹ 徐复观. 中国人性论史 [M]. 北京：九州出版社，2014：25-26.

的地位。"❶

从那时起，古代中国人开始逐渐摆脱对神的依赖，作为最高精神实体的天的概念逐步取代了对神的信仰。人们虽然仍然事鬼尊神，但正如《礼记》所载，"殷人尊神，率民以事神，先鬼而后礼……周人尊礼尚施，事鬼敬神而远之，近人而忠焉。"❷ 徐复观认为，这虽然并不意味着人文主义完全取代了原始宗教，但是人们对于其自身的努力与"德"的高度重视替代了对于人格化的上帝与鬼神的敬畏。"天命既以人自身之德为依归，则天命对于统治者的支持，乃是附有很严格的条件的。"❸ 也就是说，天命不再刻意地绝对佑护某一特定的统治集团，而是会眷顾那些有德有道的统治者。

这里徐复观进一步阐明了周文王在这一历史过程中的特殊地位与作用。他说，由于人文合理精神的跃动，一方面虽然强调天命，另一方面又觉得仅从天命的本身来说，是不易把握得到的；对于这种不易把握得到的东西，不能仅靠巫、卜来给人们以行为的启示，而要通过周文王具体之德来作行为的启示。因此，文王便成为天命的具体化。周文王与上帝的关系，不仅较之其他祖宗特别密切，并且实际已超过了中介人的作用，而成为上帝的代理人。正因为如此，中国历史上才没有出现像其他民族那样独立的僧侣阶级。更主要的是，周文王与上帝的非常关系来自他"于缉熙敬止"❹ 及"刑于寡妻，至于兄弟，以御于家邦"❺ 的德，来自他的"克明德慎罚，不敢侮鳏寡，庸庸，祗祗，威威，显民"❻。而且一般来讲，宗教中教主的精神是向着天上，而周文王的精神则完全眷顾于现世，在现世中解决现世的问题。所以，"文王在周人心目中的地位，实际是象征宗

---

❶ 徐复观. 中国人性论史［M］. 北京：九州出版社，2014：24.
❷ 礼记·表记［M］//孙希旦. 礼记集解. 北京：中华书局，1989：1310.
❸ 徐复观. 中国人性论史［M］. 北京：九州出版社，2014：25.
❹ 诗·大雅·文王［M］//程俊英，蒋见元. 诗经注析. 北京：中华书局，1991：748.
❺ 诗·大雅·思齐［M］//程俊英，蒋见元. 诗经注析. 北京：中华书局，1991：773.
❻ 尚书·周书·康诰［M］//孙星衍. 尚书今古文注疏. 北京：中华书局，1986：359.

教中的人文精神的觉醒，成为周初宗教大异于殷代宗教的特征之一。"❶

徐复观进一步指出，文王在宗教的外衣之下，实质上成了人文精神的象征；并且此种人文精神，乃来自周初统治者对于人民的敬畏之心，于是在此同时，人民，作为政治所关注的对象，也被抬高到与天命同等的地位。❷ 因此，在周初人民的意愿被看作测试天命的晴雨表。统治者需要通过民情、民意或民心来体察天命，而这正是民本主义精神的充分体现。也就是说，人民的意向，成为天命的表达，统治者感到需要通过人民的生活状况和情绪去了解天命。在西方的中世纪，宗教势力占有至高无上的地位，君主的主要职责是事神，其他一切，都不过是作为事神、进天国的手段。但周初已认为上帝不是出于服务自身的目的来选择君主，乃是为了人民的福祉来选择国家的领导者。所以当时认为天命并不先降在王身上，而系先降在民身上；因此《酒诰》说"惟天降命肇（始），我民惟元祀"❸。又以为天命不易把握，应当从巫、卜的手中解放出来，面对着人民；天命乃显现于民情之中，从民情中去把握天命。所以《酒诰》说，"在今后嗣王（纣）酗身，厥命罔显于民祇。"❹ 并且民情较天命为可信，应当由人民的意愿来判定统治者的是非得失。❺ 因此，无论对于天命还是人民的意愿，周朝的缔造者们都充满敬畏，战战兢兢，如临深渊，如履薄冰。而"忧患意识"正是在这样的历史文化背景下形成与发展起来的。

二、"忧患意识"的内涵

徐复观在《周初宗教中人文精神的跃动》一文中，对"忧患意识"做了最经典的阐释。他指出："周人革掉了殷人的命（政权），成为新的胜利者；但通过周初文献所看出的，并不像一般民族战胜后的趾高气扬的

---

❶ 徐复观. 中国人性论史［M］. 北京：九州出版社，2014：28.
❷ 徐复观. 中国人性论史［M］. 北京：九州出版社，2014：28-29.
❸ 尚书·周书·酒诰［M］//孙星衍. 尚书今古文注疏. 北京：中华书局，1986：375.
❹ 尚书·周书·酒诰［M］//孙星衍. 尚书今古文注疏. 北京：中华书局，1986：380.
❺ 徐复观. 中国人性论史［M］. 北京：九州出版社，2014：29.

气象，而是《易传》所说的'忧患'意识。"❶ 他认为，忧患意识不同于作为原始宗教动机的恐怖、绝望等情绪或心理状态。人们往往是在恐怖绝望中感到自己的渺小，因而放弃自身的努力，把命运交付给神灵。而任凭神灵为自己作决定后的人们的行动，往往是失去了主动性和理智指引的行动；这种行动实际上是一种观念和意识处在蒙昧状态中的行动。徐复观认为："'忧患'与恐怖、绝望的最大不同之点，在于忧患心理的形成，乃是从当事者对吉凶成败的深思熟考而来的远见；在这种远见中，主要发现了吉凶成败与当事者行为的密切关系，及当事者在行为上所应负的责任。忧患正是由这种责任感来的要以己力突破困难而尚未突破时的心理状态。所以忧患意识，乃人类精神开始直接对事物发生责任感的表现，也即是精神上开始有了人的自觉的表现。"❷ 这是徐复观对于"忧患意识"这一概念的一段经典的界定。

由此可见，忧患意识是周朝的缔造者们在竭力捍卫他们新王朝时所持有的一种心态。徐复观在周初文献中发现，周朝强调要在殷革夏命、周革殷命的历史转折中汲取经验教训。在他看来，这种现象表明了周朝的缔造者们对其前辈和他们自身所经受的困境的深刻反省。忧患意识纯然是这种反省的结果。在推翻商朝后，周朝的缔造者们没有被自己的胜利冲昏头脑；相反，通过对历史变迁的反省，他们发现了人们的成败与其自身行为之间的密切关联。所以，他们意识到必须为自己的行为负责。出于这份责任感，他们竭力通过自己的努力去突破困难。徐复观认为，"忧患意识"正是周朝的缔造者们对于面临的困境将要突破而尚未突破时的心理状态。

商朝时，由于受到原始宗教的支配，人们虔诚地祭奉神灵，并认为人的命运完全有赖于神的意志或者神秘精神力量的喜好。徐复观指出，"在以信仰为中心的宗教气氛之下，人感到由信仰而得救；把一切问题的责任交给于神，此时不会发生忧患意识；而此时的信心，乃是对神的信心。"❸

---

❶ 徐复观. 中国人性论史 [M]. 北京：九州出版社，2014：19.
❷ 徐复观. 中国人性论史 [M]. 北京：九州出版社，2014：20.
❸ 徐复观. 中国人性论史 [M]. 北京：九州出版社，2014：21.

所以，人必须在自己承担起应对与解决问题的责任时，才会产生忧患意识。当人有了忧患意识，自己开始承担责任时，便孕育了一种坚强的意志和奋发的精神。从而使自己信心的源泉，由神转向自己行为的谨慎和努力。这种谨慎和努力，在周朝忧患意识跃动之初的表现便是"敬""敬德""明德"等观念。"尤其是一个敬字，实贯穿于周初人的一切生活之中，这是直承忧患意识的警惕性而来的精神敛抑、集中，及对事的谨慎、认真的心理状态。这是人在时时反省自己的行为，规整自己的行为的心理状态。"❶

接下来，徐复观着重阐释了周初人们的"敬"与宗教的"虔敬"的区别："宗教的虔敬，是人把自己的主体性消解掉，将自己投掷于神的面前而彻底皈归于神的心理状态。周初所强调的敬，是人的精神，由散漫而集中，并消解自己的官能欲望于自己所负的责任之前，凸显出自己主体的积极性与理性作用。敬字的原来意义，只是对于外来侵害的警戒，这是被动的直接反应的心理状态。周初所提出的敬的观念，则是主动的、反省的，因而是内发的心理状态。这正是自觉的心理状态，与被动的警戒心理有很大的分别。"❷ 所以徐复观认为，周人的哲学，可以由一个"敬"字代表。而经常与"敬"字连用的"德"字，指的是人的具体的行为。"敬德"就是认真的、兢兢业业的行为，"明德"就是明智的行为。敬、敬德、明德等观念行为，体现于周初各种文献之中。反过来说，如果没有忧患意识，也不会出现强烈的敬、敬德、明德等观念行为。因此徐复观说："周人建立了一个由'敬'所贯注的'敬德'、'明德'的观念世界，来照察、指导自己的行为，对自己的行为负责，这正是中国人文精神最早的出现；而此种人文精神，是以'敬'为其动力的，这便使其成为道德的性格，与西方之所谓人文主义，有其最大不同的内容。在此人文精神之跃动中，周人遂能在制度上作了飞跃性的革新，并把他所继承的殷人的宗

---

❶ 徐复观. 中国人性论史 [M]. 北京：九州出版社，2014：22.
❷ 徐复观. 中国人性论史 [M]. 北京：九州出版社，2014：22.

教,给予以本质的转化。"❶

　　周人在"忧患"这一中心概念的周围设立"敬""敬德""明德"等重要的象征性词汇元素,目的是便于引导他们自己的行为,使自己能够为自己的行为负起责任。人的命运不再依赖神的意志,而在于他自己的良好行为。在这一理解的基础上,周朝的缔造者们自觉地同百姓们同甘共苦,勇敢地承担起处理天下问题的责任。这就是徐复观所阐述的"忧患意识"的确切内涵。这一观念包含一种人文精神,它来源于人们对自己困苦经历和历史教训的深入思考和自我反省。在徐复观看来,古希腊哲学发生于对自然的惊异,各种宗教起源于对天灾人祸的恐惧,而中国的人文主义则发生于对人生责任感的"忧患"。忧患并不同于"恐怖"。"恐怖"常将人的命运交付于外在的不可知的力量(神),而"忧患意识"则要求人凭据自身的力量来掌握自己的命运。所以,忧患意识的产生,即是"人的自觉"的最初表现。❷

　　以恐怖绝望为动机的原始宗教,仅仅依靠信仰解决问题,这实际上是精神的自我麻痹。与恐惧意识截然不同的忧患意识所表现出的是人的主观能动性、强烈的意志、高昂的士气,它是人的自我觉醒。徐复观高度赞扬周初的这一自觉精神,他说:"周之战胜殷,可以说是由自觉性的文化,战胜了缺少自觉性的文化。这在中国文化发展史上,是一个划期地进展。"❸ 忧患意识是人类直接对社会发生责任感的表现,也是从精神上开始有了自我觉醒的表现。

　　通过对周初文献的深入研究,徐复观洞察到,忧患意识是周朝的缔造者们的一种对于人民意愿的敬畏,对于历史教训的反省与警戒之心,对于其自身的历史进程之责任的明确的觉醒与认识,以及一种愿与人民同其甘苦,共其命运的自觉。这种理性的自觉成为中国人文主义的起源,代表着

---

❶ 徐复观.中国人性论史[M].北京:九州出版社,2014:23.
❷ 徐复观.中国古代人文精神之成长[M]//儒家思想与现代社会.北京:九州出版社,2014:98.
❸ 徐复观.中国人性论史[M].北京:九州出版社,2014:19.

中国文化发展的基本方向。在肯定了"忧患意识"作为周初人文主义萌芽意义的同时，徐复观指出了其局限。他认为，尽管周人开始对自己的行为有了真正的责任心，即开始对自己的生活有了某种程度的自主性，但他们行为的根源与保障，依然是传统宗教中的天命，而尚未达到在人的自身求得其根源与保障的程度。因此，此一历史黎明的阶段，为后来的人文主义的充分发展敞开了大门，但离真正人文主义的出现，尚有一段很远的距离。❶

关于这一点，徐复观引了《尚书·周书·召诰》中周初的开国功臣太保召公对周成王所讲的一段话来加以说明："王乃初服。呜呼！若生子，罔不在厥初生，自贻哲命。今天其命哲、命吉凶、命历年。知今我初服，宅新邑，肆惟王其疾敬德。王其德之，用祈天永命。"❷ 这段话的意思是说，成王初理政事，处于初学草创的阶段，愿上天赐给成王以吉祥、以智慧和美德、以长治久安的祝福。现在成王应当努力地推行德政，用美好的德政，向上天祈求保佑周朝千秋万代。徐复观认为这段话有两层含义。第一，人既是由天所生，人的一切，都是由天所赋予，那么人的道德，当亦为上天所赋予。"命哲"，乃是天命的新内容，此一观念，是从道德上将人与天联系在一起的萌芽。第二，这段话还意味着天命并不是可以完全预知预定的，而是存在很大程度的不可知的因素；也就是说，周朝建立者的成败利钝要取决于他们自身的努力，他们最终要靠自身的德政来获得上天的长久的眷顾。徐复观还指出，《尚书·周书·召诰》所表达的这些思想与性善说已经很接近了。不过在这里，美德归根结底还是由上天赋予人的，还不是由人的本心生成的，因此，还依然只能算是性善说的萌芽。❸

虽然忧患意识离中国人文精神的正式形成还有很远的距离，但它在中国文化历史上的意义是重大而深远的。忧患意识是对世界和人生的一种根

---

❶ 徐复观. 中国人性论史 [M]. 北京：九州出版社，2014：30.
❷ 尚书·周书·召诰 [M]//孙星衍. 尚书今古文注疏. 北京：中华书局，1986：399.
❸ 徐复观. 中国人性论史 [M]. 北京：九州出版社，2014：31.

本性的价值论解读，可以与佛教"慈悲"（karuna）和基督教"爱"（agape）的观念相媲美。❶ 忧患意识是中国人文主义的源泉，预示着后来几千年整个中国文化发展的一种以人为本的人文主义的根本趋向。在徐复观看来，这个意义深远的忧患意识蕴含着坚强的意志和奋发的精神，表达了与劳苦大众同其甘苦、共其患难的强烈意愿。忧患意识就这样成为中国杰出知识分子的优秀品质，被一代一代地传承至今。

三、"忧患意识"的传承

在徐复观看来，这种忧患意识发展到孔子时代，获得了质的飞跃。孔子真正开始代表了社会知识分子的自觉。周初只有少数统治者们达到了人文主义的自觉，而从春秋时期开始，这种自觉扩展到了贵族层面。经过孔子一生的努力，由周朝的缔造者们最先发展起来的"忧患意识"得以在社会底层传播，中国古代知识分子们开始有了道德上的自我觉醒。孔子不仅为已发生的事情而忧患，而且对于未发生的事情也感到应防患于未然，正所谓居安思危、防微杜渐。同时，孔子对世道衰微、礼崩乐坏的动荡的社会政治局面忧患不已，正所谓"孔子惧，作《春秋》"❷。另外，孔子还特别强调忧患意识在个人修养上的重要性："人无远虑，必有近忧"❸，"不患人之不己知，患不知人也"❹。出于他的忧患意识和自觉精神，孔子知天命而畏天命。孔子的知天命，是他对自己的性、自己的心的道德性，获得了彻底的自觉自证。孔子的畏天命，是他对自己内在的人格世界中无限的道德要求和责任的敬畏。❺ 在徐复观看来，人性与天命相融合的结果，或人性发展的最高境界是"仁"，它意味着人的一种自我觉醒的精神状态。在忧患意识中激荡出的孔子"仁"的学说，不仅奠定了以后中国

---

❶ [美]白诗朗.普天之下：儒耶对话中的典范转化[M].彭国翔，译.石家庄：河北人民出版社，2006：159.
❷ 孟子·滕文公下[M]//朱熹.四书章句集注.北京：中华书局，1983：272.
❸ 论语·卫灵公[M]//朱熹.四书章句集注.北京：中华书局，1983：164.
❹ 论语·学而[M]//朱熹.四书章句集注.北京：中华书局，1983：53.
❺ 徐复观.中国人性论史[M].北京：九州出版社，2014：82.

主流文化中人性论的发展方向，而且奠定了中国主流文化的基本性格。

孟子继承和发展了孔子的仁学说。虽然孟子在他的理论中提出了四个道德准则，但对他而言，在仁、义、礼、智中间，仁是最大的美德，仁的发展决定其他美德的发展。徐复观发现，在孟子看来，仁的基本表现还是忧患意识。所以，孟子一再提到古代圣贤尧、舜、禹、后稷、契对民众的关切。"尧独忧之，举舜而敷治焉"；"圣人有忧之，使契为司徒，教以人伦"；"圣人之忧民如此，而暇耕乎？"❶ 关于个人修养，他说："是故君子有终生之忧"❷。关于治国之道，他说："生于忧患而死于安乐"，"乐民之乐者，民亦乐其乐；忧民之忧者，民亦忧其忧。乐以天下，忧以天下，然而不王者，未之有也"❸。所以，徐复观得出结论："没有忧，没有仁，不真正了解仁的精神即是一种无限的涵融性，即是一种无限的扩充性，而仅从思辨的演绎上，以言由尽心而知性知天，便是没有内容的一场大话。"❹

徐复观在他与牟宗三、张君劢和唐君毅联名发表的《为中国文化敬告世界人士宣言——我们对中国学术研究及中国文化与世界文化前途之共同认识》中指出：真正的智慧是生于忧患。因为只有忧患，才可以使我们产生一种超越的精神、广阔的胸襟和伟大的远见。❺ 由孔子和孟子所传承与发扬的这种忧患意识在其后2000多年的中国历史长河中生生不已、源远流长。宋代政治家范仲淹把忧患意识发展到一个新的人生境界，所谓"居庙堂之高，则忧其民；处江湖之远，则忧其君"，"先天下之忧而忧，后天下之乐而乐"，表现出他对国家和人民强烈的责任感和使命感，显示出中国历史上优秀的知识分子以天下为己任的伟大情操与品格。明末清初著名思想家顾炎武大声疾呼"天下兴亡，匹夫有责"，更表达了中国的仁人志士在国家民族生死存亡之际，挺身而出、勇于担当的强烈的社会责任

---

❶ 孟子·滕文公上 [M]//朱熹. 四书章句集注. 北京：中华书局，1983：259.
❷ 孟子·离娄下 [M]//朱熹. 四书章句集注. 北京：中华书局，1983：298.
❸ 孟子·梁惠王下 [M]//朱熹. 四书章句集注. 北京：中华书局，1983：216.
❹ 徐复观. 中国人性论史 [M]. 北京：九州出版社，2014：166.
❺ 封祖盛. 当代新儒家 [M]. 北京：生活·读书·新知三联书店，1989：2.

感、坚定的民族气节和伟大的爱国主义精神。

用忧患意识来探讨中国人文精神的起源是徐复观的一大学术贡献。蔡仁厚教授说，忧患意识一经徐复观先生提出，就迅速地在海内外学者与知识分子中得到了广泛的认同，大家都认为"这四个字的确可以代表我们祖先在忧患之中'启发智慧、砥砺道德、创造文化'的这一种伟大的精神。而儒家也正是从忧患意识中激发了强烈的道德意识和深厚的文化意识，而成为中国文化之主流的"。❶ 同时，他还主张，中华民族"仍然要秉持忧患意识以激发文化意识，来重开光辉的未来"❷。是的，历史的发展将验证徐复观的预言：中国文化是在忧患意识中生长出来的文化，在新的时代里，它必将在历经艰辛与苦难的祖国的土地上，焕发出强大的生命力，生生不已、发育滋长。❸

第二节　对孔子与孟子人性论学说的阐发

徐复观认为，孔子与孟子的人性论学说是商末周初中国古代人文主义精神萌动、生长和长期发展的结果。而又正是在其人性论的哲学基础上，他们提出与论证了先秦儒家政治思想的核心价值，即德治思想、民本主义和政治抗议精神。

一、孔子的人性论学说

虽然孔子的祖辈是商朝贵族，但他本人早已成了平民。与同时代的士

---

❶ 蔡仁厚. 儒家思想的现代意义［M］. 北京：文津出版社，1987：430.
❷ 蔡仁厚. 徐复观先生的学术通识与专家研究［M］//李维武. 徐复观与中国文化. 武汉：湖北人民出版社，1997：31.
❸ 萧萐父. 徐复观学思成就的时代意义［M］//李维武. 徐复观与中国文化. 武汉：湖北人民出版社，1997：9-10.

大夫相比，孔子更趋向于站在普通人的立场上思考问题。徐复观指出，周初只有少数统治者们达到了人文主义的自觉，而从春秋时期开始，这种自觉扩展到了贵族层面，由周朝的缔造者们最先形成的忧患意识得以在社会中传播，中国古代知识分子们就开始有了道德上的自我觉醒。徐复观指出，到了春秋时代，"天"在人们的心目中渐渐失去了人格化的特性，天命由"上帝的意志"演变为一种客观存在的道德法则。而孔子则沿着这种人文主义的方向更大大向前迈进了一步。出自于他伟大的人文主义忧患意识和道德上的自我觉醒，孔子知天命而畏天命。但这一"天"或"天命"既不是人格化的神或上帝，也不再是冷漠抽象的外在的原则，而是他在漫长人生中上下求索和在自己内心的长期体察与内省过程中所获得的对于道德的永恒性、超越性与普遍性的把握与确认。

  天命作为道德法则或道德律令，是指导人们判别是非善恶的准则。因此凡是天命所指引驱策的，人们就要自觉地去实践和奉行。所以实质上孔子的知天命，乃是他对自己的性、自己的心的道德性，获得了彻底的自觉自证。他已把普遍永恒的道德律令，化为自己的内在的本性，并由此实现了他自己的性与天命或天道的融合。在春秋时代，孔子之前，天命作为一种抽象的道德法则，还仅仅是人们概念性的构造，而孔子则是从他自己具体的生命之中实现了性与天道的融合，开辟出一个内在的人格与精神的世界。而这一内在人格世界的完成，即是人的完成。而孔子之畏天命，实质上是他对于自己内在的人格世界中无限的道德要求和责任的敬畏。❶

  孔子是儒家思想的创始人，他的人性论学说在中国人性论史上有着重要的地位和价值。孔子人性论思想的基本概念是"仁"。梁启超认为："儒家言道言政，皆植本于'仁'。"❷ 他指出，每当孔子谈到德与政的问题时，都是以"仁"作为基础的。然而，"仁"的含义颇为复杂，单就《论语》中所引的孔子的话来说，它的内容也不尽相同。在徐复观看来，

---

❶ 徐复观. 中国人性论史 [M]. 北京：九州出版社，2014：82.
❷ 梁启超. 先秦政治思想史 [M]. 北京：东方出版社，1996：81.

《论语》中的"仁"所概括的，是人的内在世界生长发展的有机历程。而人的这种获得了生长与发展的精神世界需要在人的社会实践中得到外在的表达，以使人们接受和了解。❶ 徐复观认为，孔子的"仁"体现了人的一种自觉的精神状态，它包括两方面的内容。"一方面是对自己人格的建立及知识的追求，发出无限的要求。另一方面是对他人毫无条件地感到有应尽的无限的责任。"❷ 也就是说，"仁"是一种成己而同时成物的精神状态。

徐复观指出，"仁"所包含的"成己"和"成物"的这两个基本要素，可以用孔子的"忠"和"恕"两个概念来阐述。《论语》中有这样一段话："仲弓问仁。子曰，出门如见大宾，使民如承大祭。己所不欲，勿施于人。在邦无怨，在家无怨。"❸ 徐复观解释说，"出门如见大宾，使民如承大祭"的意思是"修己以敬"，这是仁的精神的"成己"方面，即"忠"；"己所不欲，勿施于人"，这是仁的精神的"成物"方面，即"恕"。《论语》中又说："子曰，何事于仁，必也圣乎！尧舜其犹病诸！夫仁者，己欲立而立人。己欲达而达人。能近取譬，可谓仁之方也已。"❹ 徐复观认为，"己欲立，而立人。己欲达，而达人"正是把"仁"的精神所包含的两个方面，从功夫和方法上完全表达了出来，这是一种利他主义和推己及人的精神。"能近取譬"的"近"指的就是具体实行的功夫和方法。"忠"与"恕"，徐复观认为"恕"更为重要。成己的自觉，并不一定能通向成物或成他人的自觉。只有"恕"才是通人我为一的桥梁，是"仁"的自觉的试金石。是否能在成己的同时，又能成物或成他人，这是学者与仁人的分水岭。❺

徐复观指出，在孔子的学说中，仁是最高的善，它涵盖与主导着其他

---

❶ 徐复观. 释《论语》的"仁"[M]//学术与政治之间. 北京：九州出版社，2014：303.
❷ 徐复观. 中国人性论史 [M]. 北京：九州出版社，2014：84.
❸ 论语·颜渊 [M]//朱熹. 四书章句集注. 北京：中华书局，1983：132-133.
❹ 论语·颜渊 [M]//朱熹. 四书章句集注. 北京：中华书局，1983：91-92.
❺ 徐复观. 中国人性论史 [M]. 北京：九州出版社，2014：89.

各种美德，如礼、义、忠诚、勇敢等，而这种种美德与仁紧密相连，是仁的不同体现。仁是"贯彻于每一事物、赋予该事物以意义与价值"的一种精神。譬如"仁"与"礼"的关系。"颜渊问仁。子曰：克己复礼为仁。一日克己复礼，天下归仁焉。为仁由己，而由人乎哉？颜渊曰：请问其目。子曰：非礼勿视，非礼勿听，非礼勿言，非礼勿动。颜渊曰：回虽不敏，请事斯语矣。"❶ 徐复观解释说，在孔子看来，人的欲望是障蔽"仁"的精神的最根本原因。而"克己"，也就是战胜这种"人欲"和"私欲"，由此方能彰显"仁"的精神。

"仁"是一种至善，是一种最高的精神境界。而"仁"的自觉，贯穿于各种学问之中，决定各种学问的方向。因此，在徐复观看来，"仁"的自觉，必然成为对学问的无限努力的追求。❷ 于是，孔子说自己"学而不厌，诲人不倦""发愤忘食，乐以忘忧，不知老之将至云尔"。❸ 就是他对于这种至善、这种最高精神境界的追求。在谈到颜回时，他说："其心三月不违仁"❹，"惜乎！吾见其进也，未见其止也"❺，也是赞赏颜回对于"仁"的境界的不懈追求。子夏说："博学而笃志，切问而近思，仁在其中矣"❻，也就是说，一切学问都应该被"仁"所涵盖、统摄和促成。

孔子和他的学生们为了达到"仁"所做的不懈努力之中，饱含了他们对"仁"的渴望，同时表明要获得"仁"这种美德，需要人们毕生不懈的努力。孔子认为，当时的贤士大夫和他的有成就的学生（除了颜回以外），都没有达到仁。他甚至没有将自己列为仁人。他说："若圣与仁，则吾岂敢？抑为之不厌，诲人不倦，则可谓云尔已矣。"❼ 可见，对"仁"的追求没有止境。孔子的不许之以"仁"，不敢以"仁"自居，正是他对

---

❶ 论语·颜渊 [M]//朱熹. 四书章句集注. 北京：中华书局，1983：131-132.
❷ 徐复观. 中国人性论史 [M]. 北京：九州出版社，2014：88.
❸ 论语·述而 [M]//朱熹. 四书章句集注. 北京：中华书局，1983：93, 98.
❹ 论语·雍也 [M]//朱熹. 四书章句集注. 北京：中华书局，1983：86.
❺ 论语·子罕 [M]//朱熹. 四书章句集注. 北京：中华书局，1983：114.
❻ 论语·子张 [M]//朱熹. 四书章句集注. 北京：中华书局，1983：189.
❼ 论语·述而 [M]//朱熹. 四书章句集注. 北京：中华书局，1983：101.

"仁"的无限性的深切把握。❶

依徐复观的看法，孔子正是通过以"仁"为代表的内在人格世界的建构，来把握性与天道或天命的融合。一方面，孔子的"仁"即是性，"仁"内在于人的本性之中。孔子虽未明确地说明"仁"即是人性，但他实际上认为人性是善的。孔子说："性相近也，习相远也"❷，暗示了人的本性只能是善的，而不能是恶的。所以他说："人之生也直，罔之生也幸而免。"❸ 这里的"人"是指普遍性的人，"直"指的是一切人的常态，失去了"直"就是变态。所以，孔子是从善的方面来说"性相近"，也就是说，性相近的"性"只能是善的。同时，孔子认为，善的终极是"仁"，"仁"是至善。所以，他实际上认为"仁"是使得人之所以为人的本质规定，"仁"即是作为生命本源的人性。虽然孔子强调"仁"是最难得到的道德生命的最高理想状态，但同时说到"仁远乎哉？我欲仁，斯仁至矣"❹，以及"为仁由己"❺。按照徐复观的观点，"仁"贯穿于每一事物，并且赋予该事物以意义和价值。同时，"仁"发自人的生命之内，是我们一刻也不能离开的东西。❻ 所以，正是由于孔子相信"仁"存在于人的本性之中，他才会说："仁远乎哉？我欲仁，斯仁至矣""为仁由己"的话了。

另一方面，徐复观认为，孔子思想中的"仁"不仅是人内在的、先天的本性，而且是超越的。❼ 从"仁"的这种先天性和无限的超越性的特质来看，以"仁"为内容的人性与传统上的天道或天命是相同的。徐复观认为，孔子将性与天道或天命结合在一起，就自然地暗示了人性的善良。他认为，孔子讲的"五十而知天命"，就是指他生命历程的最关键的

---

❶ 徐复观. 中国人性论史 [M]. 北京：九州出版社，2014：91.
❷ 论语·阳货 [M]//朱熹. 四书章句集注. 北京：中华书局，1983：175.
❸ 论语·雍也 [M]//朱熹. 四书章句集注. 北京：中华书局，1983：89.
❹ 论语·述而 [M]//朱熹. 四书章句集注. 北京：中华书局，1983：100.
❺ 论语·颜渊 [M]//朱熹. 四书章句集注. 北京：中华书局，1983：131.
❻ 徐复观. 中国人性论史 [M]. 北京：九州出版社，2014：89.
❼ 徐复观. 中国人性论史 [M]. 北京：九州出版社，2014：91.

转折点。孔子说的"五十而知天命"的真实含义是,在他一生中到了50岁的时候发现人性是"仁",他终于理解了"仁"的先天性与无限的超越性。孔子认为,"仁"的先天性与无限的超越性等同于天道或天命,天进入他的生命中,并用道德准则引导他,使他对天产生使命感、责任感和敬畏感,从而实现了性与天道或天命的融合。

传统宗教认为,天完全是外在的,人性完全是被动消极的。但孔子认为,人性在人的自我实现中展示了无限的超越性,不再需要外部的帮助。正是有了这样的精神,孔子才会说:"我欲仁,斯仁至矣。"对于孔子来说,对"仁"作决定的是我而不是天,"仁"以外无所谓天道或天命。所以,性与天道或天命的融合,是"仁"在自我实现中达到的一种精神境界,"仁"出于人的性,而不是出于天。

总之,徐复观揭示了孔子"仁"的"成己与成物"("忠"与"恕")和境界无限两方面的要义,使外在的礼立足于内在的仁性之中,从而使仁性与天道或天命融合在一起,达到人性发展的最高境界。孔子对于"仁"这一内在人格世界的开辟,不仅奠定了以后中国主流文化中人文主义的发展方向,而且奠定了中国主流文化的基本性格。❶ 徐复观认为这是孔子对中国文化和世界文化所做的最杰出贡献。

二、孟子的人性论学说

孔子经过毕生努力,创立了"仁"的学说。他将抽象的道德法则性的天命,落实到人的具体生命之中,将性与天道或天命融合起来,使人的生命从生理限制中超越出来,使抽象的道德法则成为有血有肉的存在。但是,孔子只是通过他个人的上学下达的功夫证实了性与天道或天命的融合,并没有对这一问题进行十分明确的阐释。所以他的学生子贡说:"夫子之文章,可得而闻也;夫子之言性与天道,不可得而闻也。"❷ 直到

---

❶ 徐复观. 中国人性论史 [M]. 北京:九州出版社,2014:92.
❷ 论语·公冶长 [M]//朱熹. 四书章句集注. 北京:中华书局,1983:79.

《中庸》上篇"天命之谓性，率性之谓道"❶的说法出现，第一次明确把性与天道或天命融合为一，才真正将两者的关系说清楚。徐复观把《中庸》视为孔子人性论到孟子人性论的中间环节，把"天命之谓性，率性之谓道"视为儒家正统人性论历史发展的里程碑。而孟子的人性论作为儒家正统人性论的完成，则被看作从周初开始人文主义精神曲折前进而势所必然的历史成就。所以徐复观说："从人格神的天命、到法则性的天命，由法则性的天命向人身上凝集而为人之性，由人之性而落实于人之心，由人心之善，以言性善。这是中国古代文化经过长期曲折、发展，所得出的总结论。"❷

孟子继承和发展了孔子人性学说。如果说孔子学说还只是暗含有性善的思想，那么孟子则是公然明确地宣示了人性本善。在徐复观看来，《中庸》虽然实现了从"命"到"性"的转换，但仍然只是上承孔子，下启孟子的一个中间过渡的环节。直到孟子创立性善论，以心善作为性善的根据，才最终实现从"性"到"心"的回归，完成心性的统一。那么，孟子是如何完成从"性"到"心"的回归及心性的统一呢？徐复观描述了三个值得注意的重要逻辑进程，即从性善、心善到心的扩充。

第一，孟子确认人性是善的。在孟子谈性善时，他的这一理论普遍地适用于所有的人，而不仅仅针对圣人或者道德高尚的人而言。在孟子看来，"尧舜与人同耳"❸，"人皆可以为尧舜"❹。所以，孟子并非从应然的角度，而是从实然的角度来讲性善的。也就是说，孟子并非认为人性应该是善的，而是认为人性原本就是善的。

第二，孟子以心善作为性善的根据，即所谓"以心善言性善"。上面讲到，徐复观认为孟子确定了人性善，同时他指出，孟子把性善的根源归结为心。徐复观以人禽之辩作为理解孟子人性论的根本出发点。孟子说：

---

❶ 中庸 [M]//朱熹. 四书章句集注. 北京：中华书局，1983：17.
❷ 徐复观. 中国人性论史 [M]. 北京：九州出版社，2014：147.
❸ 孟子·离娄下 [M]//朱熹. 四书章句集注. 北京：中华书局，1983：300.
❹ 孟子·告子下 [M]//朱熹. 四书章句集注. 北京：中华书局，1983：339.

"人之所以异于禽兽者几希,庶民去之,君子存之。舜明于庶物,察于人伦,由仁义行,非行仁义也。"❶ 徐复观认为:"孟子不是从人身的一切本能而言性善,而只是从异于禽兽的几希处言性善。'几希'是生而即有的,所以可称之为性;'几希'即是仁义之端,本来是善的,所以可称之为性善。"❷ 从人有异于禽兽处来看,人与其他动物在食色等生理需求方面并无本质区别,将人与动物区别开来的是人所独有的道德思维。这种道德思维,从人的生理结构的比重方面看只不过是"几希",但无论是多么少的一部分,它都是人特有的本性。而人所独有的,能够进行道德思维的器官是"心"。

按照孟子的观点,人体各部分的作用是不一样的。他的学生公都子问,为什么有些人成为大人,而有些人成为小人?孟子回答说:"从其大体为大人,从其小体为小人……耳目之官不思,而蔽于物,物交物,则引之而已矣。心之官则思,思则得之,不思则不得也。此天之所与我者。"❸ 徐复观解释说,在孟子看来,性善实际上是由于"天之所与我者"的心善。耳目之官非善,而心则是善,这正是由于孟子以耳目之官不思,而心之官则思。因而,心的思维功能使它与人的其他部分,特别是感知部分区别开来。此外,思包括两重含义,一为反省,二为思考。孟子在谈及思维时,心中所想的是道德思维,特别是心的反省功能。按照徐复观的观点,仁义是人心所固有的,心一经反省,所具有的仁义礼智四端便当下直接呈露,所以说"思则得之";人如果没有反省,便完全追随耳目之欲,仁义礼智四端便隐而不显,所以说"不思则不得也"。❹ 可见,一个人如果没有了道德思维,就将完全取决于自己的欲望,其结果将是成为一个无法控制的欲望膨胀的"小人",而失去了真实的自我。

荀子把人的一切本能的属性都视为人的"性",所谓"食色,性也。"

---

❶ 孟子·离娄下 [M]//朱熹. 四书章句集注. 北京:中华书局,1983:294.
❷ 徐复观. 中国人性论史 [M]. 北京:九州出版社,2014:148.
❸ 孟子·告子上 [M]//朱熹. 四书章句集注. 北京:中华书局,1983:335.
❹ 徐复观. 中国人性论史 [M]. 北京:九州出版社,2014:154.

而孟子在这里与荀子有本质的不同。孟子是从人与禽兽不同之处来把握性，对性的内容做了严格的限制与规定。性作为人与动物区别的几希，是人之所以为人的特性，它内在于人的生命之内，它的实现也应该由每个人自己作主。而作为生而即有的耳目之欲，它的满足须有待于外在的条件，并不能由人自己决定。❶ 由此，指出孟子在其人性论中把仁义之性与耳目之欲严格区分开来，从而使传统人文精神发展到一个新的阶段，这是徐复观的一大贡献。

徐复观又进一步指出，孟子是"以心善说性善"，然而孟子又清醒地意识到，"心"在人整个的构成中还只是很小的一部分，也即是"几希"。这个"几希"还只是一个萌芽、端倪，也就是所谓"善端"。在孟子看来，人有四种美德，即"仁、义、礼、智"，而与这四种美德相对应的，是内在与人的所谓"四端"，即恻隐之心、羞恶之心、辞让之心、是非之心。孟子关于这一点有一段经典的话："今人乍见孺子将入于井"的例子来说明人心的仁义礼智四端之善。"人皆有不忍人之心……恻隐之心，仁之端也；羞恶之心，义之端也；辞让之心，礼之端也；是非之心，智之端也。人之有是四端也，犹其有四体也。"❷

徐复观指出，这段文字包含几个要点：第一，四端是人心所固有的。在"今人乍见孺子将入于井，皆有怵惕恻隐之心"这一句中，"乍见"二字会引起我们的注意。说明在这样一种情况下，人心没有受到生理欲望的胁迫，而恻隐之心就是人性最真实的体现，因此，每个人心中都有善的萌芽。第二，善端是在瞬间随机而发的。"非所以内交于孺子之父母也""非所以要誉于乡党朋友也""非恶其声而然也"几句说明，产生恻隐之心的人在那一刻完全是出于本能，而无利害得失的考虑，由恻隐之心而采取的救助行动在那一刻也是完全自发的，这种随机而发就证明了人有一种道德的本能。正是根据这一点，孟子才敢于说人的善不仅是应然的，而且

---

❶ 徐复观. 中国人性论史 [M]. 北京：九州出版社，2014：148.
❷ 孟子·公孙丑上 [M]//朱熹. 四书章句集注. 北京：中华书局，1983：237-238.

是实然的。❶ 第三，徐复观又进一步论析，既然孟子清醒地意识到，"心"在人整个的生理构成中还只是很小的一部分，也即"几希"，还只是一个萌芽、端倪，所以孟子认为人的善端需要后天的教育与培养，即所谓善心的扩充。此外，虽善是人心所固有的，但容易受到环境的影响而被抑制。所以他特别重视养心，"故苟得其养，无物不长；苟失其养，无物不消。孔子曰：'操则存，舍则亡；出入无时，莫知其乡。'惟心之谓与？"❷ 他还常常把"养"与"存"联系起来，认为养心则存心，所以："君子所以异于人者，以其存心也。"❸

对孟子来说，养心和心存的最佳途径是寡欲。"养心莫善于寡欲。其为人也寡欲，虽有不存焉者，寡矣；其为人也多欲，虽有存焉者，寡矣。"❹ 也就是说，一个人如果欲望很多，那么他的本心就很容易被阻塞；一个人如果欲望很少，那么他心中的道德的萌芽便可能成长发展为成熟的美德。然而，正如前面所说，孟子认为欲望本身并不是恶的，只有无穷无度的欲望才是恶的。所以他主张的是对于欲望的节制，而并非禁欲。当内心固有的道德倾向完全成熟的时候，他的道德理念将会有效地控制其感官，他的欲望就是有节制的、就不再是恶的了。这就是为什么孟子会说"先立乎其大者，则其小者不能夺也"。❺ 徐复观指出，这是儒家寡欲与宗教禁欲的不同之处。

善心虽然只占生理比重的"几希"，只是善端，然而它具有无限的生命力，只要能"存"、能"养"，它便会无限地或有意识地生长，从而形成一个完善的道德的人格世界。孟子把这种生长称为"扩充"。善端的扩充，不仅是精神世界的成长，更是在生活中的身体力行。孟子的"老吾老，以及人之老；幼吾幼，以及人之幼"❻，以及政治上的"推恩"，都是

---

❶ 徐复观. 中国人性论史 [M]. 北京：九州出版社，2014：154-155.
❷ 孟子·告子上 [M]//朱熹. 四书章句集注. 北京：中华书局，1983：331.
❸ 孟子·离娄下 [M]//朱熹. 四书章句集注. 北京：中华书局，1983：298.
❹ 孟子·尽心下 [M]//朱熹. 四书章句集注. 北京：中华书局，1983：374.
❺ 孟子·告子上 [M]//朱熹. 四书章句集注. 北京：中华书局，1983：335.
❻ 孟子·梁惠王上 [M]//朱熹. 四书章句集注. 北京：中华书局，1983：209.

讲的这种从思想到实践的过程。这个过程也被孟子称为"尽心"。"尽其心者，知其性也。知其性，则知天矣。存其心，养其性，所以事天也。"❶也就是说，"心之外无性，性之外无天"。孟子由此把"心""性""天"贯通起来，而使整个心灵境界畅通无阻。❷

然而，这里需要指出的是，虽然孟子由心的仁、义、礼、智四端来谈性善，由四端的扩充来谈尽心、知性和知天，但是他强调，作为道德本能之源泉的只能是"仁"。徐复观发现，虽然孟子将仁义并称，或者将仁义礼智并列提及，不过"仁"仍是居于统摄的地位。如果没有仁做基础，没有仁占据统摄的地位，那么就很难谈到其余三端的培育和生长。所以，在仁的体现上，才可以说"万物皆备于我矣"❸。前面提到，在孟子看来，"仁"包含"忠"与"恕"两个方面。推己及人，"己欲立立人，己欲达达人"被称为恕，是培育"仁"的最实际有效的方法，也是实践"仁"的最实际有效的方法。因此，孟子说："万物皆备于我矣。反身而诚，乐莫大焉。强恕而行，求仁莫近焉。"❹ 这句话其实包含"忠"与"恕"两个方面。"反身而诚，乐莫大焉"是指的"忠"，即人的"成己"方面，而"强恕而行，求仁莫近焉"是指人的"成物"方面，也就是成就他人、成就社会的一面。这就是说，徐复观认为，通过践行"恕"的准则，就能够达到"仁"的境界，达到了与他人、与社会融为一体、"万物皆备于我"的境界。孟子"万物皆备于我矣"的理想状态与孔子"天下归仁"的理想状态在人类精神境界的最高处相通了。

最后，徐复观总结说，孟子的性善论是人类对于自身精神境界理解与认识方面的惊天动地的伟大发现，它代表了人类自我向上的最高峰。孟子说："可欲之谓善，有诸己之谓信。充实之谓美，充实而有光辉之谓大，

---

❶ 孟子·尽心上 [M]//朱熹. 四书章句集注. 北京：中华书局，1983：349.
❷ 徐复观. 中国人性论史 [M]. 北京：九州出版社，2014：163.
❸ 孟子·尽心上 [M]//朱熹. 四书章句集注. 北京：中华书局，1983：350.
❹ 孟子·尽心上 [M]//朱熹. 四书章句集注. 北京：中华书局，1983：350.

大而化之之谓圣,圣而不可知之谓神"❶。徐复观认为,孟子的这段话有两点特别需要强调。第一,"可欲之谓善",指的是道德性的善,这是人所固有的,它具有自我实现的需求。"可欲"包含了对自我实现的需求。第二,"圣而不可知之谓神",在孟子以前,"神"总是用来指某种神秘实体,然而,到孟子时则完全转化为心德扩充后的形容词。从名词到形容词的转化,意味着原始宗教向人文主义转化的完成。❷根据这一理论,每个人的自身都包含了自我实现的普遍性、永恒性和超越性。通过体验和观察一个人的性和心,就可以洞察、把握和解决全人类的命运。❸

人性在与外界现实条件发生关系的过程中,不可避免地倾向于某种特定的民族文化的形态。而在徐复观的人文理想里,中国文化即最合于人性之正的文化。他把中国文化最基本的特征归结为"心"的文化,而心则是人的价值根源或道德、艺术的主体。在这样一个迷恋科技理性的时代,人性中一声"仁性"的呼唤,对于困惑于现代文明刺激的中国人,何尝不是人性中一声中华民族的呼唤?!

第三节　对先秦儒家政治思想主要内涵的发掘

徐复观一再强调,先秦儒家思想凝成中华民族精神的主流,而其特点是修己与治人、伦理与政治的结合。这种结合使先秦儒家政治思想从最高原则来说,可以称为"德治思想",而从其努力对象来说,则可称为"民本主义"。

---

❶ 孟子·尽心下 [M]//朱熹. 四书章句集注. 北京：中华书局,1983：370.
❷ 徐复观. 中国人性论史 [M]. 北京：九州出版社,2014：164.
❸ 徐复观. 中国人性论史 [M]. 北京：九州出版社,2014：164

一、德治思想

孔子与孟子的德治思想是建立在他们对于人和人性的根本信任的基础之上的。《诗·大雅·烝民》有这样的句子:"天生烝民,有物有则。民之秉彝,好是懿德"❶。意思是说,上天生育了人类,万事万物都有法则,百姓要顺应这些法则,那也就自然会崇尚美德。这也就如《中庸》开篇所说的,"天命之谓性,率性之谓道"❷,意味着人性是善的,而这种善性本是上天赋予的,人若要顺应上天制定的法则,亦自然当崇尚美德。孔子对《诗·大雅·烝民》这番话十分赞同,他评说道:"为此德者,其知道乎!故有物必有则,民之秉彝也,故好是懿德。"❸ 在徐复观看来,这是讲"美德为人所同有,故亦为人所同好"❹。也就是说,如果具有美德的领导者能够率先垂范、以身作则,那么百姓就一定会欣然效法。

徐复观又说:"统治者自己实现其德,即等于实现了人民本身所潜伏的共有的德。孔子是由这种对人性的信赖,发而为对德治的信赖的。"❺ 他还指出,孔子特别强调统治者正己正人,以身作则,率先垂范的作用。当季康子问政于孔子,孔子答曰:"政者,正也。子帅以正,孰敢不正?"❻ 孔子又说,作为治国者,"其身正,不令而行;其身不正,虽令不从。"❼ 孔子还把统治者的品德比作风,民众的德比为草,风行而草偃,意思是说,统治者能以德行影响与感化人民,则民之向善,就犹如风吹草低那样自然而然、顺理成章。这里徐复观还引用了《大学》中的一段话来说明如上的思想:"所谓平天下在治其国者:上老老而民兴孝,上长长

---

❶ 诗·大雅·烝民 [M]//程俊英,蒋见元.诗经注析.北京:中华书局,1991:896.
❷ 中庸 [M]//朱熹.四书章句集注.北京:中华书局,1983:17.
❸ 孟子·告子上 [M]//朱熹.四书章句集注.北京:中华书局,1983:329.
❹ 徐复观.孔子德治思想发微 [M]//中国思想史论集.北京:九州出版社,2014:261.
❺ 徐复观.孔子德治思想发微 [M]//中国思想史论集.北京:九州出版社,2014:261.
❻ 论语·颜渊 [M]//朱熹.四书章句集注.北京:中华书局,1983:137.
❼ 论语·子路 [M]//朱熹.四书章句集注.北京:中华书局,1983:143.

而民兴弟，上恤孤而民不倍，是以君子有絜矩之道也。"❶ 这段话的意思是，欲成功地治国平天下，则在上者要尊爱长者、体恤孤寡，民众中便会形成孝敬长辈、爱抚幼弱、长幼有序的淳美风俗，也就不愁达不到治国平天下的目的。徐复观解释和评论道，所谓"絜矩之道"，是指统治者道德上的示范作用，即以己身之德为矩，由此以示范、规范于天下之人。而天下之人所共有之德，即统治者自己所应有之德；所以絜矩之道的另一面便是"民之所好好之，民之所恶恶之"。"德治者的模范性，是启发的性格，是统治者自己限制自己的权力的性格。所以统治者最高的德，乃在于以人民的好恶为好恶，这是德治的最大考验。"❷

徐复观指出，政治是解决人与人之间关系的一种最集中的形式，而德治的基本用心是要从每一个人的内在之德去融合彼此之间的关系，而不是仅凭权力或人为的法规。❸ 徐复观认为，法律纵然可以把统治者与被统治者之间的关系维系得很好，但它毕竟同权力一样，都只是一种外在的约制。外在的约制要以内在的凝聚为依据，否则终究维系不牢，并且人内在的仁性也不能得到自由的发展。相比较而言，只有德治是通过每个人的固有之德，来将社会中的人们凝聚起来，而这样的社会关系才是自然而合理的关系。

徐复观认为，德治思想除了强调统治者的为政以德、善尽其责外，还有防止统治者做逞一己私意之事的价值，这是一种无为而治。在徐复观看来，"德治即是无为而治"❹。无为而治并不是叫统治者无所事事或无所作为，而是不允许统治者以自己的私意和强制的手段来统治人民。它的目的是让被统治者能够"自治"，即根据自己的意愿去做事，这是"无为而无不为"的根据。而被统治者虽然可以"自治"，但仍然需要统治者的

---

❶ 大学［M］//朱熹．四书章句集注．北京：中华书局，1983：10.
❷ 徐复观．孔子德治思想发微［M］//中国思想史论集．北京：九州出版社，2014：262.
❸ 徐复观．儒家政治思想的构造及其转进［M］//学术与政治之间．北京：九州出版社，2014：48.
❹ 徐复观．孔子德治思想发微［M］//中国思想史论集．北京：九州出版社，2014：254.

"辅","辅"仍然是"为",不过这种"为"是以被统治者为"主",而统治者只处于"辅"的地位,对于被统治者的一切合理的物质和精神生活的要求,统治者都必须因势利导,给予辅助以利其发展和实现,这才是无为的真意。

徐复观指出,《大学》中也有对德治思想的相关论述。"三纲"(明明德、亲民、止于至善)与"八目"(格物、致知、诚意、正心、修身、齐家、治国、平天下)是对先秦儒家德治思想的系统的说明。他认为,所谓"八目"集中体现了儒家德治思想中的一个核心理念,即"修己治人"。"格物、致知、诚意、正心、修身"都是指的"修己",而"齐家、治国、平天下"是指的"治人"。修己的标准是以儒家思想的核心——"仁"为人生的最高标准、最高境界,将自然生命不断地向这一崇高的精神境界提升。修己是治人的基础与前提,没有修己,没有统治者的以身作则、率先垂范就不可能有"善治",不可能有"化民成俗",正所谓"风行而草偃""其身不正,虽令不从"。❶

二、民本主义

先秦儒家政治思想的另一个核心内容是民本主义。在中国上古的经典中就有了关于民本主义思想的表述。《尚书·泰誓》记录的是周武王讨伐商纣王前的誓词,其中有这样的话:"天视自我民视,天听自我民听"❷。意思是说,人民所看到的,上天会看到;人民所听到的,上天会听到,上天以人民的意志为自己的意志。《国语·周语》中更明确地宣称:"民之所欲,天必从之"❸。萧公权认为这一古代思想传统到了孟子时代已渐趋式微。徐复观指出,孟子要把当时政治以统治者的出发点和目的的政治方向彻底扭转过来。孟子复兴和发展了中国远古时代民本主义的传统,公然

---

❶ 论语·子路 [M]//朱熹.四书章句集注.北京:中华书局,1983:143.
❷ 尚书·周书·泰誓 [M]//王先谦.尚书孔传参正.北京:中华书局,2011:510.
❸ 国语·周语//徐元诰.国语集解.北京:中华书局,2002:76.

宣称"民为贵，社稷次之，君为轻"❶，确认人民为国家与社会的主体，而统治者在国家与社会中则处于从属地位。在先秦儒家看来，在人君上面的神、以人君为首脑的政府以及人君本身，都是为人民而存在的，神、国、君都是政治中的虚位，而民才是政治中的实体。❷ 这种由德治思想落实下来的民本主义是具体的，而不是抽象的，它包含着维系民众生存的真实内容。因此，先秦儒家不承认暴君污吏在政治之上的地位，也不承认"以天下养一人"的统治者的地位。决定天下的是人民的公意，而统治者的合法地位以及人民对统治者的治理的服从，其实是由征得人民同意而形成的一种社会契约关系。

　　徐复观认为，孟子明确了人民在政治中的主体地位，而天子或人君对于人民这一主体地位而言，处于客体地位。天下不是由统治者决定，而是由人民的公意决定，人民成为全天下的主人。这样一来，政府在任何情况下都必须按照人民的需要和利益行事。孟子说："桀、纣之失天下也，失其民也；失其民者，失其心也。得天下有道：得其民，斯得天下矣；得其民有道：得其心，斯得民矣；得其心有道：所欲与之聚之，所恶勿施尔也。"❸ 这就是说，人民是政治的主体，统治者要以人民的好恶为好恶，"得民心者得天下，失民心者失天下"。此外，统治者必须为自己的行为负责，而统治者是否善尽其责，这就要由人民来定夺，所以人民的观点至关重要。齐宣王选贤任能时，孟子说："左右皆曰贤，未可也；诸大夫皆曰贤，未可也；国人皆曰贤，然后察之；见贤焉，然后用之。左右皆曰不可，勿听；诸大夫皆曰不可，勿听；国人皆曰不可，然后察之；见不可焉，然后去之。左右皆曰可杀，勿听；诸大夫皆曰可杀，勿听；国人皆曰可杀，然后察之；见可杀焉，然后杀之。故曰，国人杀之也。如此，然后

---

❶ 孟子·尽心下［M］//朱熹．四书章句集注．北京：中华书局，1983：367.
❷ 徐复观．儒家政治思想的构造及其转进［M］//学术与政治之间．北京：九州出版社，2014：49-50.
❸ 孟子·离娄上［M］//朱熹．四书章句集注．北京：中华书局，1983：280.

可以为民父母。"❶ 这意味着，统治者要根据人民的意愿选拔贤臣、罢免庸臣、惩处罪臣，这样才能够治理好国家，才有资格为民父母。

徐复观指出，儒家政治思想对于我们民族最大的贡献之一，是在2000多年以前即明确指出政治乃至统治者皆是人民的工具，皆是为人民而存在，而不是相反。"这点在经过二千多年的我们现在，还不曾完全达到，甚至连观念上也不曾达到的扭转工作，在历史上是一件惊天动地的大事。"❷ 在儒家思想中，每一个人，都是人格的存在，所以特别尊重每一个人人格与个性的发展和完善。而政治的目的，就是要助成全体社会成员人格与个性的发展与完善，使人人"皆有士君子之行"，来开启一个人文的世界。所以对于政治的本身，也要求实现其人文化、人格化。这便是德治与民本主义的真意之所在。❸

在先秦儒家的思想中，实现其德治理想与民本主义的措施是富民、教民，即使人民安居乐业，并对人民进行道德教育。而且无论是孔子还是孟子，他们都把富民当作教民的重要前提。孔子说："道千乘之国：敬事而信，节用而爱人，使民以时。"❹ 孔子在这里强调，统治者在治理国家的时候，要诚实守信、勤俭节约、爱惜民力。孟子说："民之为道也，有恒产者有恒心，无恒产者无恒心。苟无恒心，放辟邪侈，无不为已。"❺ 意思是说，有稳定的产业收入和生活的保障，人们便会保持应有的道德观念和准则；而没有稳定的产业收入和生活的保障，人们就不会保持应有的道德观念和准则，于是就会目无法纪、无所不为。孟子说："五亩之宅，树之以桑，五十者可以衣帛矣；鸡豚狗彘之畜，无失其时，七十者可以食肉矣；百亩之田，勿夺其时，数口之家可以无饥矣；谨庠序之教，申之以孝

---

❶ 孟子·梁惠王下 [M]//朱熹. 四书章句集注. 北京：中华书局，1983：220-221.
❷ 徐复观. 孟子政治思想的基本结构及人治与法治问题 [M]//中国思想史论集. 北京：九州出版社，2014：157.
❸ 徐复观. 儒家对中国历史命运挣扎之一例——西汉政治与董仲舒 [M]//学术与政治之间. 北京：九州出版社，2014：313.
❹ 论语·学而 [M]//朱熹. 四书章句集注. 北京：中华书局，1983：49.
❺ 孟子·滕文公上 [M]//朱熹. 四书章句集注. 北京：中华书局，1983：254.

悌之义，颁白者不负戴于道路矣。七十者衣帛食肉，黎民不饥不寒，然而不王者，未之有也。"❶ 意思是主张统治者要"制民之产"，给每家每户以足够的生产资料——土地，并轻徭薄赋，鼓励人民发展农林牧渔生产，从而使人民"不饥不寒"，并在此基础上兴办教育。这段话，孟子反复说了三遍，可见这是孟子爱民和养民主张的最根本、最具体的内容。在孟子看来，能否爱民和养民是区别政治好坏的试金石。

但仅仅富民还不够，国家政府还必须在爱民养民的同时对人民进行道德教育。"人之有道也，饱食、暖衣、逸居无教，则近于禽兽。"❷ 这是说，如果仅仅让人民吃得饱，穿得暖，住得安逸，却不对他们进行教育、使之懂得是非善恶的准则的话，那他们就跟禽兽没有什么两样。孔孟教化的思想主要有两点。其一是统治者应从自己的修身正己开始，以身作则，率先垂范。所以孔子说："其身正，不令而行；其身不正，虽令不从"❸；孟子也指出："君仁莫不仁，君义莫不义，君正莫不正。一正君而国定矣。"❹ 其二是所谓"化民成俗"。教民的主要内容是教育人民遵循礼的规范去践行仁义。道德和教化深入人心，民风就会和睦安乐。徐复观认为，当道德教育普及的时候，人伦之道会在人民的内心得到滋长发展，而正当合理的行为方式会在外部得到体现。

徐复观认为，孔子与孟子把对人民的教化比"刑治"看得更为重要。孔子说："道之以政，齐之以刑，民免而无耻；道之以德，齐之以礼，有耻且格。"❺ 这里的"道"同"导"，引导的意思。这句话是说：以政令来教导，以刑罚来管束，人民会因为避免刑罚而被动地服从，却不懂得礼义廉耻；而以道德教化来引导、以礼制来约束人民，人民就会晓得礼义廉耻，从而自觉地遵守社会的规范。

---

❶ 孟子·梁惠王上［M］//朱熹. 四书章句集注. 北京：中华书局，1983：204.
❷ 孟子·滕文公上［M］//朱熹. 四书章句集注. 北京：中华书局，1983：259.
❸ 论语·子路［M］//朱熹. 四书章句集注. 北京：中华书局，1983：143.
❹ 孟子·离娄上［M］//朱熹. 四书章句集注. 北京：中华书局，1983：285.
❺ 论语·为政［M］//朱熹. 四书章句集注. 北京：中华书局，1983：54.

徐复观指出，"礼"虽然带有某种程度的约束性或强制性，但是发展到孔子的时代，礼的约束不再诉诸政治的压力，而是诉诸个人内在的良心的要求。孔子消解了"礼"原有的代表贵族社会中阶级的意味，而赋予了它纯道德的含义。所以，"齐之以礼"则是把人伦之道实现于日常生活中的一种合理的行为方式。当这种合理的行为方式的积聚发展成为社会淳美善良的风俗习惯的时候，就可谓"化民成俗"了。"刑"是强制和刑罚，而"礼"是启发和熏陶。由"齐之以礼"发展为"化民成俗"，可以使社会的秩序与自由之间的矛盾得到更好的消解，同时可以养成人民淳美善良的品格与风貌，这就是所谓的"有耻且格"❶。贾谊在其著名的《治安策》中说："以礼义治之者，积礼义；以刑罚治之者，积刑罚。刑罚积而民怨背，礼义积而民和亲……道之以德教者，德教洽而民气乐；殴之以法令者，法令极而民风哀。"❷ 这是说，治国者如果一味实行严刑峻法，法令使用到极点，民风就会日趋恶化。而以礼义治之，假以时日，道德教化则日益深入人心，民风就会和睦安乐。徐复观认为，当道德教育普及的时候，人伦之道会在人民的内心得到发展，而正当合理的行为方式会在外部得到体现。

先秦儒家为了实现"齐之以礼"便发展了"教"的观念。在徐复观看来，"教"的方法与途径就是礼，教育的目的是要通过启发和熏陶，使人民育成"仁义"的美德。对于教育的对象，孔子主张"有教无类"❸。他认为人无论出身高低贵贱，都可以达到很高的道德与精神的境界，就犹如孟子所说的"人皆可以为尧舜"；这正是他自己"诲人不倦"的目的，也是他对于"教"的最大的信心。徐复观评价说："'有教无类'的对于人类的信心，对于人类的宏愿，真可含融一切有生而与其同登圣域。"❹

---

❶ 徐复观. 孔子德治思想发微［M］//中国思想史论集. 北京：九州出版社，2014：260.
❷ 班固. 贾谊传［M］//汉书（第八册）. 颜师古，注. 北京：中华书局，1960：2253.
❸ 论语·卫灵公［M］//朱熹. 四书章句集注. 北京：中华书局，1983：168.
❹ 徐复观. 儒家精神之基本性格及其限定与新生［M］//儒家思想与现代社会. 北京：九州出版社，2014：25.

徐复观还指出，孔孟教化思想的提出，是针对当时政治中严刑峻法、滥用刑罚的弊端的。其教化思想的提出，实质上是在当时以政刑为主的政治中导入了教育的机能和意义。到了孟子，提出由政府兴办各种学校，在中国历史上的治统之外，另开辟出一个教育的系统，更是一件意义重大的事情。徐复观认为，在中国历史上，孟子首先提出学校的概念，这是对孔子"教化"观念的一大发展。他指出："自孟子起，渐将司徒系统下所主管的'明人伦'，大司乐系统下所主管的特别教育节目，及由孔子所开始的民间讲学的三个系统，糅合而为一，以构成古代的教育制度，而出现了一般之所谓学校性质的观念；这是历史事实与儒家理想，在长期演变中所发展出来的产物。"❶ 孟子提出"教育机能"的观点，即要开辟一个独立于政治机构之外的教育系统，通过教化观念的建立，将教育的机能和意义植入以政令与刑罚为主的政治之中。先秦儒家想要由此扩大教育的范围，缩小刑治的范围。徐复观认为，在此后2000多年的专制政治中，教育机能虽然没有得到充分的发展，但也尽到了保障和培养社会生机的最大功用。❷

三、以德抗位的政治抗议精神

孟子生活的时代是一个兵连祸结、民不聊生、弱肉强食、道德沦丧的时代。孟子对造成这些社会弊端的统治者提出了尖锐的批评与抗议："世衰道微，邪说暴行有作，臣弑其君者有之，子弑其父者有之。"❸ 在他看来，当时的世道是前所未有的混乱："且王者之不作，未有疏于此时者也；民之憔悴于虐政，未有甚于此时者也。"❹ 他以桀纣幽厉、禹汤文武的兴衰史告诫统治者："暴其民甚，则身弑国亡；不甚，则身危国削。名

---

❶ 徐复观. 中国人性论史 [M]. 北京：九州出版社，2014：247.
❷ 徐复观. 孔子德治思想发微 [M]//中国思想史论集. 北京：九州出版社，2014：266.
❸ 孟子·滕文公下 [M]//朱熹. 四书章句集注. 北京：中华书局，1983：272.
❹ 孟子·公孙丑上 [M]//朱熹. 四书章句集注. 北京：中华书局，1983：228.

之曰'幽'、'厉',虽孝子慈孙,百世不能改也。"❶ 这是在警告统治者,如若暴虐百姓,太甚者,会招致亡国之灾、杀身之祸;即便轻者,也难免会导致国家的衰败,并陷自身于险境。看那前代的亡国之君,死后得到谥号"幽""厉",这是纵有孝子贤孙,也恐怕经百代而难改的恶名啊!

由于孟子坚持政权的存在应是以人民的福祉为依归,所以他明确主张政权的转移最终应该由人民来决定。他提出了一个"天与"的观念,认为政权不是统治者的私人财产,不应由统治者来决定。孟子的学生万章曾请教孟子君权谁授的问题:"万章曰:'尧以天下与舜,有诸?'孟子曰:'否。天子不能以天下与人'。"❷ 也就是说,统治者个人并没有权力把政权拿来授予谁,而只有"天"才有这个权力。孟子又引用《太誓》上的两句话:"天视自我民视,天听自我民听"❸,一方面说明了天与人的密切关系,另一方面也说明了"天意"从根本上说来自于"民意"。所以,当齐宣王攻打燕国胜利后,欲以传统的天命观念,即"不取必有天殃"来作占领燕国的根据时,孟子反驳他说:"取之而燕民悦,则取之。古之人有行之者,武王是也。取之而燕民不悦,则勿取。古之人有行之者,文王是也。"❹ 这实际上是说,政权的转移最终是由民意来决定。所以,徐复观解释说,在孟子的思想中,与其说政权是"天与",不如说是"民与"。❺

徐复观指出,正是因为孟子认定政权应由人民决定,所以他肯定了人民对统治者的暴政进行反抗的权力以及革命的权力。❻ 齐宣王请教孟子对商汤流放夏桀、武王讨伐商纣的看法,他问孟子:"臣弑其君,可乎?"孟子回答说:"贼仁者谓之'贼',贼义者谓之'残',残贼之人谓之

---

❶ 孟子·离娄上 [M]//朱熹. 四书章句集注. 北京:中华书局,1983:277.
❷ 孟子·万章上 [M]//朱熹. 四书章句集注. 北京:中华书局,1983:307.
❸ 尚书·周书·太誓 [M]//王先谦. 尚书孔传参正. 北京:中华书局,2011:510.
❹ 孟子·梁惠王下 [M]//朱熹. 四书章句集注. 北京:中华书局,1983:222.
❺ 徐复观. 孟子政治思想的基本结构及人治与法治问题 [M]//中国思想史论集. 北京:九州出版社,2014:158.
❻ 徐复观. 孟子政治思想的基本结构及人治与法治问题 [M]//中国思想史论集. 北京:九州出版社,2014:158.

'一夫'。闻诛一夫纣矣，未闻弑君也。"❶ 在孟子看来，凡是败坏仁义、蹂躏人民的，就是人民应该揭竿而起讨伐的对象。徐复观认为，由于统治者权力的取得是基于人民的同意，是一种契约的产物，所以在孟子看来对于违反契约的统治者，人民有权收回其权力。孔子就曾肯定推翻夏桀与商纣的商汤和周武，认为"汤武革命，顺乎天而应乎人"❷；董仲舒说孔子作《春秋》是"贬天子、退诸侯、讨大夫"❸，孟子说："闻诛一夫纣矣，未闻弑其君也"❹，又谓"君有大过则谏，反复之而不听，则去"❺。萧公权在评价孟子的政治思想时说："孟子之政治思想，遂成为针对虐政之永久抗议。"❻ 徐复观欣赏并支持这一观点。可见，儒家在比西方早2000年就正式承认了人民的革命权利。❼

20世纪初叶以来，知识界往往以"三纲五常"之说诟病孔孟思想。对此徐复观指出，三纲之说来自于法家韩非子的三顺说，即臣顺君、子顺父、妇顺夫，而这从未在先秦儒家经典里出现过。❽ 在孔孟的思想里，君臣父子同为人之大伦，然而父子是绝对的关系，君臣则是相对的关系。即便是父子关系，也不是盲从的关系，孔子说："君不义，臣可以争于君；父不义，子可以争于父"❾，认为无论君臣父子，都是要服从正义的原则。先秦儒家视君臣关系为朋友关系，认为它不能与父子关系相提并论。所以有"朋友有义合，而君臣亦有义合"的说法。虽然孔子也"事君尽礼"，但是他不承认统治者是固定的政治中心，也不承认统治者对人臣有绝对的权力。因此，他对于统治者采取的是一种教导而非顺从的态度。

---

❶ 孟子·梁惠王下［M］//朱熹. 四书章句集注. 北京：中华书局，1983：221.
❷ 易传·象传下·革［M］//李道平. 周易集解篹疏. 北京：中华书局，1994：438.
❸ 司马迁. 史记·太史公自序［M］. 北京：中华书局，2013：3297.
❹ 孟子·梁惠王下［M］//朱熹. 四书章句集注. 北京：中华书局，1983：221.
❺ 孟子·万章下［M］//朱熹. 四书章句集注. 北京：中华书局，1983：324.
❻ 萧公权. 中国政治思想史（上册）［M］. 北京：商务印书馆，2011：97.
❼ 徐复观. 荀子政治思想的解析［M］//学术与政治之间. 北京：九州出版社，2014：172-173.
❽ 徐复观. 荀子政治思想的解析［M］//学术与政治之间. 北京：九州出版社，2014：175.
❾ 孝经·谏诤章第十五［M］//胡平生. 孝经释注. 北京：中华书局，1996：32.

孟子创立了"不召之臣"的观点，他将人臣的地位抬得很高。他说："君之视臣如手足；则臣视君如腹心；君之视臣如犬马，则臣视君如国人；君之视臣如土芥，则臣视君如寇仇。"❶ 如果统治者看待人臣如同看待自己的手足，那么人臣就会把统治者看成心腹一样呵护备至；如果统治者看待人臣如同看待犬马，那么人臣就会把统治者看成常人一样视若无睹；如果统治者看待人臣如同看待尘土草芥，那么人臣就会把统治者看成仇敌一样深恶痛绝。因此，统治者和人臣处于一种相对的关系，人臣与统治者一样有颜面和尊严。所以，萧公权说："专制时代忠君不贰之论，诚非孟子所许可。"❷ 徐复观赞同萧公权的说法，他说："由君臣关系之绝对因而显出人君特为尊严之观念，乃长期专制政治下之产物，为先秦正统思想中所未有"，又说："君臣关系之绝对化始于暴秦而完成于两汉，此为中国历史演进中之一大变局。"❸

总之，徐复观以审视、批判的精神对先秦儒家政治思想进行了剖析，指出"忧患意识"是中国古代人文主义精神的起源，人性论学说则是人文主义精神萌动、生长和长期发展的结果。而在儒家人文主义中含有的德治思想、以人民利益和需求为本位的民本主义以及以德抗位的政治抗议精神，则共同构成先秦儒家政治思想的核心价值。

---

❶ 孟子·离娄下 [M]//朱熹. 四书章句集注. 北京：中华书局，1983：290.
❷ 萧公权. 中国政治思想史（上册）[M]. 北京：商务印书馆，2011：98.
❸ 徐复观. 国史中人君尊严问题的商讨 [M]//学术与政治之间. 北京：九州出版社，2014：472.

第四章

徐复观对皇权专制制度及专制时期儒家思想的论析

第四章　徐复观对皇权专制制度及专制时期儒家思想的论析

徐复观从社会史与思想史结合的角度，对于中国古代专制制度的产生和发展的历史演变，中国皇权专制的基本特征，及其所造成的专制主义的心理状态，在此制度下儒家思想和中国知识分子的艰难处境、妥协与抗争，中国学术文化依附于政治的畸形发展等，进行了深刻的阐述与论析。

第一节　对皇权专制制度的剖析与批判

一、专制制度的形成

从秦朝至清末的中国政治形式都是专制政体，为了便于把握专制制度的基本特征，我们有必要对专制制度的形成过程进行考察。萧公权认为，中国政治制度从商周到秦，经历了两次主要的转变。"商周之际，部落社会渐进而成封建天下，此为一变。始皇并吞六国，划天下为郡县，定君主专制之制，此为二变。"❶ 徐复观也指出，秦朝的专制政体是"典型专制政体"，它的产生始于封建政治社会的崩溃，而"封建制度渐渐崩坏的过程，即是专制政治渐渐形成的过程"❷。

徐复观认为，周朝是"中国本土型的封建社会"❸。这种封建政治是以王室与诸侯之间的宗法制度为中心建立起来的。在这个封建宗法社会里，政治和社会秩序主要靠以"礼"为原则的"亲亲""尊尊"为精神纽带维系，以宗法中的"亲亲"达到"尊尊"的目的，以宗法中的"尊尊"建立统治的体制和秩序。然而随着时间的流逝，近亲们渐渐分离疏远，家族的谱系之树不断地分枝离析，连接王室与诸侯们的亲情纽带就不

---

❶　萧公权．中国政治思想史（上册）[M]．北京：商务印书馆，2011：16.
❷　徐复观．封建政治社会的崩溃及典型专制政治的成立 [M]//两汉思想史（第一卷）．北京：九州出版社，2014：125.
❸　徐复观．有关中国殷周社会性格问题的补充意见 [M]//两汉思想史（第一卷）．北京：九州出版社，2014：台湾版代序 3.

可避免地趋向松弛,"礼"的作用逐渐被削弱,"亲亲"和"尊尊"的精神秩序也自然就慢慢解体,呈现出"礼崩乐坏"的局面。由于形成封建国家的是由宗法而来的世袭贵族,所以,一方面因采邑制度而形成贵族的割据,导致国家权力的分散;另一方面因贵族难免逐渐腐朽没落,导致政治无任何效率可言。战国时期,诸侯国的政府摆脱了封建贵族的枷锁,政权集中到了封建领主们的手中。为了应对战争、国家之间优势的竞争和日益复杂的政治事务,诸侯国的统治者们不得不加强他们的政治控制,提高政府效率。❶ 在激烈的争霸战争中,原本弱小的秦国最终吞并了其余六国,统一中国。

　　秦国位于中国西部,与西戎接壤。徐复观认为,秦国的封建贵族势力不如东方诸国的深厚,而且周朝的封建政治文化对秦国的影响较弱,秦人亦不十分看重西周传统的礼仪规则及宗法制度。❷ 所以,这些社会文化特征,使秦国在利用法家实行政治改革的过程中,遭受来自封建残余贵族势力的阻碍比其他国家要少得多,这最终导致了秦国的日趋强大并完成了统一大业。在这一重要的历史变革中,商鞅的法家思想为秦统一天下奠定了基础。秦国在商鞅的领导下进行了一定程度的经济改革,建立起高效的军事组织和社会组织。在这些改革的过程中,商鞅的法家思想顺应了历史的潮流,压制住了贵族阶层的反抗和破坏,从根本上消除了封建制度,建立了以奖励军功为基础的新的社会秩序。同时,商鞅还废除了土地分封制度,他将秦国划分成 31 个县,由君主指派的官员进行管理。另外,为了促进新法的全面实施,他们从新兴地主阶级的利益出发,采用各种措施加强君主的专制。因此,在七国中,秦国是最强大的,秦人是最有纪律性的。徐复观认为,商鞅的改革使秦统一中国成为可能。"商鞅死后,经一百一十七年(公元前二二一年)而秦统一天下,并建立专制政体,无宁

---

❶ 徐复观. 封建政治社会的崩溃及典型专制政治的成立 [M]//两汉思想史(第一卷). 北京: 九州出版社, 2014: 95-96.
❷ 徐复观. 封建政治社会的崩溃及典型专制政治的成立 [M]//两汉思想史(第一卷). 北京: 九州出版社, 2014: 107-108.

是当然之事。"❶

徐复观指出，在秦始皇统一中国后，他和李斯建立的专制政体是法家深思熟虑的产物。这一方面是凭借封建制度在崩溃中所形成的诸多条件，另一方面则是根据法家长期追求的政治形态和政治目的而建立的。❷ 徐复观认为，促成大一统的中央集权的根本原因是秦的缔造者以及社会各阶层都汲取了"天下共苦战斗不休"❸的惨痛教训。按《史记·秦始皇本纪》所载，秦统一中国后，秦始皇与群臣讨论是否恢复封建制，李斯发表了他的意见。他认为，当年文王、武王分封子弟为诸侯王，可他们的后代逐渐疏远，互相攻击如仇人一般，周天子亦不能禁止。而今天下归于一统，实行了郡县制度，这是对的。至于皇子功臣，赐以优厚的待遇，便足以使之服从。所以不设诸侯，使天下人不怀邪异之心，才是长治久安的良策。秦始皇赞同李斯的意见。他说，多年来"天下共苦战斗不休"，皆是由于诸侯王的存在。如今天下初定，如果又设诸侯国，岂不是要再起战端？那样的话，若再想平定，可就难了。于是决定坚持"废分封、立郡县"的既定政策。

徐复观认为，秦朝大一统的中央集权的建立符合当时人民的意愿。他列举了贾谊《过秦论》中的一段论述："秦灭周祀，并海内，兼诸侯，南面称帝，以四海养。天下之士，斐然向风。若是，何也？曰：近古之无王者久矣。周室卑微，五霸既灭，令不行于天下。是以诸侯力政，强凌弱，众暴寡，兵革不休，士民罢弊。今秦南面而王天下，是上有天子也。既元元之民冀得安其性命，莫不虚心而仰上。"❹ 这段话的意思是说，自从周朝王室衰微，春秋五位霸主相继过世之后，周天子的命令便不能通行于天下，诸侯们倚强凌弱、相互征伐，兵连祸结，军民皆苦不堪言。在这种时

---

❶ 徐复观. 封建政治社会的崩溃及典型专制政治的成立 [M]//两汉思想史（第一卷）. 北京：九州出版社，2014：117.

❷ 徐复观. 封建政治社会的崩溃及典型专制政治的成立 [M]//两汉思想史（第一卷）. 北京：九州出版社，2014：57-58.

❸ 司马迁. 秦始皇本纪第六 [M]//史记. 北京：中华书局，2013：239.

❹ 贾谊. 过秦中 [M]//贾谊集·贾太傅新书. 长沙：岳麓书社，2010：5.

候，一统天下，偃武休兵，乃是黎民百姓最渴望的事情，而当时的秦朝正好适应人民的这一需求。此外，秦始皇还统一了法规、文字、货币和度量衡，便利了经济和文化的发展与交流。秦始皇还大规模地在边疆区域修建驰道，对实现与巩固国家的统一起到了促进作用。至于修筑长城，虽然给当时的百姓带来了困苦，但最终使中华民族受益万世，正所谓"罪在一时，功在千秋"。法家思想作为秦国的立国精神和思想基础，直接促进了秦汉专制政体的形成。

二、专制制度的实质与特征

1. 专制制度的实质

徐复观在使用专制政体这一概念时非常审慎。首先，他指出专制政体这一概念虽然来自于西方政治理论，但是绝对不能将西方专制政体的具体情形与中国历史中的专制政体勉强比附，而是应当考虑中西历史条件的霄壤之别，区分中西专制的重大差异。古巴比伦和古埃及的专制政治建立在残酷的奴隶制度之上，而且一般的社会生活状态几乎没有自由可言，这显然与秦朝专制政体成立的情况相去甚远。❶ 他认为秦汉所建立的专制政体有两个本质特征。

首先，这种政体是一种中央集权的政体。秦汉所建立的这种政体之所以被称为"专制"，是相对于周代的分封制而言的。西周封建时代天下之权分散于诸侯国，而诸侯国之权分散于大夫之家；及至秦统一天下，废封建而设郡县，是为中央集权。秦朝郡县的守令与封建制度下的封君完全不同。朝廷对郡守县令有绝对的任免权，使政府官员的职称与标志贵族等级的爵位区分开来，并派遣监察御史监督地方。朝廷把持郡县的赋税收入及支出，掌控全国的武力。从以上这些特点来说，与其称为专制，不如称为

---

❶ 徐复观. 封建政治社会的崩溃及典型专制政治的成立 [M]//两汉思想史（第一卷）. 北京：九州出版社，2014：121.

大一统的中央集权。这一政治体制的转折是符合中国历史发展需要的巨大进步。❶

其次，徐复观认为，这种政体的实质是"一人专制"。这是指在中央集权统治下，没有任何能够抑制皇权的法律，也没有任何能够与皇帝的意志相抗衡的制度。可见，皇帝一人专制是中国专制政体的一个本质特征。❷

徐复观指出，秦汉所建立的这种制度有很多行政合理化的因素。在这种制度中，每一个官职都有合理的分工。丞相是皇帝的助手，其地位和权力仅次于皇帝，是掌管行政事务的"百官之首"。丞相的下面是御史大夫，他在很多方面起到副丞相的作用。太尉也是三公之一，主管军事。每逢国家有重大事件发生，百官会在朝廷会议上商议，皇帝要在决策前听取大臣们的意见。博士虽然职位很低，但也参加朝廷会议，代表知识分子向皇帝进言。所有这些都是官制机构的合理元素。然而，问题不在官制本身，而在于皇帝是唯一的决策者和立法者。立法、行政、司法、军事和财政权力实际上都集中在皇帝一个人的手里。徐复观认为，在这样的情形下，统治者可以随心所欲地按照自己的喜好行事，而任何心血来潮的行为都有可能带来灾难性的后果，其危险的程度犹如一发千钧。此外，在"尊无与上"和"富无与敌"的环境中长大的皇位继承人，大多成为昏庸和放纵的统治者。因此，在2000多年的专制政治制度下，中国经历了太多的混乱、磨难和无序。

2. 专制政体的五个具体特征

在分析了专制制度的实质和形成之后，徐复观深入剖析了皇权一人专制政体的五种具体特征。

"一人专制"的第一个具体特征：皇权的至高无上。皇帝是专制的主

---

❶ 徐复观. 封建政治社会的崩溃及典型专制政治的成立 [M]//两汉思想史（第一卷）. 北京：九州出版社，2014：121-124.
❷ 徐复观. 封建政治社会的崩溃及典型专制政治的成立 [M]//两汉思想史（第一卷）. 北京：九州出版社，2014：125-126.

体，皇权是绝对神圣的。"由秦始皇所代表的皇帝地位，不仅在秦以前的王者，不能比拟其崇高；即西方古代与近代的专制君主，在规模上也不能比拟其伟大。"❶ 在徐复观看来，到战国时期，中国古代文化就已经完成了从原始宗教文化向人文主义的转化。所以，皇帝至高无上地位的建立主要不是借助神权，而是依靠法家学说。依靠法家构建的"法"与"术"的理念所造成的皇权的至高无上，其过程比假托于神意来说则更为严酷。秦始皇为巩固统一，自公元前 220 年起多次出巡，并在峄山、泰山、琅琊台、之罘、东观、碣石、会稽等七处立石刻字，歌颂秦的功德。《史记·秦始皇本纪》记载了秦始皇登琅琊台封禅刻石的文字。石上刻写有："古之五帝三王，知教不同，法度不明，假威鬼神，以欺远方，实不称名，故不久长。"❷ 这段话是说，远古时期的五帝三王之所以不能长治久安，是因为不讲法治，崇尚鬼神虚诞。徐复观认为，这段文字表明，秦始皇治国倾向于援用法家学说，而不是借助鬼神宗教。秦朝统治者采纳法家的法与术，而压制其他学派。

"法"的思想，是商鞅所提倡的，所谓"宪令著于官府，刑罚必于民心，赏存乎慎法，而罚加乎奸令者也"。❸ 也就是说，商鞅主张以严刑厚赏来推行法令，使奉法遵令的人必得奖赏，而犯法违令的人定受惩罚，令行禁止、赏罚分明。"术"的思想，则是法家的另一位代表人物申不害首先提出的。"术者，因任而授官，循名而责实；操生杀之柄，课群臣之能者也。"❹ 这是说，治国之道，即要根据每个官员的能力授以相应的官职，然后责成其恪尽职守；并以君主手中至高无上的权力来考查臣子，以选拔任用优秀的人才。韩非子将法与术结合在一起，以加强皇帝至高无上的权

---

❶ 徐复观. 封建政治社会的崩溃及典型专制政治的成立 [M]//两汉思想史（第一卷）. 北京：九州出版社，2014：126.
❷ 司马迁. 秦始皇本纪第六 [M]//史记. 北京：中华书局，2013：246-247.
❸ 韩非子·定法 [M]//刘坤，韩建立，刘乾先，等. 韩非子注释. 哈尔滨：黑龙江人民出版社，2003：706.
❹ 韩非子·定法 [M]//刘坤，韩建立，刘乾先，等. 韩非子注释. 哈尔滨：黑龙江人民出版社，2003：706.

力与地位。他说:"人主之大物,非法则术也。法者,编著之图籍,设之于官府,而布之于百姓者也。术者,藏之于胸中,以偶众端而潜御群臣者也。故法莫如显,而术不欲见。"❶ 这段话的意思是说,君主治国之方略,不外乎法律与治术。法律,要写入典籍里,设置于官府内,并且公布到百姓中。而治术,则是应深藏于胸,用以从暗地里来驾驭群臣。所以法律越公开越好,而治术要含而不露。

徐复观指出,韩非子主张通过严刑峻法来驯服百姓,通过术的高深莫测来威慑臣子和神话统治者,于是法和术的融合就发展成了控制臣民、强化统治者无上权威的利器。而韩非子的法家学说,完全被秦始皇和李斯继承了下来,所以秦朝法律极为严苛。李斯受赵高诬陷后,"囚就五刑",残酷程度亘古无比,真是所谓"视臣民如草芥"。具有讽刺意味的是,李斯这位秦代的第一天才,最终竟然成了他自己参与设计的专制制度的牺牲品。❷

《史记·秦始皇本纪》记录了李斯等重臣在为皇帝建立称号时的良苦用心。徐复观分析指出,为了把皇帝和人臣的地位悬殊地对立起来,便把"朕"定为皇帝独有的专称,把皇帝的命称为"制",令称为"诏",而将人臣所通用之书改为"奏"。这种称呼上的区别在秦以前未曾有过,它们都是用来分化皇帝和臣民之间的关系、从而使皇权绝对化的措施和手段,都是要把皇帝尽可能地神化、把人臣尽可能地贬抑的心理使然。

一人专制的第二个具体特征:专制的目的是臣民的整齐划一、绝对服从。徐复观指出,秦始皇和李斯继承了商鞅的"使民朴壹"的思想。然而,商鞅所讲的"壹"的概念,从某种程度上而言,隐含着不同的意义。对于商鞅来说,"壹"意味着强化农业和军事,将政府和社会建成一个战斗组织。而对于秦始皇和李斯来说,"壹"则意味着强化中央集权的官僚

---

❶ 韩非子·定法 [M]//刘坤,韩建立,刘乾先,等. 韩非子注释. 哈尔滨: 黑龙江人民出版社,2003: 674-675.
❷ 徐复观. 封建政治社会的崩溃及典型专制政治的成立 [M]//两汉思想史(第一卷). 北京: 九州出版社,2014: 128-129.

统治，将整个社会置于专制权力支配之下。

《琅琊刻石》中说："端平法度，万物之纪。以明人事，合同父子。圣智仁义，显白道理……匡饬异俗，陵水经地……琅邪不容，皆务贞良。……端直敦忠，事业有常。……欢欣奉教，尽知法式。"❶ 这段话是说，要端正法度，整顿纲纪；彰明人伦，子孝父慈。君主在上标榜仁义，并向百姓宣示道理。匡正风俗，荡除邪恶，以使人民忠贞贤良。如果百姓能够欣然接受教化、谨记法规，从而做到正直、敦厚、忠诚，国家大业方能久长。徐复观认为，从《琅琊刻石》的这段话可以看出，专制政府想要求得社会的稳定，如果不把某种道德规范与法律制度并用，那是行不通的。所以，秦始皇越来越趋向于将法的整齐划一与儒家的道德规范连接到一起，为其专制统治服务。此外，《之罘刻石》中说："作立大义，昭设备器，咸有章旗。职臣遵分，各知所行，事无嫌疑。黔首改化，远迩同度，临古绝尤。"❷ 虽然上面的铭文在某种程度上夸大了秦始皇的成就，但反映出秦朝缔造者们所追求的理想，如申明大义，完备制度，使官员恪尽职守，使百姓移风易俗，令远近同一法度等，并体现出在这种理想中对皇帝一人专制欲望的满足。徐复观认为，他们的理想以及这一专制体系中的某些治国的合理因素，不应当连同专制制度一起被否定。

一人专制的第三个特征：专制的手段是武力和刑罚。徐复观指出，专制统治者所采用的社会统制中，虽然包含儒家道德思想的要素，但是所用以达到目的的基本手段，则是依靠武力和刑罚，这是秦立国的基本精神，也是专制政治的最大特色。他说："古今中外，凡专以刑来实现道德，道德成为刑治的工具时，道德便变为刑治的帮凶。"❸ 为了说明他的观点，徐复观引用了《史记》中的两个事例。秦始皇采用战国时期阴阳家的终始五德说，用以论证秦朝统治的合法性。终始五德说认为，各个朝代的更

---

❶ 司马迁. 秦始皇本纪第六 [M]//史记. 北京：中华书局，2013：245.
❷ 司马迁. 秦始皇本纪第六 [M]//史记. 北京：中华书局，2013：250.
❸ 徐复观. 封建政治社会的崩溃及典型专制政治的成立 [M]//两汉思想史（第一卷）. 北京：九州出版社，2014：131.

替是依土、木、金、火、水等五德的顺序、周而复始地进行的。秦始皇以为周朝得火德，秦取代周是得水德。冬日为水日，所以以冬十月为岁首（每年第一个月）。水德尚黑，所以秦的礼服旌旗等都用黑色。水主阴，阴表示刑杀，故水德主刑杀，所以政治统治力求严酷，不重"仁恩和义"。这些理论都使秦的统治增添了神秘的色彩，并以此向臣民灌输皇权神秘的观念，作为专制制度的思想基础。在徐复观看来，秦朝对"水"的形象的塑造是一件意味深长的事情。孟子把"水"比拟成道德的本源，而秦则把"水德"作为刑的象征。于是"水德"成为秦始皇性格的象征，进而成为专制政治基本性格的永恒象征。

徐复观又援引《史记·秦始皇本纪》中另外一个事例以说明秦朝的专制特征。方士侯生与卢生指陈秦始皇刚愎自用，横扫六国，自以为古今无人能及。他重用狱吏，以刑杀树威权；而丞相百官贪恋禄位、唯唯诺诺、不求建功、但求避罪。❶徐复观认为，侯生和卢生描绘了秦始皇刚愎自用的性格，也描述了秦朝刑治的残酷。

汉初的许多学者和思想家对秦朝的专制制度给予了强烈的谴责。贾谊是他们之中的主要代表。他写道："秦王怀贪鄙之心，行自奋之智，不信功臣，不亲士民，废王道而立私爱，焚文书而酷刑法，先诈力而后仁义，以暴虐为天下始。"❷他还说："二世受之，因而不改，暴虐以重祸……故秦之盛也，繁法严刑而天下振；及其衰也，百姓怨望而海内畔矣。"❸贾谊说，秦国强盛时，法令繁密，刑罚严酷，天下震恐。而到了秦朝衰落时，则百姓怨声载道，纷纷揭竿而起。所以，秦朝的严峻刑罚和残暴统治导致了陈胜和吴广领导的农民起义，以及刘邦领导的农民起义。

公元前 209 年，秦政府征发贫苦农民 900 人去渔阳（今北京市密云区）戍边，陈胜和吴广为领队的屯长。队伍途经蕲县大泽乡时，遇大雨，不能前进。按照秦朝法律，戍卒若迟到，就要被斩首，因此陈胜与吴广商

---

❶ 司马迁. 秦始皇本纪第六 [M]//史记. 北京：中华书局，2013：258.
❷ 贾谊. 过秦中 [M]//贾谊集·贾太傅新书. 长沙：岳麓书社，2010：5.
❸ 司马迁. 秦始皇本纪第六 [M]//史记. 北京：中华书局，2013：278.

议，与其等死，不如就地起义。而刘邦起义的理由为："为县送徒郦山，徒多道亡，自度比至，皆亡之"。刘邦早年任沛县泗水亭长时奉命押送一批囚徒去骊山为秦始皇修筑陵墓，途中许多囚徒趁机脱逃。这个事件最后也成为刘邦起义的导火索。徐复观指出，无论是陈胜、吴广还是刘邦，他们起义的直接原因都是对于专制刑罚的恐惧。同时他认为，秦始皇的个人性格仅是造成秦朝暴政的一方面原因，而恐怖和残忍是专制制度本身所固有的。从这一点上说，秦始皇的个人性格与一人专制是完全一致的。在专制制度下，即使哪个皇帝不像秦始皇那样固执残忍、刚愎自用，但由此制度必然产生的宦官、外戚、权臣也注定要固执残忍、刚愎自用。这是专制制度的必然规律。

一人专制的第四个特征：扼杀一切独立和反抗的社会势力。在专制政治体制下，皇权是无可争议的，人民则处于绝对服从的地位，不容许有任何社会势力挑战皇帝的意志。徐复观指出："任何社会势力，一旦直接使专制政治的专制者及其周围的权贵感到威胁时，将立即受到政治上的毁灭性的打击。没有任何社会势力，可以与专制的政治势力，作合理的、正面的抗衡乃至抗争。"❶ 所以秦朝统一之后，立即"徙天下豪富于咸阳十二万户"❷，强迁了十二万户豪强富户到咸阳居住。根据《史记·货殖列传》记载，豪富经过迁徙，便立即失去了财产和影响力。徐复观认为，秦朝的这一做法并非完全出于抑商政策，因为豪富中也并非都是商人，而其真正的原因在于，秦朝统治者发现财富的力量往往可以与政治的力量相抗衡。于是，这种政策成为后来专制政治反复使用的社会政策。❸

在徐复观看来，专制政治虽然最需要的是小所有者的农民工人阶级，但专制政治的本质决定了它并没有能力保护这一阶级。小所有者的农民工

---

❶ 徐复观. 封建政治社会的崩溃及典型专制政治的成立 [M]//两汉思想史（第一卷）. 北京：九州出版社，2014：142-143.
❷ 司马迁. 秦始皇本纪第六 [M]//史记. 北京：中华书局，2013：239.
❸ 徐复观. 封建政治社会的崩溃及典型专制政治的成立 [M]//两汉思想史（第一卷）. 北京：九州出版社，2014：133-134.

人一直在社会的底层，他们与至高无上的皇帝和皇室相隔太远，也没有接触统治集团的机会和能力，所以无论是在社会和平时期还是动荡时期，他们都生活在苦难和贫困之中。他们的肩上要承担沉重的赋税和劳役，但基本上没有什么政治权利，始终是被层层剥削的对象。然而，当多数农民难以忍受这种痛苦时，就是出现农民暴动的时候，结果就导致了朝代的新旧更替。而多数土地也会在动荡之后得到重新分配。虽然农民暴动可以推翻一些无能的统治者，但缺少新的观念和集体化的社会力量以建立一种新的政治制度，于是在整个专制历史中，中国陷入了一个又一个专制王朝的崛起和没落、有序和无序的循环之中。而商人阶级是农民和统治集团之间的中间阶层，他们为了寻求财富，可以依附、勾结统治集团，但是同样不能形成对抗统治阶层的社会力量。徐复观指出，商业规模的扩大自然会促进商品生产规模的扩大，刺激生产技术和生产组织的改进。然而，每当出现这种进步的时候，国家往往插入专制政治的压力，出面干预和阻碍这些力量的发展。所以，扼杀一切具有自主倾向的社会势力成为一人专制的社会控制政策。

一人专制的第五个特征：抑制自由的学术思想的发展。在一人专制的社会里，皇帝一人的意志占主导地位；除皇帝本人以外，其他人不可以有自由意志，不能被赋予学术思想发展的自由。据徐复观考证，自春秋以来，《诗经》《尚书》以及各种思想学派的著作已经在人们中间培养出了自由意志。因为这些著述赞美了古时圣君不依武力而靠美德来进行国家的治理，而到了秦代，人们会将这种古之圣王以德治国的图景与秦的严刑峻法相对照，便会引起对秦朝专制统治的批评，而这是秦统治者所不愿看到的。在这样的状况下，"焚书坑儒"事件的发生乃势所必然。

公元前212年，博士淳于越向秦始皇建议学古法，分封皇子功臣为诸侯。丞相李斯反对淳于越的意见，斥责儒生泥古非今，各尊私学，诽谤朝政，惑乱民心，建议禁绝私学。他说："异时诸侯并争，厚招游学。今天下已定，法令出一。百姓当家则力农工，士则学习法令辟禁。今诸生不师今而学古，以非当世，惑乱黔首……如此弗禁，则主势降乎上，党与成乎下。禁之便。"❶ 李斯这段话的意思是说,如今天下一统,是非黑白的判定,皆应决于皇帝一人。可是私学纷纷非议法令,使得人们入朝则心怀异见,在外则街谈巷议。对此若不禁止,在上则侵害君主威权,在下则朋党势成。所以这种现象必须禁止。李斯的建议为秦始皇所采纳,实行了焚书法令。公元前 212 年,方士求神仙不得,畏罪逃走,秦始皇大怒,活埋术士 460 余人。这两件事就构成了史上所说的"焚书坑儒"。

徐复观认为:"专制政治是法家的产物;所以焚书坑儒,不应当看作历史上的突出事件,而无宁应当视作在专制政治下的必然事件。"❷ 他指出,"焚书坑儒"是法家理想的实现。商鞅和韩非子都一再主张思想管控和禁止私学。对法家来说,法令是皇帝自由意志的客观化,是完成皇帝意志的基本方式。焚书可使百姓只知有法令,即只知有皇帝的意志,这是专制主义思想控制的必要措施。贾谊在他的《过秦论》中就指出秦统治者"废先王之道,焚百家之言,以愚黔首"❸。所以,软弱而无知的人就是专制政治所需要的人。正是儒家学者们编辑和整理了那些古籍,所以秦朝的统治者将他们看作借古讽今的异议者,他们自然就遭受到了迫害。

当方士们求神仙不得,畏罪逃走,秦始皇大怒称要活埋那四百多术士时,秦始皇长子扶苏劝谏道,天下初定,远方百姓尚未归附,儒生们诵读诗书,效法孔子,应是于国家有利的事,如果一律用重法制裁,恐会酿成祸乱。结果始皇听了很不高兴,遂遣派扶苏到北方上郡去监督蒙恬的军队。❹ 徐复观认为,秦始皇坑儒的目的是要杀一儆百。被活埋的那些儒生都是批评过当时专制政治的人,而那些没有参与批评或参与批评而未被发现的儒生则幸免于难。其结果是,幸存下来的文人终被驯服,成为绝对顺

---

❶ 司马迁. 秦始皇本纪第六 [M]//史记. 北京:中华书局,2013:254-255.
❷ 徐复观. 封建政治社会的崩溃及典型专制政治的成立 [M]//两汉思想史(第一卷). 北京:九州出版社,2014:134.
❸ 贾谊. 过秦上 [M]//贾谊集·贾太傅新书. 长沙:岳麓书社,2010:4.
❹ 司马迁. 秦始皇本纪第六 [M]//史记. 北京:中华书局,2013:258.

第四章　徐复观对皇权专制制度及专制时期儒家思想的论析

从皇权统治的工具。❶

假若秦始皇在其晚年不是穷奢极侈，抑或秦二世拥有德行任用忠贤，那么秦朝能否会得以永久的延续呢？徐复观的回答是否定的。首先，在他看来，奢侈是专制制度的必然产物，特别是像秦始皇那样既有辉煌的成就，又被神化了的专制统治者，在心理上和现实中都不可避免地会变得骄奢淫逸。在中国2000多年的专制历史中，在这方面能够表现出克制能力的统治者为数寥寥。其次，专制制度是把权力绝对化于一人之身。而当所有的权力都集中到一人的手里时，当权者毫无例外地被权力腐蚀，并暴露出他自身的弱点。当统治者的弱点暴露出来的时候，他的近臣便会利用这一弱点，获得"一人之下、万人之上"的权势，给国家、社会造成巨大的破坏。徐复观指出，这就如同将一个小石块扔进一台大型机器的引擎，会造成整个机器突然停止运转，以致崩坏。这样的结果，并非是因为小石块自身有多大的力量，而是由于那个石块击中了一个特殊的位置：大型机器运转的动力中心，而这个动力的中心，就如同政府机构的心脏。❷

徐复观又举了"沙丘之变"的例子。秦始皇病逝后，宦官中车府令赵高对丞相李斯说："定太子在君侯与高之口耳"❸。胁迫李斯参与到他谋害扶苏、立胡亥为帝的阴谋当中。李斯知道秦始皇的遗愿是想让扶苏继位，以期秦朝的长治久安，所以他一开始对赵高给予了严厉的斥责；然而在赵高反复的威逼利诱下，李斯最终妥协，伙同赵高设计谋害了扶苏和蒙恬，使胡亥继承了皇位。徐复观认为，这个事件表明即便是身为百官之长的李斯，其命运也可能掌控在赵高这样一个"内宫厮役"的手中。赵高之所以有这样大的作用，是因为他独占了协助秦始皇的有利地位。当皇帝不能开口发布命令的时候，内宫厮役就可以取代皇帝而诏令天下。秦始皇

---

❶ 徐复观. 封建政治社会的崩溃及典型专制政治的成立 [M]//两汉思想史（第一卷）. 北京：九州出版社，2014：136.

❷ 徐复观. 封建政治社会的崩溃及典型专制政治的成立 [M]//两汉思想史（第一卷）. 北京：九州出版社，2014：137.

❸ 司马迁. 李斯列传第二十七 [M]//史记. 北京：中华书局，2013：2549.

临终的时候，玺印以及他指定扶苏继位的遗诏就落入了赵高的手中。赵高利用这一机会，使自己成为皇权的代理人。❶ 专制统治的致命弱点就在这里。为了独掌最高权柄，赵高自然会选择软弱的胡亥继位。因此可以说，早在陈胜、吴广起义之前，秦朝覆亡的命运就已经被确定了。

虽然徐复观研究的对象是秦汉的政治制度，但所得出的结论可以用来解释中国 2000 多年来专制时期的政治、社会和文化现象。朝代更替、治乱循环是中国历史的重要特征，也是专制政治的必然结果。徐复观认为，每个新的专制王朝建立之初，统治者汲取前朝的教训，往往节制自己的欲望、励精图治、与民休息，因此小所有者、佃农奴隶遭受的苦难多少会减轻一些。然而，随着专制政权统治时期的延长，后代统治者不可避免地腐化，并自然地倾向于维护大地主阶级以及依附于大地主的商人阶级的利益。在皇帝和大地主阶层的残酷压迫下，小所有者、佃农奴隶的生存条件越来越差、苦难愈益深重。当下层人民的境况坏到极处时，必然会爆发农民起义。接着便是改朝换代，历史进入新一轮循环。

在徐复观看来，专制制度是一部对人压迫和扭曲的巨大机器。2000 多年来的政治家、思想家若要突破这一机器时，或人民与这一机器直接冲突时，便会被它立刻粉碎。这部机器是以法家思想为根源，以绝对皇权为核心，以农民和辽阔的领土为营养，以军事力量和残酷刑罚为工具而建立起来的。在这样的专制政治制度之下，所有的社会、文化、经济活动都受到严格的限制，不得挑战皇权，否则必会遭到完全摧毁。所以，皇帝一人专制的政体是传统中国社会停滞不前的总根源。❷ 研究中国历史，如果不能把握这一大关键，就很难对中国历史有一个正确的理解。

---

❶ 徐复观. 封建政治社会的崩溃及典型专制政治的成立 [M]//两汉思想史（第一卷）. 北京：九州出版社，2014：137.
❷ 徐复观. 封建政治社会的崩溃及典型专制政治的成立 [M]//两汉思想史（第一卷）. 北京：九州出版社，2014：144.

三、皇权与相权的矛盾

在分析皇权专制的本质特征之后，徐复观指出，这种一人专制的本性，决定了皇帝不允许任何人和任何势力分享他的权力；皇帝必须保持他对于权力的一人独占。这就使得专制皇权对于相权、同时对于贵族和知识分子不可避免地要采取削弱、排挤、压迫的手段。徐复观首先对宰相制度的演变及皇权与相权的矛盾进行了精辟的分析。他认为，秦汉时期形成的专制制度中，也包含某些合理的制度元素。比如丞相为百官之首、总揽庶政，其下有正当的分工。然而，西汉从汉武帝开始侵夺相权，到东汉光武帝时完全破坏了宰相制度，皇帝一人专制至此被彻头彻尾、名副其实地完成了。

在徐复观看来，丞相这一官位，体现着有追求、有抱负的知识分子在官制的构想中所寄寓的理想。❶《吕氏春秋·举难》说："相也者，百官之长也。"❷ 《管子·君臣》说："是故主画之，相守之。相画之，官守之。"❸ 像这样的话，不只是对相权如实的描绘，也含有对相权的一种理想主义的期待。对汉朝官制演变的研究是把握皇帝一人专制基本性格的重要途径。汉朝继承和发展了秦朝大一统的一人专制政体，同时不断地削弱上层官员，特别是丞相的政治权力。秦朝的创始者们建立的一人专制下的官制包含一些相当合理的成分。其中最显著的就是，虽然皇位是世袭的，但丞相是择优选择的。同时相权的设置还意在制约与平衡过于集中的皇权，防止皇权的滥用。丞相处于官制的核心和顶端，其政治权和自主权会保障整个政治机器合理运转，这也要求官员们应服务于大多数人，而非仅仅服务于皇帝。徐复观认为，这是私天下的政体中仅含有的公天下的因素。按徐复观的看法，宰相制度的建立本可以让知识分子有机会实现他们

---

❶ 徐复观.汉代一人专制政治下的官制演变［M］//两汉思想史（第一卷）.北京：九州出版社，2014：181-182.

❷ 吕不韦.吕氏春秋·举难［M］//许维遹.吕氏春秋集释.北京：中华书局，2010：541.

❸ 管子·君臣［M］//管子.李山，译注.北京：中华书局，2009：174.

的理想和政治抱负,然而,皇权与相权之间存在一种内在的矛盾。一方面,大一统的专制政治的运作需要丞相的运筹和领导;另一方面,相权又不可避免地要成为实现皇帝一人专制的最大障碍。❶ 因此皇帝对宰相制度便越来越无法忍受。

徐复观认为,"专制政治的发展,在官制上最重要的演变,便是宰相制度的破坏。"❷ 这种破坏的结果是,自汉武帝开始就没有任何丞相在实际上或者名义上是百官之首了。朝廷里的文官们真正的政治权力也往往被剥夺了,仅留下强烈的挫折和屈辱感。这样一来,知识分子们的政治理想和抱负遭受到挫折,主动性受到了扼杀。如前所述,徐复观曾论及秦朝建立的一人专制靠的不是神权的帮助,而是法家思想体系的支持。法家学说的一个重要特点,是强调统治者要通过威慑和钳制等"治术"来达到控制臣民的目的,而这种治术遂助长了君臣之间的猜防心理和紧张关系。汉文帝、汉景帝和汉武帝往往都选择软弱无能的人做丞相,这是由于专制统治者们希望软弱无能的丞相会因得到了非分的地位和威望,而对统治者们格外地忠心耿耿。此外统治者想要通过这样的做法,来抑制丞相的权力和影响力,从而舒缓自己内心的猜忌和紧张。

在徐复观看来,汉武帝在官制的演变方面起到了关键作用。汉武帝完善了由秦始皇建立的大一统的一人专制制度。他发挥了大一统一人专制下的很大效能,也突出地暴露出大一统一人专制的黑暗一面。在学术方面,他一方面阻滞了学术思想的自由发展,另一方面他"博开艺能之路,悉延百端之学",又缘饰以儒术。此外他开辟交通水利、推进了农器的技术进步。但他的穷奢极欲,较之秦始皇可谓有过之而无不及。❸ 与此同时,汉武帝继续调整官制,进一步破坏宰相制度。徐复观指出,汉武帝采用了

---

❶ 徐复观. 汉代一人专制政治下的官制演变 [M]//两汉思想史(第一卷). 北京:九州出版社,2014:183.

❷ 徐复观. 汉代一人专制政治下的官制演变 [M]//两汉思想史(第一卷). 北京:九州出版社,2014:183.

❸ 徐复观. 汉代一人专制政治下的官制演变 [M]//两汉思想史(第一卷). 北京:九州出版社,2014:200-201.

三项主要步骤以侵害相权。

侵害相权的第一个步骤是把当时具有纵横才智的口辩之士，收罗在他的大门房"光禄勋"里。通过挟"天子宾客"之势，奉皇帝之命，诘难大臣，折服大臣，使大臣可以通过这种诘难和折服，感到皇帝能文能武，深不可测，进而只能彻底地服从。如此一来，大臣们在政策的制定方面完全被置于被动的地位，皇帝则可以直接掌握决策的大权。❶至于那些隶属光禄勋的"天子宾客"，因汉武帝猜防他们可能用钳制大臣的纵横之术来对付自己，所以只是一时利用他们，最终大都被杀戮了。这也是生命力较强、野心较大的一人专制的皇帝对人才处理的一种治术。

侵害相权的第二个步骤是将处理政务的权力从丞相转移到尚书手中。❷尚书本来是皇帝身边收发和保管文书的人，权势原本不大。但在汉武帝时期，尚书的位置逐渐取代了丞相。所有军国大事都通过尚书上达于皇帝，下达于吏民。这样，丞相的功能就由尚书完成了，而丞相的权力也变成名义上的了。徐复观认为，汉武帝之所以重用尚书，是基于四点考虑。第一，尚书负责收发和保管文书，熟悉各种政治问题和日常事务，具备行政管理的能力。第二，尚书的地位很低，可以减轻汉武帝对盗权窃柄、大权旁落的疑虑。同时，汉武帝可以通过尚书轻易地贯彻自己的主张，而不致受到丞相的牵制。第三，汉代对丞相还保持相当的礼仪以示尊重，所以皇帝和丞相见面还需遵守这些礼仪，而对尚书就可以免去这些麻烦。第四，尚书属少府，在日常生活中与皇帝比较接近。徐复观认为，上述四个原因中，第二个是最主要的。❸后来，汉武帝又设中书，"领尚书事"，又称中尚书。中尚书依然是尚书，之所以加一个"中"字，只是因为是由侍奉汉武帝左右的宦官所担任。宦官随时侍奉在皇帝的左右，行事

---

❶ 徐复观. 汉代一人专制政治下的官制演变[M]//两汉思想史（第一卷）. 北京：九州出版社，2014：206.

❷ 徐复观. 汉代一人专制政治下的官制演变[M]//两汉思想史（第一卷）. 北京：九州出版社，2014：212.

❸ 徐复观. 汉代一人专制政治下的官制演变[M]//两汉思想史（第一卷）. 北京：九州出版社，2014：212.

方便多了。于是便使尚书的赞奏,直接由中书呈递到汉武帝手上。汉武帝太忙或身体不适时,便由中书代汉武帝处理事务,这是原来的尚书所做不到的。时间一长,中书便代替了尚书的职务。

侵害相权的第三个步骤发生在汉武帝当政末期,由对霍光等的遗诏辅政开启了"中朝"专政的局面。❶ 汉武帝创建由其直接掌控的"中朝",亦称"内朝",将行政管理权从外朝转到了内朝。中朝是一个摄政机构,首领为大司马,仅直接对汉武帝本人负责,不得被政府部门吞并。大司马的职位比丞相低,但权力无边。这样,在中朝和外朝之间出现了实与名的巨大反差。中朝的建立把丞相置于政治核心以外,使之沦为大司马的傀儡。所以,中朝的出现固然说明汉武帝仍为丞相留有余地,但实际上则表达了他对正常官制职权的篡夺。相权被剥夺、废弃的结果,则是外戚、宦官、藩镇三者在 2000 年中,成为在一人专制制度下必不可免的、此消彼长的灾祸。❷

汉武帝之所以要破坏宰相制度,当然是出于专制君主固有的猜防心理。统治者需要大臣们来分担管理事务的权力,但又偏执地害怕权力竞争,极其不信任丞相。因此,对于他们来说,丞相的权力必须被削弱。另外,皇权对相权的侵害则是出于专制君主的狂妄心理。一人专制者倾向于目中无人,皇帝以为自己掌握绝对的权力,拥有至高无上的地位,便幻想着自己也被赋予了无与伦比的智慧和才华。所以,一人专制者们想要破除一切限制,完成他们的自我表现。❸ 正是因为宰相制度是一人专制者作直接自我表现的最大障碍,于是丞相便首当其冲受到限制。特别是当遇上了汉武帝那样性格强悍的人,丞相的权力就不可避免地要遭到侵夺。

汉武帝虽然如此侵夺相权,但在西汉之时,丞相在法理上仍始终保持

---

❶ 徐复观. 汉代一人专制政治下的官制演变 [M]//两汉思想史(第一卷). 北京:九州出版社,2014:208.

❷ 徐复观. 汉代一人专制政治下的官制演变 [M]//两汉思想史(第一卷). 北京:九州出版社,2014:208-209.

❸ 徐复观. 汉代一人专制政治下的官制演变 [M]//两汉思想史(第一卷). 北京:九州出版社,2014:206.

着总领百官的地位。到东汉光武帝时，宰相制度遭到了彻底的破坏。徐复观认为，光武帝是一个猜忌严刻之人。他在官制上，一方面减汰由武帝而来的烦冗，使归简约，这是好的。另一方面则尽量降低三公的地位，夺其实权，并不惜加以摧折。他还打击、羞辱、迫害三公。他迫使大司徒韩歆自尽，只因其当面直谏。他警告他的大臣们说，三公保全性命的最好方式是：首先不能直接批评皇帝，其次不要试图干预国家大事，仅管小事即可。❶ 这就使大臣们视三公之位为畏途。光武帝在官制方面，将尚书从四人增加到了六人，完全接管了三公的权力。西汉尚书处理政务是通过"平尚书事"的人以属于皇帝；而光武帝则使尚书只属于自己。据《后汉书》说："时内外群官，多帝自选举，加以法理严察，职事过苦，尚书近臣，乃至捶扑牵曳于前，群臣莫敢正言。"❷ 可见，光武帝对尚书的态度极其恶劣。

　　光武帝采取的措施都是为了便于自己主政，削弱大臣篡权的企图。汉明帝对三公和群臣的方式则完全继承了光武帝。然而，自章帝以后，东汉的多数皇帝，如和帝、殇帝、安帝、顺帝、冲帝、质帝、桓帝、灵帝以及献帝等都是幼年或年少继位。在这样的情形下，外戚或者宦官篡夺权力就不可避免了。从安帝继位到桓帝延熹二年，一直由外戚专政，之后一直由宦官专政。在那种状况下，没有官制和政治可言，更别说宰相制度了。

　　在徐复观看来，官制是权利与义务的一种分配和组织，而专制者都将天下视为自己的私有财产。他们不是执政为民，而是将自己手里的政治权力当成维护自身利益和追求个人成功的工具。他们将官制当作一种追逐个人私利的权力，而不是一种履行服务人民的义务。他们总是尽力使官制完全从属于自己。形成官制的首脑和骨干的是丞相。因此，设立"丞相"一职是政府正常运作所不可或缺的。虽然官制最终要依赖统治者，但其成为制度的同时被赋予了相对的独立性与自主性。为了约束与消弭官制这种

---

　　❶ 徐复观. 汉代一人专制政治下的官制演变 [M]//两汉思想史（第一卷）. 北京：九州出版社，2014：240.
　　❷ 范晔. 申屠刚列传 [M]//后汉书. 李贤，注. 北京：中华书局，2012：149.

相对的独立性与自主性，皇帝就推举他身边的地位低微的官员来行使"丞相"的权力。与皇帝的意愿相反，时间一久，这些原本地位低微的官员往往随着时间的推移又逐渐产生相对的自主性、独立性，而这时专制君主就会认为自己的权力遭到了削弱或威胁；出于恐惧和猜忌，他们又总是要设法限制或消弭官制机构的这种自主性与独立性；于是皇帝会重新推举身边的另外一批地位低微的官员来替换前面的机构成员。❶ 这种方法从汉武帝、光武帝开始，被一代一代继承下来，带来外戚和宦官专权的灾难。

在经过上述分析之后，徐复观指出，历史上的"所谓英断之主，常与宰相制度不相容，必加以破坏而后快。但埋葬此一朝代的因素，也即孕育于此"。❷ 他还援引了清代华湛恩在其《后汉三公年表序》中的一段论述："光武中兴，贤主也。其不任三公，政归台阁，欲使权不下移，政由上出也。迨至再传而后，祸起于贵戚，极于宦官，而汉以不振。"❸ 这段话清楚地点明了由专制君主侵夺相权而导致外戚与宦官乱政的历史真相。因而徐复观总结说，中国2000多年的专制政治，都在周而复始地破坏本来含有合理因素的宰相制度。一旦相权产生相对的独立性与自主性，专制君主便觉得有大权旁落之虞，遂以侧近的微臣取其实权。"这是汉武帝、光武帝顺着一人专制的要求所开下的一条路，后百世而不能改。但西汉亡于外戚，东汉亡于宦官，这正是一人专制的自身所造出的无法克服的矛盾。"❹

四、皇权与贵族及知识分子的矛盾

汉朝统治者基本上继承了秦朝的专制制度。不过在汉朝建立初期，部

---

❶ 徐复观.汉代一人专制政治下的官制演变［M］//两汉思想史（第一卷）.北京：九州出版社，2014：244.

❷ 徐复观.汉代一人专制政治下的官制演变［M］//两汉思想史（第一卷）.北京：九州出版社，2014：243.

❸ 转引自：徐复观.汉代一人专制政治下的官制演变［M］//两汉思想史（第一卷）.北京：九州出版社，2014：243.

❹ 徐复观.汉代一人专制政治下的官制演变［M］//两汉思想史（第一卷）.北京：九州出版社，2014：246.

分地恢复了秦朝所废除的分封诸侯的制度。徐复观指出,"汉初封建,首由异姓而为同姓,皆出于一时形势之所不容而已"❶,也就是说,汉初封建完全是出于形势使然,统治者也别无选择。刘邦能够统一天下,其中很重要的一个原因是,许多盟军想"因天下之力而攻无道之君,报父兄之怨而成割地有土之业"❷。因此,刘邦为了激励他的追随者英勇作战,便给那些取得战功的人分封土地,封王封侯。统一天下后,为了继续获得他们的支持,刘邦不得不确认诸侯王的地位和爵位。在徐复观看来,汉朝的分封,开始是为了完成大一统专制的需要,后来则是为了维护大一统专制的需要。但尽管如此,封建的存在,对于皇帝自身来说始终是一种令人不放心的因素。❸

因此,当刘邦感到天下大定之后,就开始清除异姓诸侯王。汉初刘邦先后封了七个异姓诸侯王和九个同姓诸侯王。异姓王除了长沙王吴芮因势力小不构成威胁而得以保存之外,其他六个则相继被杀、被废。而同姓诸侯王则酿成后来的七国之乱,其后诸侯则逐步被皇权所压制。徐复观指出,刘邦剪除异姓诸侯王,并没有其他的政治理由,只是因为他以天下为他一人的产业,但凡有可能夺其产业的人,便都是罪大恶极之人,这是专制统治者最基本的心理状态。❹此外,他不仅对异姓诸侯王不放心,即使对同姓诸侯王也存有戒心。所以他在剪除异姓诸侯王的同时,对同姓诸侯王也加以防范。

徐复观指出,汉文帝和汉景帝对诸侯国日益膨胀的势力感到不安,他们开始实施强有力的措施缩小封地,限制和削弱诸侯王的力量。他们削汉高祖刘邦所封之封土,变其为自己儿子之封土,从而削弱了前帝所封的诸

---

❶ 徐复观. 汉代一人专制政治下的官制演变 [M]//两汉思想史(第一卷). 北京:九州出版社,2014:146.
❷ 司马迁. 张耳陈余列传第二十九 [M]//史记. 北京:中华书局,2013:2574.
❸ 徐复观. 汉代专制政治下的封建问题 [M]//两汉思想史(第一卷). 北京:九州出版社,2014:156.
❹ 徐复观. 汉代专制政治下的封建问题 [M]//两汉思想史(第一卷). 北京:九州出版社,2014:149-150.

侯王的势力，巩固了自己的势力。汉武帝封子为王，已不再是出于客观形势的需要，仅是为了维护皇帝绝对崇高的身份地位。❶

汉武帝还颁布了"推恩令"，其目的是减少诸侯的封地，削弱诸侯王势力。原来诸侯王只能把封地和爵位传给嫡长子，推恩令允许诸侯王把封地分为几部分传给几个儿子，分别形成直属于中央政权的更小的王国与侯国，由此达到分化、削弱大诸侯国势力的意图。这一法令的实施，使诸侯国的势力彻底动摇，诸侯王对中央的统治不再构成威胁。徐复观指出，这时诸侯王已与列侯无异。而到了哀帝和平帝的时候，诸侯王的际遇甚至连一般的富户都不如，因为他们没有一般富户所享有的自由。他们不但没有任何实权，还要受到朝廷所安插在左右的官员的监视和控制。❷

皇帝一人专制下对诸侯王的猜嫌禁制，不仅反映了专制君主为达到一人专制的目的、宁可牺牲子弟宗支的心理状态，而且对知识分子和学术的发展也产生了极大的抑制作用。❸ 贵族们经常是游士的庇护者与资助人，他们的领地通常都是学术活动的中心。同先秦时期一样，汉朝也有为数众多的游士，成为诸侯王和富贵者门下的宾客。贵族们留养的宾客组成了社会上的活跃团体。他们经常组织一些学术活动，对文化和学术的发展起到了促进作用。但是，皇帝往往认为贵族们支持的这些学术活动会威胁到他的专制统治，于是就尽力缩小这些文化中心的影响。在汉景帝时期，统治者对诸侯王们的压制政策集中在缩小他们的领土和剥夺他们的职权等方面。而在汉武帝统治时期，由于诸侯国的领土和职权不再是统治者所忧虑的问题，贵族们的宾客，特别是那些在学术活动中积极活跃的宾客，遂成为监督和迫害的重点。能延揽有学术成就宾客的诸侯王们，其本人往往就是有理想和抱负的学者。而这一点特别会引起皇帝的猜忌。正如徐复观所

---

❶ 徐复观.汉代专制政治下的封建问题 [M]//两汉思想史（第一卷）.北京：九州出版社，2014：154.

❷ 徐复观.汉代专制政治下的封建问题 [M]//两汉思想史（第一卷）.北京：九州出版社，2014：156-157，161-162.

❸ 徐复观.汉代专制政治下的封建问题 [M]//两汉思想史（第一卷）.北京：九州出版社，2014：162.

说:"专制皇帝,只允许有腐败堕落的诸侯王,而决不允许有奋发向上的诸侯王。"❶ 具有崇高理想的诸侯王对皇帝的专制构成了潜在的威胁,这是实行专制政体之社会的一大特色。徐复观进一步指出,正是由于这个原因,西汉与东汉时期都发生过迫害诸侯王和其宾客的事件。这些事件造成上千宾客以及一些诸侯王的死亡。其中最有名的是淮南王刘安和楚王刘英的两大冤案。这些惨剧的发生都与宾客的学术活动有关,并最终连累到他们的主人。

淮南王刘安是汉武帝的叔父,"为人好读书,鼓琴,不喜弋猎狗马驰骋"❷。他召集上千名学者编写了著名的《淮南子》一书,意在为汉朝的大一统政权提供施政的参考。《淮南子》汇集了中国先秦各种流派的思想理论,是一部博奥深宏、包罗万象的巨著。徐复观指出,刘安的宾客们组成了一个大型的学术中心,每当有重要的成果出现,都会马上呈献给皇帝。因此,徐复观认为刘安并没有篡夺皇位的野心,其志向和理想仅在于纯学术的研究与成就。汉武帝表面上很尊重他这位博学多才的叔父,内心却对刘安极为猜疑嫉妒,并伺机陷害之。刘安的太子刘迁得知郎中雷被剑术精良,便召雷被与之比剑,雷被误伤太子,心生恐惧,遂向刘安申请跟随大军去打匈奴。刘安不悦,便罢了雷被的官。在徐复观看来,刘安的做法其实不过是平息这类事件的寻常方式。然而,公元前125年,雷被到达长安,上书皇帝,报告了他的遭遇。汉武帝遂就此事给司法部门的官员和河南郡官员下诏,使他们下令逮捕刘迁。徐复观认为,为这样的小事而逮捕淮南王太子,显然是汉武帝借机实现蓄之已久的"削藩"的预谋。在他看来,"《史记》、《汉书》两传中,充满了当时诬构的'官文书'。……陈述刘安想谋反的经过,把刘安写成了一个童呆愚稚之辈,其出自严刑逼供,

---

❶ 徐复观. 汉代专制政治下的封建问题[M]//两汉思想史(第一卷). 北京:九州出版社,2014:163.

❷ 班固. 淮南衡山济北王传[M]//汉书. 颜师古,注. 北京:中华书局,1960:2145.

再加以缘饰的情形，甚为昭著。"❶

当汉武帝与众臣在朝中商讨如何处置这一事件时，胶西王刘端说出了专制者的心愿。他指责刘安"废法度，行邪僻，有诈伪心，以乱天下，营惑百姓，背畔宗庙，妄作妖言"。❷ 他进而说："《春秋》曰：'臣毋将，将而诛。'安罪重于将，谋反形已定。臣端所见，其书印图及它逆忘道事验明白，当伏法。"❸ 意思是说，刘安的问题并非只是酝酿反叛，而是已将谋反付诸行动。因此，将他的反叛物证加以鉴别查实之后，即可将之定罪法办。而徐复观认为，这是毫无证据的指控。所谓"营惑百姓"和"妄作妖言"的罪行其实不过是刘安与其宾客们的学术活动。然而，这样的冤狱，除刘安自杀外，竟"坐死者数万人"❹。《史记·平准书》记载，自从酷吏张汤等以峻文苛法断事当上高官之后，便罗织出"见知不举报""不遵天子之命""诽谤"等种种罪名，对官员们进行构陷与迫害。❺ 公元前122年发生了淮南王、衡山王、江都王等诸侯谋反事件，其党羽获罪而死的达数万人。从此法令更加苛细，官员的命运更加凄惨。此外，博士狄山指责酷吏张汤在审理淮南王的案子时，严刑酷法、诋毁诸侯、离间骨肉，以至于各诸侯王人人自危。结果狄山因此惹怒汉武帝，最终受到责罚。徐复观指出，当时的朝廷酷吏，顺应专制者的私意，谋杀了几万人；不仅摧毁了当时一个主要的学术中心，而且扼杀了知识分子在思想上、生活上一切自由选择的可能。

东汉时期，因对诸侯王的猜嫌心理，专制者把诸侯王与"妖恶"同等看待，对诸侯王的监管也比西汉时期更加严厉。专制者们使用了最为残酷的措施迫害与诸侯王们有关系的知识分子。汉明帝迫害楚王刘英及其宾客的冤案是最臭名昭著的事件之一。楚王刘英是光武帝刘秀的庶出儿子，

---

❶ 徐复观. 汉代专制政治下的封建问题 [M]//两汉思想史（第一卷）. 北京：九州出版社，2014：165-166.
❷ 班固. 淮南衡山济北王传 [M]//汉书. 颜师古，注. 北京：中华书局，1960：2152.
❸ 班固. 淮南衡山济北王传 [M]//汉书. 颜师古，注. 北京：中华书局，1960：2152.
❹ 司马迁. 平准书第八 [M]//史记. 北京：中华书局，2013：1424.
❺ 司马迁. 平准书第八 [M]//史记. 北京：中华书局，2013：1424.

年轻时喜欢结交游侠之士,晚年嗜好黄老之学,后来又信奉佛教。永平十三年,有人控告刘英和渔阳人王平、颜忠制造图谶,"有谋逆"。结果汉明帝不惜动用司空、司马、司徒三府幕僚办案,指控刘英的罪名是"招集奸猾,造作图谶,擅相官秩"❶。徐复观指出,所谓"奸猾"者,不过是当时佛道混合的信徒;造作图谶,乃是宗教的仪式;擅相官秩,是指擅自任命官员。而刘英无一兵一卒,如此指控,岂非儿戏?"此皆诬妄之词。"❷ 结果在严刑逼供之下,王平、颜忠招出了众多人物,获罪者包括皇亲国戚、文武官员、郡县豪杰、平民百姓等竟达数千人之多。

徐复观认为,汉明帝知道刘英和他的宾客都是无辜的,但他仍然没有放过他们。汉明帝是想借机把社会中稍有活力的、不利于一人专制的因素如"州郡豪杰"等除掉。然而,与刘英同父异母的济南安王刘康,也被指控与刘英相同的罪名,但汉明帝并没有进行追查,而是把他放过,这是因为刘康与刘英相比太过平庸,不足以引起专制君主的猜疑和嫉妒。❸ 如果郡守县令政治清明,常为流民所归顺,会被视为政绩优良。然而,同样的事情发生在诸侯王身上,则会被视为具有野心乃至图谋反叛的迹象。

前面提到,在专制制度中,社会生活的一切方面都唯皇帝马首是瞻,因此专制君主往往会摧折知识分子的自由意志,阻碍自由的学术活动的发展。徐复观指出,秦汉专制建立以后的学术自由度与先秦时期的学术自由度无可比拟。他先以《战国策》里的"颜斶说齐王"的故事为例来说明这一点。当时齐国有位高士叫颜斶,齐宣王慕名召他进宫相见。齐宣王召颜斶近前,颜斶却说:"大王过来!"齐宣王不悦,大臣们也纷纷斥责颜斶无礼。颜斶却义正词严地说:"我上前是趋炎附势,大王上前是礼贤下士;与其让我趋炎附势,何如让大王礼遇天下之贤士?"颜斶进一步辩说,

---

❶ 范晔. 光武十王列传 [M]//后汉书. 李贤,注. 北京:中华书局,2012:256.
❷ 徐复观. 汉代专制政治下的封建问题 [M]//两汉思想史(第一卷). 北京:九州出版社,2014:177.
❸ 徐复观. 汉代专制政治下的封建问题 [M]//两汉思想史(第一卷). 北京:九州出版社,2014:178.

从前秦国进攻齐国，秦王令曰，走近柳下惠墓地五十步内砍柴者，斩；取齐王首级者，封万户，赐黄金两万两。由此看来，王者的头颅，尚不如死去的士人之坟墓，正所谓"生王之头曾不若死士之垄也"❶。齐宣王并没有处罚颜斶，而是反省了自己的行为，表示懂得了应该礼贤下士的道理，并愿意向颜斶执弟子之礼，向他学习请教。

在徐复观看来，这个故事说明先秦时代的知识分子享有很高的社会地位与自由度。然而，在大一统的一人专制制度下，情况发生了根本的变化。贾山是汉文帝的谋士，他言治乱之道，借秦为喻，名曰至言，被存于汉书本传中，称为《贾山至言》。《贾山至言》中有这样的话："雷霆之所击，无不摧折者；万钧之所压，无不糜灭者。今人主之威，非特雷霆也；势重，非特万钧也。"❷ 这表明在西汉知识分子看来，专制皇帝的威权之重，甚至超过了万钧雷霆。秦汉专制建立以后的学术自由度，与先秦时期的学术自由度之间的这种霄壤之别，使两汉时期的知识分子产生了强烈的压抑感和挫折感。

徐复观指出，两汉时期的知识分子往往把两汉时期与先秦时期相比较，哀叹正直、有天赋的人们生不逢时。他以东方朔《答客难》中的对话为例。有人诘难东方朔，说是战国时苏秦、张仪凭其纵横游说之术可以身居相位，泽及后世。如今你精研《诗经》《尚书》、诸子百家的典籍，自以为才智无双，且竭诚侍奉君主，为何却是官不过侍郎、位不过执戟呢？东方朔回答说，此一时也，彼一时也。苏秦、张仪所处的时代，周室衰微，群雄逐鹿，难分伯仲，得士者强，失士者亡，因此苏、张之辈有机会跻身高位，泽及后世。如今则不然，天下一统，诸侯臣服。士人被君主摆布于股掌之上。用之可尊为将相，弃之便沦为囚房。可以使之如登青云之上，亦可使之如坠深渊之中。如此而来，即或苏秦、张仪在世，也恐怕是望侍郎执戟之位而不可得也。徐复观认为，这个例子表明在有无政治选

---

❶ 齐策 [M]//战国策. 缪文远, 罗永莲, 缪伟, 译注. 北京：中华书局，2006：396.
❷ 班固. 贾山传 [M]//汉书. 颜师古, 注. 北京：中华书局，1960：2330.

择自由的不同情况下，知识分子的命运不可同日而语。东方朔此文清晰地描绘了大一统的专制政治对知识分子的束缚与压抑。❶

徐复观还指出，两汉时期许多知识分子对专制政治的压抑深怀怨愤。这些知识分子受《离骚》影响颇深，他们对于屈原的"信而见疑，忠而被谤，能无怨乎"❷的"怨"，以及对屈原"怀石遂自投汨罗以死"❸的悲愤感同身受。在《士不遇赋》中，董仲舒慨叹自己屈从他人，扭曲自我；若要积极进取，便会处处碰壁，凄凄惶惶，徒增羞辱，真可谓生不逢时！奸佞之徒横行于世，忠贞之士有志难申。欲退隐泉林又心忧天下，真所谓进退维谷，无所适从。在这种背景之下，董仲舒阐发了以德代刑，以教化之官，代执法之吏的理论，想要以此抑制大一统的一人专制。然而，最后他也只能感到无能为力，徒叹奈何。普天之下皆背离正道，自己莫不如特立独行而追求至真至善。徐复观认为董仲舒后来之所以成为"群儒之首"，也是由此种压力促成的。❹

至于司马迁的《报任安书》，在徐复观看来，则是把汉代知识分子对当时专制政治压力的感愤做出淋漓尽致的宣泄。司马迁为李陵辩护，被汉武帝下令施以宫刑，使他在身体和精神上都遭受到极大的摧残。他的巨著《史记》正是在劫后余生的遭遇中感愤与抗争的产物。在他为《史记》写的自传注释里讲到，伟大的作品几乎"皆意有所郁结，不得通其道，故述往事，思来者"❺，也就是说，都源于在挫折和逆境中所产生的时代的压力感。

徐复观指出，两汉时期的知识分子有着自己的政治理想，他们试图通过道统对政统进行监督和匡正，然而在现实中却往往难酬其志。专制政治

---

❶ 徐复观. 西汉知识分子对专制政治的压力感 [M]//两汉思想史（第一卷）. 北京：九州出版社，2014：256.

❷ 司马迁. 屈原贾生列传第二十四 [M]//史记. 北京：中华书局，2013：2482.

❸ 司马迁. 屈原贾生列传第二十四 [M]//史记. 北京：中华书局，2013：2490.

❹ 徐复观. 西汉知识分子对专制政治的压力感 [M]//两汉思想史（第一卷）. 北京：九州出版社，2014：256-257.

❺ 司马迁. 太史公自序第七十 [M]//史记. 北京：中华书局，2013：3300.

下的中央官制体系具有封闭僵化的特点，一方面，专制政治很难应对社会提出的挑战；另一方面，任何个人在绝对皇权面前的反抗都受到极大的限制。知识分子想要进入专制政治权力的中心，想部分实现自己的理想，则必须向专制政权做某种程度的屈服和妥协。而随着时间的推移，出于人的惰性和自我保护的冲动，人们往往会对政治和社会生活中长期、反复地出现的不合理、不公正的因素产生习以为常的麻木的感觉。❶ 班彪的《王命论》，附会神化，夸张事实，以说明东汉光武帝的皇权乃是上天所命定的。《王命论》一文充斥着宿命论的观点，鼓吹"穷达有命，吉凶由人"，欲使有志之士安于现状，乐天知命。徐复观指出，这类思想，为西汉思想家所少见，而这一点象征了大一统专制的家天下，开始在知识分子的心目中逐渐取得合理的地位。❷

徐复观认为班彪之子班固继承了其父的思想倾向。班固在思想上承认汉家大一统专制的绝对权威，主张知识分子对于专制王朝只宜委心任命于其下，而不可心怀异志。他这样形容和赞美光武帝的统治："其君天下也，炎之如日，威之如神，函之如海，养之如春。"❸ 这些都表明，东汉时的知识分子对专制制度压迫的感受由强烈转向缓和，进而趋于麻木。与司马迁不同，班固之从事著述，仅源自要"没世不朽"的一念。在徐复观看来，"身与草木同朽，这也是一种压力感。但班氏父子由此一压力感所写成的《汉书》，在史学的基本精神上，便比《史记》后退了不知多少。"❹ 而至于班固本人，也未能像草木和鸟鱼那样自由自在地生活。最后，他因得罪洛阳令种兢，被种兢公报私仇，害死在狱中。

徐复观认为，西汉时期知识分子的压力感，源于大一统的一人专制本

---

❶ 徐复观. 西汉知识分子对专制政治的压力感[M]//两汉思想史（第一卷）. 北京：九州出版社，2014：259-260.

❷ 徐复观. 西汉知识分子对专制政治的压力感[M]//两汉思想史（第一卷）. 北京：九州出版社，2014：259.

❸ 班固. 答宾戏//汉书. 颜师古，注. 北京：中华书局，1960：4228.

❹ 徐复观. 西汉知识分子对专制政治的压力感[M]//两汉思想史（第一卷）. 北京：九州出版社，2014：260.

第四章　徐复观对皇权专制制度及专制时期儒家思想的论析

身,而东汉时期知识分子的压力感,则源于专制政治中的外戚宦官的专权擅政。到东汉之时,专制政治对知识分子的摧残已相当严重。处于外戚、宦官篡权争位的夹缝中的知识分子,承受着专制政治荼毒的巨大痛苦,性格变得扭曲和异化。赵壹的《刺世疾邪赋》对当时知识分子的这种心理状态进行了集中的描写。赵壹,字元叔,汉代文学家。汉灵帝时,大兴党人之狱,政局黑暗,黄巾起义即发生在当时。处于外戚、宦官权力斗争夹缝中的士人,志向和才能不得施展。赵壹的《刺世疾邪赋》深刻表达了压抑在胸中的不平和愤懑,尖锐揭露了东汉末年奸佞当道的腐朽黑暗的社会本质。赋中写道:"佞谄日炽,刚克消亡。……妪䪨名势,抚拍豪强。偃蹇反俗,立致咎殃。……邪夫显进,直士幽藏。原斯瘼之攸兴,实执政之匪贤。女谒掩其视听兮,近习秉其威权。……安危亡于旦夕,肆嗜欲于目前。奚异涉海之失舵,积薪而待燃。"❶ 这段话是说,当时阿谀奉承之风日甚,刚正不阿的品质消亡。邪佞之徒对富贵豪强极尽谄媚之能事,傲然而不同流俗者招致祸殃。奸邪之人飞黄腾达,正直之士只能隐没林泉。这弊端之根源实在于当政者之昏聩。宫中的女人和宦官蒙蔽了皇帝的耳目,佞臣把持了朝廷的大权。江山社稷危在旦夕,可在上还在恣意欢谑。这又何异于航船失去了舵盘,置身于干柴上待燃?

徐复观认为,这篇赋深刻地揭示了相当多的知识分子在专制制度下的妥协、扭曲,乃至变质与迎合。只要专制政体不变,这种知识分子对于强权的妥协、扭曲与迎合的状况就会不断地发生。然而,徐复观也指出,历史上每一个阶段,总会在知识分子中出现一些富贵不淫、贫贱不移、威武不屈的仁人志士。❷ 他们不屈不挠,前仆后继,反抗专制统治的压迫,竭力减少一切权力的邪恶。他们承担起中国的文化事业发展的重任,成为中华民族的脊梁。

---

❶ 范晔. 文苑列传·赵壹列传 [M]//后汉书. 李贤,注. 北京:中华书局,2012:2630-2631.
❷ 徐复观. 西汉知识分子对专制政治的压力感 [M]//两汉思想史(第一卷). 北京:九州出版社,2014:261-262.

在专制社会里,政治与学术之间没有良性的互动,政治始终处在主动的地位,学术却始终处在被动的地位。徐复观指出:"在专制政治之下,不可能允许知识分子有独立的人格,不可能允许知识分子有自由的学术活动,不可能让学术作自由的发展。"❶ 专制者会残酷无情地摧毁除自己以外的所有独立自由的势力,即便他们面对的是自己的血缘至亲。因此,他们为了巩固自己的一人专制,常常会剥夺贵族和知识分子的政治与学术自由。"专制政治决不允许出现一种与它两不相容的进步力量,而历史上,又不可能有能与专制政治并行不悖的进步力量,于是中国历史中的学术文化,只有长期在这一死巷中纠缠挣扎……中国历史中的知识分子,常常是在生死之间的选择中来考验自己的良心。"❷ 而在长期专制统治的折磨下,知识分子自身,亦由先秦两汉的任气敢死,逐渐变为软弱卑怯。

徐复观认为,在长达 2000 多年的专制时代,专制政治权力构成一张严密的、无所不在的网,而知识分子又不构成一个任何独立的社会阶级,任何对于专制强权的反抗,始终只是某个或某一些知识分子的孤立行为,因此这种反抗对于整个专制政治体制来说,并不会带来根本性的改变。至于学术思想可以不受政治权力的干扰、能够自由发展的理想,则只有在民主政治下才有可能实现。

美籍华人学者林毓生认为,徐复观对中国专制政体的深刻的剖析和批判,是自"五四"以来中国的学术界、思想界最重要的几项研究成果之一。❸ 萧萐父认为,徐复观对于专制政治的基本特征、专制制度下知识分子的艰难处境和人格的扭曲,以及学术文化的畸形发展的深刻剖析,"为

---

❶ 徐复观. 汉代专制政治下的封建问题 [M]//两汉思想史(第一卷). 北京:九州出版社,2014:171-172.

❷ 徐复观. 汉代专制政治下的封建问题 [M]//两汉思想史(第一卷). 北京:九州出版社,2014:179.

❸ 林毓生. 中国传统的创造性转化 [M]. 北京:生活·读书·新知三联书店,1998:244-245.

以往史学论著所罕见"❶。他们的这些评论都是十分中肯和精当的。

第二节 对专制时期儒家思想的批判性研讨

由于秦朝以来皇帝一人专制政体的形成，儒家的政治理想已经没有实现的可能。然而，面对专制制度，儒家仍保有历史抗争的一面。在徐复观看来，董仲舒就是一个最典型的例证。自20世纪初，中国学术界形成了一种定见，就是认为汉武帝采纳了董仲舒的对策，"罢黜百家、独尊儒术"，遂使儒家思想成为占统治地位的意识形态，并造成了中国2000多年学术文化的停滞不前。比如，梁启超就认为，汉朝的"儒学统一时代"是中国学术思想进步"自兹凝滞"的转折点。他说："夫进化之与竞争相缘者也，竞争绝则进化亦将与之俱绝。中国政治之所以不进化，曰惟共主一统故；中国学术所以不进化，曰惟宗师一统故。"❷ 在他看来，汉武帝运用"罢黜百家"而制造的思想之天下一统，实则中国学术之大不幸。翦伯赞也指出，自从汉武帝采纳董仲舒的建议之后，汉朝再生出的一切文化思想都要站在儒学的法庭面前接受审判，"儒家哲学变成了封建制度之最高的政治原理，变成了衡量文化思想之标准的尺度。"❸ 在他看来，孔子从那时起遂成为东方世界的罗马教皇，儒学变成永恒不变的真理。然而，事实真的是这样吗？汉朝统治者和儒家之间到底发生了些什么？徐复观对这些问题进行了深入的分析，并阐发了自己独到的见解。

---

❶ 萧萐父. 徐复观学思成就的时代意义 [M]//李维武. 徐复观与中国文化. 武汉：湖北人民出版社，1997：7-8.
❷ 梁启超. 论中国学术思想变迁之大势 [M]. 上海：上海古籍出版社，2011：51.
❸ 翦伯赞. 秦汉史 [M]. 北京：北京大学出版社，1999：528-529.

一、对董仲舒"天人三策"的辨析

西汉大臣汲黯曾经当面批评汉武帝,说他"内多欲而外施仁义"❶。徐复观认为,这揭示了汉武帝的真实品格。他指出,在这里,问题的关键是要先认识汉武帝对待儒家思想的真实用意。在徐复观看来,汉武帝其实是阳儒阴法,任用酷吏,以至于在《史记·酷吏传》所记载的十名酷吏中,竟有八名是汉武帝时代的。汉武帝一方面以严刑峻罚来维护其大一统的专制统治,另一方面则以儒学粉饰其统治。美国著名汉学家顾立雅（H. G. Creel, 1905~1994）也指出:"与秦朝以来的政府相比,汉武帝的统治也是更为集权、残暴和专制的政权之一。"❷

在汉武帝所任用的酷吏当中最著名的是张汤。张汤"为人多诈,舞智以御人",最为武帝所信任。他办案时,善于巧立名目,全是看汉武帝眼色行事。徐复观指出,司马迁对于这样一位势倾朝野、专以杀人为业,又会附庸风雅、卑躬屈节的天子重臣,直接将其掷入《酷吏传》中,把汉武帝只以刑杀来作为统治手段的本来面目无情地刻画出来,这是对于暴政的深刻批判与抗争,也充分表现出司马迁的良知,表现出中国史学的真正价值。❸另一位酷吏杜周,任廷尉,治狱仿效张汤,善于窥测武帝的意图,对于武帝想要排挤的朝臣,就设计构陷。当别人质问他:"君为天子决平,不循三尺法,专以人主意指为狱。狱者固如是乎?"杜周却回答说:"三尺安出哉?前主所是著为律,后主所是疏为令,当时为是,何古之法乎!"❹ 意思是说,至于法律的产生,前代的君主认为对的就定为法律,后来的君主认为对的就记载为法令。所以为当朝君主所认可的即法律,何必拘泥古法呢?徐复观认为,这充分暴露了专制制度下所谓法律的

---

❶ 司马迁. 汲郑列传第六十 [M]//史记. 北京:中华书局,2013:3106.

❷ [美] 顾立雅. 孔子与中国之道 [M]. 高专诚,译. 郑州:大象出版社,2014:242.

❸ 徐复观. 儒家对中国历史命运挣扎之一例——西汉政治与董仲舒 [M]//学术与政治之间. 北京:九州出版社,2014:332-333.

❹ 司马迁. 酷吏列传第六十二 [M]//史记. 北京:中华书局,2013:3153.

虚伪性和残酷性。

汉武帝时期，酷吏们都以残酷作为自己施政的手段，以严刑峻罚和残忍杀戮来换取升迁的机会。结果是很多百姓无辜被杀，冤假错案层出不穷，社会陷入极大灾难。司马迁不仅是揭露了酷吏，更是抗议了汉武帝的专制统治。司马迁对于这种以严刑峻罚为手段的统治得出了他的结论："网密，多诋严，官事浸以耗废。九卿碌碌奉其官，救过不赡，何暇论绳墨之外乎！"❶ 意思是说，如此吏治，其结果是腐败成风，高官们畏罪而保命，无意去考虑改进政治；因酷吏迎合君主意旨滥施严刑峻罚，官逼民反，"吏民益轻犯法，盗贼滋起"。司马迁进而说："法令者，治之具，而非制治清浊之源也。昔天下之网尝密矣，然奸伪萌起，其极也，上下相遁，至于不振。"❷ 认为单靠严刑峻法，只会激起民变，上下推诿塞责，致使政治衰颓。汉武帝任用酷吏残暴统治固然可以强化皇权、保持国家的统一，然而造成的后果却是生灵涂炭、民不聊生，官员们则是碌碌无为、只求自保。因此徐复观指出："汉武的政治完全是走的暴秦的老路。"❸

然而，汉武帝并不是第二个秦始皇，他很善于阳儒阴法，以儒家思想缘饰其专制统治。徐复观指出，司马迁在《史记》中讲到武帝提倡儒术时，用"缘饰"一词来形容，认为他不过是以儒家来作专制统治的装饰之用，"这揭破了武帝对学术的基本用心，也揭破了古今中外一切专制者对学术的用心。由装饰而进一步加以歪曲利用，乃自然之势，应有之义。"❹ 在徐复观看来，不同于其他诸子百家，儒家的经典已经是集历史上思想文化精华之大成，而这一点在庄子的《天下篇》中已得到了充分的体现。而法家和依法家思想所建立的暴秦是反历史文化、反人性的。随着秦朝专制统治的瓦解，尊重人性之精神得以恢复和发扬。顺着这一趋

---

❶ 司马迁. 酷吏列传第六十二 [M]//史记. 北京：中华书局，2013：3154.
❷ 班固. 酷吏传第六十 [M]//汉书. 颜师古，注. 北京：中华书局，1960：3645.
❸ 徐复观. 儒家对中国历史命运挣扎之一例——西汉政治与董仲舒 [M]//学术与政治之间. 北京：九州出版社，2014：334.
❹ 徐复观. 汉代专制政治下的封建问题 [M]//两汉思想史（第一卷）. 北京：九州出版社，2014：171.

势，代表历史文化的儒家思想只要不再受人毒害和扭曲，则必然随着人性的复苏而自然兴起。"从这一点说，汉武之较文景稍重视儒术，亦可谓迫于此一时势要求之自然结论"。❶

顾立雅指出，汉武帝最精明的举措就是资助和笼络儒士，其中包括官员和学者。在他看来，秦始皇是活埋儒士，而汉武帝则是用糖浆以封儒士之口。❷ 在徐复观看来，汉武帝所用的儒士，只是出卖灵魂、"曲学阿世"的公孙弘及"和良承意"的儿宽之流。公孙弘以布衣而封侯，官至丞相，位列三公。他年轻时做过薛县狱吏，直到 40 多岁才学习《春秋》。司马迁说他"习文法吏事，而又缘饰以儒术，上大说之"❸。徐复观认为公孙弘是一个"从谀"小人，善于曲意逢迎，为了金钱和名利可以置良心于不顾。所以，公孙弘当然可以成为汉武帝专制统治的最合适的装饰。班固曾说："公孙弘、儿宽……以经术润饰吏事"❹。徐复观进一步指出："'吏事'是法家的本据，而经术只居于'润饰'的地位。这也刻画出了汉武时儒家在政治中的真正分量。"❺ 顾立雅也说："公孙弘事实上在很多地方表现出了法家的作为，但他的真正被看重，是因为他名义上还是儒生。……对于这样的虚饰门面而言，像公孙弘这样的纯粹徒有其名的儒生是完美的材料。"❻

那么，被称为群儒之首的董仲舒的命运又是如何的呢？徐复观从司马迁的记述中找到了答案："董仲舒为人廉直……公孙弘治《春秋》不如董仲舒，而弘希世用事，位至公卿。董仲舒以弘为从谀。弘疾之，乃言上曰：'独董仲舒可使相胶西王。'"❼ 公孙弘向汉武帝建议派董仲舒作暴虐

---

❶ 徐复观. 儒家对中国历史命运挣扎之一例——西汉政治与董仲舒 [M]//学术与政治之间. 北京：九州出版社，2014：335.
❷ [美] 顾立雅. 孔子与中国之道 [M]. 高专诚，译. 郑州：大象出版社，2014：250.
❸ 司马迁. 平津侯主父列传第五十二 [M]//史记. 北京：中华书局，2013：2950.
❹ 班固. 循吏传 [M]//汉书. 颜师古，注. 北京：中华书局，1960：3623.
❺ 徐复观. 儒家对中国历史命运挣扎之一例——西汉政治与董仲舒 [M]//学术与政治之间. 北京：九州出版社，2014：335-336.
❻ [美] 顾立雅. 孔子与中国之道 [M]. 高专诚，译. 郑州：大象出版社，2014：248.
❼ 司马迁. 儒林列传 [M]//史记. 北京：中华书局，2013：3128.

的胶西王的丞相,想假手胶西王杀掉他。胶西王虽为人狠毒暴戾,但素闻董仲舒的德行声望,故对他很好。不过董仲舒恐怕日久生变,遂托病告退,方得善终于家乡。

顾立雅也对董仲舒与汉武帝之间的微妙关系做了类似的解释。他认为,对于汉武帝而言,儒士确实是让人头疼的,这同秦始皇当年并无二致。然而,与秦始皇相比,汉武帝处理这件事情的策略则更加高妙。"要是换了秦始皇,会因为这种批评而活埋了董仲舒。但汉武帝并不想让这样一位杰出的儒生成为殉道者。汉武帝有更好的办法。"❶ 董仲舒告老还乡后,汉武帝时常派使者去他那里就国事询问意见。《汉书·董仲舒传》记载,"仲舒在家,朝廷如有大议,使使者及廷尉张汤就其家而问之。"❷ 至于皇帝是否按他的意见做就不得而知了。顾立雅认为,汉武帝利用这种方式,可以不用再忍受董仲舒执着抗争的打扰,同时避免了让董仲舒成为殉道的烈士,他自己也得到了著名学者保护人的美誉。❸ 通过以上分析,我们就可以了解到汉武帝的真实品格,以及他"独尊儒术"的本质。

徐复观认为,董仲舒继承了先秦儒家的民本主义的基本原则,反对法家强化君权的思想,主张政府之建立,是为了人民而不是为了君主。所以董仲舒说:"天之生民,非为王也,而天之立王以为民也。故其德足以安乐民者,天予之;其恶足以贼害民者,天夺之"。❹

萧公权认为,"天人相与"的学说起源于春秋之前。天命神权在上古时代盛行,周朝时期陷入衰落。到了战国时期,统治者的权力得到逐步扩张,渐趋于专制政治。因此,邹衍用五德终始说警示当时的统治者,使之晓得"运可移而威势难恃"。汉代的儒学或多或少地遵循了同样的原则,在批判秦朝专制统治的同时,试图通过对灾难和自然征兆的诠释来警诫当

---

❶ [美] 顾立雅. 孔子与中国之道 [M]. 高专诚,译. 郑州:大象出版社,2014:246.
❷ 班固. 董仲舒传 [M]//汉书. 颜师古,注. 北京:中华书局,1960:2521.
❸ [美] 顾立雅. 孔子与中国之道 [M]. 高专诚,译. 郑州:大象出版社,2014:246.
❹ 尧舜不擅(禅)移,汤武不专杀第二十五 [M]//苏舆. 春秋繁露集成. 北京:中华书局,1992:220.

时的统治者,从而达到"以天权限制君权,藉防君主专制之流弊"的目的。❶ 董仲舒将儒学与阴阳五行学说结合起来,在很大程度上发展了以天意限制君权的理论。他认为,皇帝君临天下,其位可谓至尊。然而君主的权力得之于天,天为君主之父,君主为天之子,仍要受到上天的制约。天权对于君权的制约体现在两个方面,一曰予夺国祚,二曰监督政事。前者为革命受命之理论,后者为灾异谴告之理论。关于第一个方面,董仲舒说:"故夏无道而殷伐之,殷无道而周伐之,周无道而秦伐之,秦无道而汉伐之,有道伐无道,此天理也。"❷ 对此,萧公权评道:"夫君位由天予夺,有德可行征诛,则人主虽尊,不能自恣。为国之本元者,既为天之臣子,其权力犹有所制也。"❸ 关于天权制约君权的第二个方面,董仲舒说:"国家将有失道之败,而天乃先出灾害以谴告之。不知自省,又出怪异以警惧之,尚不知变,而伤败乃至。"❹

董仲舒说:"故屈民而伸君,屈君而伸天,春秋之大义也。"❺ 徐复观认为,表面看,董仲舒这里固然有迎合皇帝强化其统治之欲望的一面,其真实意图却是要"把君压抑(屈)于天之下,亦即是压抑于他所传承的儒家政治理想之下,使君能奉承以仁为心的天心,而行爱民之实"❻。徐复观感叹道:"一介书生面对此大一统的皇帝,要实现其人君乃为人民而存在之主张,谈何容易。由此,我们不难窥见两汉儒家与阴阳五行之说的奇异结合,乃出于在不合理之中,求得合理之真实内情。"❼ 这里也体现出徐复观见解的深刻与独到。

---

❶ 萧公权. 中国政治思想史(上册)[M]. 北京:商务印书馆,2011:291.
❷ 尧舜不擅(禅)移,汤武不专杀第二十五[M]//苏舆. 春秋繁露集成. 北京:中华书局,1992:220.
❸ 萧公权. 中国政治思想史(上册)[M]. 北京:商务印书馆,2011:296.
❹ 班固. 董仲舒传第二十六[M]//汉书. 颜师古,注. 北京:中华书局,1960:2498.
❺ 玉杯第二[M]//苏舆. 春秋繁露集成. 北京:中华书局,1992:32.
❻ 徐复观. 先秦儒家思想的转折及天的哲学的完成——董仲舒《春秋繁露》的研究[M]//两汉思想史(第二卷). 北京:九州出版社,2014:268.
❼ 徐复观. 儒家对中国历史命运挣扎之一例——西汉政治与董仲舒[M]//学术与政治之间. 北京:九州出版社,2014:345.

那么接下来，就是如何看待董仲舒的"天人三策"。首先，徐复观认为，董仲舒向汉武帝上"天人三策"，是欲以儒家理想中的德治与仁政取代以法家思想为理论基础的暴政，以教化取代法家之严刑峻法。他说："夫万民之从利也，如水之走下，不以教化堤防之，不能止也。是故教化立而奸邪皆止者，其堤防完也；教化废而奸邪并出，刑罚不能胜者，其堤防坏也。"❶ 这是说，天下人们追逐利益，就如同水向低处一般自然，若不以教化约束、规范和引导，就会物欲泛滥，如决堤的洪水一般。因此，为实现先秦儒家教化的理想，董仲舒提出由政府兴办学校，以推行教化："古之王者明于此，是故南面而治天下，莫不以教化为大务。立太学以教于国，设庠序以化于邑，渐民以仁，摩民以谊，节民以礼，故其刑罚甚轻而禁不犯者，教化行而习俗美也。"❷ 意思是说，为了推行教化，应当在国都设立太学、在县里、乡里也相应地设立学校以实施教化，用仁义的思想来教育和陶冶人民，用礼来指导和规范人民的行为，这样一来，纵然不用严刑峻法，百姓也会奉公守法，这便是化民成俗的结果。

对此，徐复观指出，儒家典籍中所说的三代学制，还只是儒家的一种理想，而这一理想得以初步的实现，实在是始于董仲舒的对策。他说："欧洲正式经教皇之承认及帝王之敕书而成立的近代大学的雏形乃十四五世纪时之事，我国早欧洲一千五六百年即由政府创立雏形的大学，使政治本身包含一教育的因素。在人君之外，另建立一'明师'的地位以实际对人民的教育负责，这是人类生活发展史上的一件大事。"❸ 董仲舒还指出，当时郡守、县令等地方首长多数是出身于郎中、中郎，年俸二千石的大官的子弟凭借着这种门第和家中的财富，往往得以担任郎中、中郎等官职，而这些人又通常并非贤能之士。所以他主张"量材而授官，录德而定位"，并正式提出建立"贡士"的制度，以期通过这种选拔人才的制度

---

❶ 班固. 董仲舒传第二十六 [M]//汉书. 颜师古，注. 北京：中华书局，1960：2503.
❷ 班固. 董仲舒传第二十六 [M]//汉书. 颜师古，注. 北京：中华书局，1960：2503.
❸ 徐复观. 儒家对中国历史命运挣扎之一例——西汉政治与董仲舒 [M]//学术与政治之间. 北京：九州出版社，2014：354.

来保障儒家选贤举能的理想能得以实现。

最后，董仲舒在其《对策》中提出"诸不在六艺之科孔子之术者，皆绝其道，勿使并进。邪僻之说灭息，然后统纪可一而法度可明，民知所从矣。"❶ 从 20 世纪初叶以来，中国学术界普遍认为董仲舒的这一《对策》造成了中国 2000 多年历史上的封建主义的思想专制和现代中国在学术思想上的停滞与落后。徐复观指出，这实在是学术史上一个冤狱。对于如何客观、正确地理解董仲舒的这一《对策》，徐复观从三个方面进行了解析与阐释。

首先，董仲舒的上述言论实际上主要是针对法家和纵横家而言的。❷ 董仲舒反对纵横家的意图是追求政治与社会方面的正当秩序，反对法家的目的则是要改变当时的残酷统治和严刑峻罚，并主张在政治上用儒家德治的观念取代法家刑罚的观念，从而建立一种人道的政治，以消解或减轻政府及权贵豪强对人民的剥削与压迫。❸ 董仲舒说："身宠而载高位，家温而食厚禄，因乘富贵之资力，以与民争利于下，民安能如之哉！是故众其奴婢，多其牛羊，广其田宅，博其产业，畜其积委，务此而亡已，以迫蹴民，民日削月浸，浸以大穷。富者奢侈羡溢，贫者穷急愁苦；穷急愁苦而不上救，则民不乐生；民不乐生，尚不避死，安能避罪！此刑罚之所以蕃而奸邪不可胜者也。故受禄之家，食禄而已，不与民争业，然后利可均布，而民可家足。此上天之理，而亦太古之道，天子之所宜法以为制，大夫之所当循以为行也。"❹ 这段话的意思是说，那些受君主宠爱身居高位的权贵豪强骄奢淫逸，而生活在底层的普通百姓则穷困潦倒，以致痛不欲生。他们痛不欲生，连死都不怕，还怕犯罪吗？这就是刑罚虽然繁多，但

---

❶ 班固. 董仲舒传第二十六 [M]//汉书. 颜师古，注. 北京：中华书局，1960：2523.

❷ 徐复观. 儒家对中国历史命运挣扎之一例——西汉政治与董仲舒 [M]//学术与政治之间. 北京：九州出版社，2014：359.

❸ 徐复观. 汉代专制政治下的封建问题 [M]//两汉思想史（第一卷）. 北京：九州出版社，2014：171-172.

❹ 班固. 董仲舒传第二十六 [M]//汉书. 颜师古，注. 北京：中华书局，1960：2520-2521.

奸邪不能禁止的原因。所以，董仲舒认为，解决当时社会问题的途径和方法不在于严刑峻法，而在于抑制权贵豪强对于百姓的财富和生产资料的巧取豪夺，从而保障人民的安宁和福祉。

其次，徐复观指出，董仲舒的"独尊儒术"并非意味着他主张思想的专制，而是恰恰相反，意味着他主张思想与学术的自由。他认为，董仲舒所谓的"皆绝其道，勿使并进"，指的是主张政府不提倡六艺以外的学说，不为其立博士，并非要禁止诸子百家在社会上的传播。实际上，董仲舒本人的学说也"不仅综贯了儒家思想，并且也综贯了当时的各家。这是了解《春秋繁露》的人可以感觉得出的"❶。在徐复观看来，"六艺之科"和"孔子之术"几乎包括了当时整个中国的历史文化成就，其本身即系汇集百川，具有很强的含容性，其目的是想建立一个以人为本、以民为本的社会，而这是任何"一偏一曲"的其他学派所无法比拟的。❷

徐复观认为，要了解汉代学术发展的趋势以及汉代学者对学术的基本态度要从《汉书·艺文志》入手。❸《艺文志》的作者是刘向、刘歆父子。《艺文志》对十个思想流派的得失给予了重要的评价，这其中包括儒家、道家、阴阳、法家、名家、墨家、杂家、纵横家、农家以及小说家。刘向、刘歆父子并没有将儒家摆到诸家之首的位置，而是将之与其他诸家并列，并总结说："诸子十家，其可观者九家而已。皆起于王道既微，诸侯力政，时君世主，好恶殊方，是以九家之说蜂出并作，各引一端，崇其所善，以此驰说，取合诸侯。其言虽殊，辟犹水火，相灭亦相生也。仁之与义，敬之与和，相反而皆相成也。易曰：'天下同归而殊途，一致而百虑。'……若能修六艺之术，而观此九家之言，舍短取长，则可以通万方

---

❶ 徐复观.儒家对中国历史命运挣扎之一例——西汉政治与董仲舒［M］//学术与政治之间.北京：九州出版社，2014：359.
❷ 徐复观.儒家对中国历史命运挣扎之一例——西汉政治与董仲舒［M］//学术与政治之间.北京：九州出版社，2014：359.
❸ 徐复观.汉代专制政治下的封建问题［M］//两汉思想史（第一卷）.北京：九州出版社，2014：173.

之略矣。"❶ 也就是说,在刘向、刘歆父子看来,诸子十家,都在王道衰微、诸侯逐鹿、诸方君主好恶各异的时候兴起。各家学术蜂起并作,各持一端,以应诸侯之需。各家学术如水火相生相克,亦如仁与义、敬与和相反相成,同归而殊途、一致而百虑。如能研习六经学术,又能取诸家之长,则可以通晓把握解决一切问题之谋略。

徐复观认为,《艺文志》对于诸子百家的态度是非常开明的,这表明刘向父子同班固等人丝毫没有对董仲舒"皆绝其后"的话发生误解,也没有因此而影响他们对学术的全盘态度。刘向和刘歆父子非常尊重董仲舒,称赞他有"王佐之才""为群儒首",而这种评价也得到了班氏父子的认同。在徐复观看来,既然董仲舒的话并未曾影响汉代最崇拜他的人,又怎么能决定那以后中国 2000 余年学术发展的方向呢?

在徐复观看来,2000 多年来阻碍中国学术发展的,不是董仲舒一介儒生,而是一人专制的政治制度。徐复观指出,汉朝以后,魏晋时期主导中国学术思想的是道教,南北朝至隋唐则崇尚佛教,那么,董仲舒的影响又体现在哪里呢?徐复观得出结论,中国学术思想落后的根本原因不在于董仲舒的建议,而在于大一统的皇权专制的剥削和压迫。事实上,魏晋时期崇尚庄老,以玄学为主;而从南北朝到隋唐,佛家思想又占据主导地位,岂是独尊儒术?固然,专以经义取士是肇始于宋代以后的科举,可是宋明理学家无一不反对科举。所以徐复观说:"由此可知,中国学术发展之趋向另有其各种基本因素……以董生之议为妨碍中国学术思想之发展者,实全系昧于史实之谬论。"❷ 历史上中国思想学术之萧条,诚非偶然。"但在此种情景之背后,实藏有专制政治之莫大压力。"❸ 他指出,在历史上中国的学术思想获得长足发展的情形,一是出现在秦汉大一统专制制度

---

❶ 班固.艺文志[M]//汉书.颜师古,注.北京:中华书局,1960:1746.
❷ 徐复观.儒家对中国历史命运挣扎之一例——西汉政治与董仲舒[M]//学术与政治之间.北京:九州出版社,2014:359.
❸ 徐复观.儒家对中国历史命运挣扎之一例——西汉政治与董仲舒[M]//学术与政治之间.北京:九州出版社,2014:373.

形成之前,即所谓百家争鸣;二是当朝代更迭、大一统专制松动解纽的时期,比如隋唐之际佛学的发展,以及明清之际顾炎武、黄宗羲、王夫之等杰出思想家的出现,等等。而一旦新的朝代建立,专制统治得到巩固,学术思想的发展就往往随之停滞。所以徐复观说:"阻碍学术发展的,是专制政治;决定学术发展方向的是专制政治下的社会动态与要求。百年来的学者,不肯深求我国学术发展长期停滞的基本原因,而简单地归罪于董氏一人,这未免把董氏一人的力量估计得太高,而把学术上的大问题,作过于轻松地交代了。"❶

二、儒家的抗争与妥协

马克思主义认为,社会存在决定社会意识,同时社会意识又具有相对的独立性,会对社会存在产生某种程度的反作用。这个原理同样适用于解释儒家思想与中国古代专制制度之间的相互关系。徐复观认为,在中国历史上,从根本上讲是专制制度的发展和变化决定了思想与学术的发展和变化,而不是相反。然而,2000多年来儒家思想仍然在中国的社会、文化与政治生活中产生了深远的影响。他指出,儒家的一些基本的政治与社会理念,如爱民、纳谏、尊贤、尚德、兴学、育才等,已成为2000多年来判别政治及政治人物是非得失的重要准则。即使是史上的暴君也不得不承认这些原则,贪官污吏也不能不在一定的程度上接受这些准则的制约。在最黑暗的时期,这些理念曾为人们的奋争指示了方向。这种减轻毒素、维护生机的作用是不可忽略的。同时,由于孔子在历史中受到尊崇,便使得历代专制皇帝感到在自己的现实权力之外,还有一个在教化、道义上的另外一种至高无上的存在。这还使得人们意识到,在皇权之外尚有一个对人类负责、决定人类价值的圣人,以作为人生的依恃。因此,人们虽生存于专制政治之下,但仍可以过着相互教养、相互救助的人伦生活。"虽有时

---

❶ 徐复观.汉代专制政治下的封建问题 [M]//两汉思想史(第一卷).北京:九州出版社,2014:174.

政脉断绝于上,而教脉依然延续于下。我国民族不至随朝代的变更、夷狄的侵占而同归于尽,其关键全在于此。"❶

然而,徐复观指出,儒家尽管对专制暴政进行了历史的抗争,却无法从根本上对之进行制约。"人类行为规范的当然之理,永远是属于可能的范畴而不是属于必然的范畴。对个人是如此,对政治更是如此。"❷ 在严酷的专制政治下,儒家思想不仅未能获得正常的发展,反而做出种种妥协,甚至于扭曲与变质。

首先,徐复观指出,中国由封建社会向专制社会的过渡与转化是历史的必然。专制制度之严酷,往往甚于封建,这是中西专制政治相同的地方。然而,中国专制政治的规模之巨大、时间之漫长是西方专制历史中所不曾有过的。❸ 在这样的政治体制下长大的统治者,能够受到儒家思想影响,真正做到勤俭、纳谏、爱民的,自然就不可多得。从政治制度的角度看,秦汉以来的政府官制中含有若干合理的因素,其中最主要体现是宰相制度。人君不必贤,但宰相可以选天下之大贤;这是家天下、私天下中所含的一点公天下的成分。但是,宰相制度往往又为一人专制所不容。于是专制统治的发展,在政府制度上最重要的演变,便是对于宰相制度的破坏。秦汉以来的"一人专制",其"权源"是来自帝王一身。对于宰相,皇帝实际上有生杀予夺的大权。换言之,不要说宰相行政的权力,就连他的身家性命也可能得不到必要的保障。在中国历史上,精明强干的帝王总是要大权独揽,侵夺相权;而昏庸无能的君主,又往往使大权旁落外戚或宦官手中。到了明代,明太祖索性废中书省、罢相权,使六部尚书直属皇帝。

徐复观说,就中国历史上政府的人员组成来看,亦可称为"士人政

---

❶ 徐复观. 儒家对中国历史命运挣扎之一例——西汉政治与董仲舒 [M]//学术与政治之间. 北京:九州出版社,2014:362.

❷ 徐复观. 儒家对中国历史命运挣扎之一例——西汉政治与董仲舒 [M]//学术与政治之间. 北京:九州出版社,2014:363.

❸ 徐复观. 儒家对中国历史命运挣扎之一例——西汉政治与董仲舒 [M]//学术与政治之间. 北京:九州出版社,2014:363.

府",而这使中国秦汉以来的专制制度与西方的专制和所谓的"东方专制"(如古波斯和近代俄国)有很大的不同。这种士人政府的形成,也正是由于深受儒家"选贤举能"的思想影响。不过士人政府也仅能对于专制的威权和压力起到一种缓冲的作用,仅能在专制的框架内渗入一些合理的因素,并促进政府机构与社会之间的交流,但绝不曾改变一人专制的根本性质和根本状况。在这种情况下,相当多的士人堕落成为叔孙通、公孙弘一类的曲学阿世之徒。然而,在知识分子中并非没有正直之士,而这些人正是中华民族历史命脉之所系。但这些人的主要作用,多在于维系社会的人心,提示社会的趋向。至若在政治上能得以实行其所学的,则是凤毛麟角。❶ 徐复观指出,在我国历史上的专制统治下,知识分子若想在政治上坚守气节、坚持原则,往往会戮辱随之。故2000多余年的历史,亦可说是一部忠臣义士的血泪史。这里仅以东汉"清议"运动为例。"当时士夫,砥砺名节,交通声气,并危言深论,不隐豪强,自公卿以下,莫不畏其贬议。"❷ 但几个权倾朝野的宦官佞臣冒天下之大不韪,诛戮禁锢,累及五族。"海内涂炭,二十余年,诸所蔓衍,皆天下善士。"❸ 总之,儒家既非宗教,未能像西方宗教那样形成一个实力强大的僧侣阶级以抗衡王权,又没有类似西方近代的市民阶级以作为社会的支撑,结果士人在皇权专制面前孤立无援,一遇风暴来袭,便花果飘零。

此外,在徐复观看来,科举制度使得中国历史上的知识分子愈益依附于专制政体,失去自己的人格与政治上的独立性。他指出,始于隋朝的科举制度对于打破门阀制度起到了进步的作用。然而在皇权专制下,科举制度逐渐呈现出其局限和弊端,而科举制度的弊端使得知识分子进一步依附于权贵,失去其政治上的批判与抗议精神。我国汉代产生了一种"乡举里选"的选拔人才的制度。乡举里选即由民间下层向社会与政府推荐人

---

❶ 徐复观. 儒家对中国历史命运挣扎之一例——西汉政治与董仲舒 [M]//学术与政治之间. 北京:九州出版社,2014:365.
❷ 范晔. 党锢传 [M]//后汉书. 李贤,注. 北京:中华书局,2012:2186.
❸ 范晔. 党锢传 [M]//后汉书. 李贤,注. 北京:中华书局,2012:2189.

才，然后由社会与政府选拔人才，而在这个过程中，社会的舆论极为重要。顾炎武曾说："乡举里选，必先考其生平，一玷清议，终身不齿。"❶所以，知识分子要想取得乡里和社会的肯定，必须砥砺名节。❷可是科举制度选拔人才的方式与标准，要求应试者要迎合朝廷的好恶，这就使得知识分子可以完全不顾及人民的需求和社会的舆论，与人民和社会相脱节，变得浮游无根。在这种"官本位"的社会里，"知识分子欲学以致用，除进到朝廷外别无致力之方，……除少数隐士外，惟有一生奔竞于仕宦之途。"❸因此他们愈益依附于专制政体，愈益失去人格与政治上的独立性。"于是奔竞之风成，廉耻之道丧。结果，担负道统以立人极的儒家的子孙，多成为世界知识分子中最寡廉鲜耻的一部分。"❹

徐复观指出，儒家向专制的妥协最主要是反映在它"无形的放弃了'抑君'的观念，而接受了法家尊君所造成的事实"❺。徐复观指出，儒家的"三纲"学说来源于法家的"三顺"学说。"三顺"学说是韩非子的观点，即"臣事君、子事父、妻事夫。三者顺则天下治；三者逆则天下乱，此天下之常道也。明王贤臣而弗易也"。❻徐复观说：由法家"三顺"之说，演化为儒家"三纲"之说，将儒家对等之伦理主义，改变而为绝对之伦理主义，此一改变，对儒家思想的影响非常大。先秦儒家把君臣关系视为朋友关系，它强调的是对等观念。孟子所说"君之视臣如手足，则臣视君如腹心；君之视臣如犬马，则臣视君如国人；君之视臣如土芥，

---

❶ 日知录·清议 [M]//顾炎武. 日知录集释. 石家庄：花山文艺出版社，1990：597.

❷ 徐复观. 中国知识分子的历史性格及其历史的命运 [M]//学术与政治之间. 北京：九州出版社，2014：155.

❸ 徐复观. 儒家政治思想的构造及其转进 [M]//学术与政治之间. 北京：九州出版社，2014：54.

❹ 徐复观. 儒家政治思想的构造及其转进 [M]//学术与政治之间. 北京：九州出版社，2014：55.

❺ 徐复观. 儒家对中国历史命运挣扎之一例——西汉政治与董仲舒 [M]//学术与政治之间. 北京：九州出版社，2014：366.

❻ 韩非子·忠孝 [M]//刘坤，韩建立，刘乾先，等. 韩非子注释. 哈尔滨：黑龙江人民出版社，2003：825.

则臣视君如寇仇"❶，就是这种君臣对等观念的表达。在徐复观看来，"三纲"之说，使儒家思想在政治方面发生了本质的变化；那就是在相当大的程度上，抛弃了原有的对于专制暴政的抗议精神，转而逐渐顺应专制，乃至在许多方面起到了维护专制统治的作用。❷

徐复观指出，"三纲"一词最早出现在董仲舒的《春秋繁露·深察名号第三十五》一文之中，但在该文里，董仲舒对于这一概念并没有加以解说。不过，董仲舒在该书《玉杯第二》中说："父不父，则子不子。君不君，则臣不臣耳。"徐复观认为，从这句话以及《春秋繁露》的整篇论述来看，董仲舒仍然完全坚持着伦理之对等主义，强调君臣、父子之间的相互责任。他指出，"三纲"的正式内容，最早是出现在《白虎通德论》中，其内容与韩非子三顺之说同辙合轨。《白虎通德论》是公元79年汉章帝召集一些御用学者编纂而成的。这些学者多为曲学阿世之徒。徐复观称《白虎通德论》为钦定的"皇家法典"。"自此以后，'君臣大义'，压在每一个人的头上，动弹不得，于是'天王明圣、臣罪当诛'的奴才论调于以出现。"❸徐复观指出，在孙中山先生之前的任何黑暗年代中，只有下层人民敢于揭竿而起，而绝无书生领头起来造反的事例。"这固然是受了生活形态的束缚，同时未尝不是受了观念的束缚。先秦儒家的革命思想，后世儒家除了非常特出的如陆象山、黄梨洲几个人以外，一般人连做梦也不敢想到。"❹也有许多大儒如二程、朱熹等，他们在政治上有高人一等的真知灼见，可是一旦问题涉及专制君主，他们唯一可做的，就是希望君主诚意正心而成为圣人；当然此外还有一条路，那就是洁身而退，以讲学来向社会负责。他还说，康梁的维新变法，"从现在看来，依然是有

---

❶ 孟子·离娄下 [M]//朱熹.四书章句集注.北京：中华书局，1983：290.
❷ 徐复观.儒家对中国历史命运挣扎之一例——西汉政治与董仲舒 [M]//学术与政治之间.北京：九州出版社，2014：366.
❸ 徐复观.儒家对中国历史命运挣扎之一例——西汉政治与董仲舒 [M]//学术与政治之间.北京：九州出版社，2014：366.
❹ 徐复观.儒家对中国历史命运挣扎之一例——西汉政治与董仲舒 [M]//学术与政治之间.北京：九州出版社，2014：367.

气魄、有内容的运动。"但康有为"毕生以真实的感情做一个保皇党"❶。徐复观总结道:"后世品德最好的读书人,在政治上也多不敢怀疑到君臣的关系。政治上的努力一遇到宸衷独断的时候,就一切到了尽头了。"❷

三、法治思想的缺失

我们现在讲的"法治"这个概念,是从西方借鉴来的,英文是"the rule of law"。这个概念主要有两层含义。其一是指政府的运作一定要依法行事。其二是指国家的最高权威是宪法,而不是任何个人;国家的领导者,即便贵为君主或总统,等等,都要接受宪法对于其权力的制约,也就是所谓"王在法下"。徐复观指出,一般人所说儒家思想只重人治,不重法治,乃是一种误解。这里首先要明确"法"和法治的含义。徐复观说,"用宪法来控制人君或其他形态的政治权力,乃到了近代才出现之事。"❸ 他指出,中国古代对法的解释有广义和狭义两种。从广义讲,是指所有政治上的客观性的原则,以及为实现这些原则而制定的规章和制度;从狭义讲,是指刑罚。若将法解释为政治上的原则、规章和制度,那么孟子乃至整个儒家,是在什么地方不重法治呢?孔子主张"谨权量,审法度,修废官,四方之政行焉。"❹ 孟子说:"上无道揆也,下无法守也。朝不信道,工不信度……国之所存者幸也。"❺ 徐复观指出,孟子这里便是说无法治便会亡国。他还说,在先秦诸子百家的政治思想中,以孟子最为注重经济问题,最注意经济政策和经济制度的建立和施行。因此,孟子再三强调"'明君制民之产',即要以'法'来定人民之产。"徐复观又强调说:

---

❶ 徐复观.儒家对中国历史命运挣扎之一例——西汉政治与董仲舒 [M]//学术与政治之间.北京:九州出版社,2014:367.
❷ 徐复观.儒家对中国历史命运挣扎之一例——西汉政治与董仲舒 [M]//学术与政治之间.北京:九州出版社,2014:367.
❸ 徐复观.孟子政治思想的基本结构及人治与法治问题 [M]//中国思想史论集.北京:九州出版社,2014:160-161.
❹ 论语·尧曰 [M]//朱熹.四书章句集注.北京:中华书局,1983:194.
❺ 孟子·离娄上 [M]//朱熹.四书章句集注.北京:中华书局,1983:275.

"'五亩之宅,树之以桑'的一段话,在《孟子》一书中凡三见,可见这是他针对当时'民之憔悴于虐政,未有甚于此时者也'的实际情况,所提出的经济立法的蓝图,以求达到'七十者衣帛食肉,黎民不饥不寒'的目的。"❶ 总而言之,孟子对于人与法的观点是"徒善不足以为政,徒法不能以自行"❷,即说治人治法,不可偏废。

徐复观认为,先秦儒家思想中也存在重要的不足,那就是法治思想的缺失。这里的法主要指宪法,宪法是全体人民意志的外在的、制度化的体现,具有至高无上的权威。这个意义上的"法治",主要有两层含义:其一,是"依法行政",即政府部门的一切运作必须遵循法律的精神与规定;其二,即便是最高的行政首长,无论他是总统还是君主,都必须服从法律,接受法律对于他的权利的制约,即所谓"王在法下"。西方这种"王在法下"的法治传统可以溯源到英国的 1215 年大宪章 (Magna Carta of 1215)。徐复观指出,只有建立这样一种法治制度,国家政府的权力才能受到约束和制衡,而个人的自由和权利才能得到保障。

先秦儒家提出了"民贵君轻"和"人民为政治社会主体"的民本主义思想,却没有能提出这样一种法治的思想,从而以制度的设置来保证其政治理想的实现。在先秦儒家思想中,规范和管理政治社会的途径或手段是礼,但礼发端于周初的宗法社会,随着王室与贵族家庭谱系之树不断地分枝离析,礼的作用逐渐削弱,礼崩乐坏、天下大乱的局面便不可避免了。故先秦儒家未能提出近代意义上的法治思想,也是很自然的事情。终归是社会存在决定社会意识,而不是相反。

徐复观认为,到了秦汉专制建立以后,西方近代意义上的法治思想与制度也就更加不可能在中国形成与实现了。他指出,作为西方近代第一个宪法雏形的 1215 年英国大宪章,本质上便是贵族们反抗英王约翰、迫使约翰王做出妥协的结果。然而,中国的专制与西方的专制有很大的差异。

---

❶ 徐复观. 孟子政治思想的基本结构及人治与法治问题 [M]//中国思想史论集. 北京:九州出版社,2014:162.

❷ 孟子·离娄上 [M]//朱熹. 四书章句集注. 北京:中华书局,1983:275.

在大一统专制统治下的中国，皇权是压倒一切的；经过文帝、景帝、武帝三代皇权对于诸侯王的抑制与削弱，贵族们已无力与皇权相抗衡。徐复观引用《汉书·诸侯王表叙》中的一段史实来说明这一点："故文帝采贾生之议分齐、赵，景帝用晁错之计削吴、楚。武帝施主父之册，下推恩之令，使诸侯王得分户邑以封子弟，不行黜陟。而藩国自析。自此以来，齐分为七，赵分为六，梁分为五，淮南分为三。皇子始立者，大国不过十余城……景遭七国之难，抑损诸侯，减黜其官。……诸侯惟得衣食税租，不与政事。至于哀、平之际，皆继体苗裔，亲属疏远，生于帷墙之中，不为士民所尊，势与富室亡异。"❶ 这段话是说，文帝和景帝分别采用贾谊和晁错的计谋分割和削弱齐、赵、吴、楚诸国。武帝则听从主父偃的建议，下达推恩令，令诸侯分封其子弟为列侯。这样，名义是上是施以恩惠，实际上是剖分各诸侯国，以削弱诸侯王的势力。根据这个推恩令，诸侯王将一部分户数和城邑封给子弟，各藩国自然分崩离析。这样，齐国分成七个小国，赵国分为六，以此类推，较大的诸侯国也不过十座城池。景帝在七王之乱后，削抑诸侯，减少罢黜其官吏。这样一来，各诸侯王只剩下在领地收税的权力，再不能参与政事。到了哀帝、平帝的时代，诸侯的谱系离析，与天子关系日益疏远，他们生活在高墙深院之内，得不到士人百姓尊崇，势力已与一般富户无异了。

在大一统皇权专制统治下的中国，所谓的法从未脱离刑法的观念。专制是以统治者的意志为最高标准，而法则是统治者意志的体现。"君主可随意更定条文，则法律无限君之力量。"❷ 徐复观认为，中国皇权专制时期的法与近现代西方的法律有本质上的不同。近现代西方的法律是精神力量的最高规范，它取代了君主的意愿，所有的人，包括最高统治者本人都要遵从。而在皇权专制时期的中国，合理的法的观念不可能在知识分子中生根，也不可能在政治和社会中生根。其间人民自由就没有法律的保障，

---

❶ 班固. 诸侯王表叙 [M]//汉书. 颜师古，注. 北京：中华书局，1960：395-396.
❷ 萧公权. 中国政治思想史（上册）[M]. 北京：商务印书馆，2011：267.

个人权利就时常遭到践踏。特别是当人民同政府接触时,他们很有可能落到胥吏的手中,遭受欺凌和羞辱。

总之,在徐复观看来,先秦儒家政治思想以其民本主义、德治思想和政治抗议精神,为政治提供了道德与精神的内涵和基础,使之可以弥补具有严重的"非道德化"倾向的西方民主自由主义的缺陷。然而问题的另一方面是,从秦汉以来,在大一统的皇权专制的压迫之下,本具有反抗暴政精神的儒家被扭曲而变质,也使得儒家未能发展出"法治"的思想原则,并未能以制度的设置来实现先秦儒家的政治理想。因此,徐复观认为中国必须学习和汲取西方政治文化中民主与法治方面的精华,使之与先秦儒家思想的精华实现创造性的融合。

第五章

徐复观对西方经典自由主义的论析

第五章 徐复观对西方经典自由主义的论析

徐复观认为，先秦儒家思想中包含有德治思想、民本主义和政治抗议精神，他力图把这种思想精华与西方的民主和法治的思想精神相沟通融汇，来开创新的中国政治文化。正是出于这样的目的，徐复观对于西方经典自由主义进行了深入的思考与评析，以求取其精华、去其糟粕。

第一节 西方经典自由主义的合理因素

一、自然权利思想

徐复观对于西方政治文化的关注首先是聚焦在近代西方的经典自由主义。近代西方经典自由主义是与资产阶级的兴起和启蒙运动的发展相同步的。经典自由主义主张理性至上，个人的权利——尤其是财产权——神圣不可侵犯，认为政府是一种必要的恶（necessary evil），因此必须以制度的设置来防范政府对于个人自由与权利的侵害。徐复观对于经典自由主义的进步意义以及其弊端进行了深刻的评析。他首先阐述了近代西方经典自由主义的历史演进与历史意义："自由主义，是使欧洲中世纪进入到现代的脱皮换骨的基本精神力量。它造成此一任务，大体上经过了三个阶段。第一阶段是打倒宗教的权威，以肯定现世的价值，肯定理性的价值；这里面并含有对私人财产观念的开放，及对知识开放的两大意义。第二阶段是打倒贵族阶级，以完成近代民族国家的统一，扫除资本主义初期所遇到的特权势力的障碍；并支持从商业资本主义所开始的各国对海外原料、市场的掠夺……第三阶段是打倒中央集权的专制政治，以法国大革命为标志，制定宪法，保障各种基本的自由权利。至此而自由主义的历史任务可以说是大功告成。及时间进入到十九世纪的三十年代前后，而另一推动历史前进的观念——社会主义的观念，更以新兴之势，在自由主义最成熟的国度

中崛起。"❶

徐复观认为，近代西方民主政治的进程伴随着作为个体的人的自觉。这种人的个体的自觉，主要体现为伸张资产阶级的自然权利（natural rights），也就是所谓的"天赋人权"。这种自然权利学说或社会契约论认为，人们为了维护自己的生存权、自由权和财产权而订立契约，离开自然状态（state of nature），建立国家政府（state government），从而进入了政治社会（political society）或文明社会（civil society）。根据洛克的经典自由主义理论，这样建立的国家政府实际是一种受到制约的政府（limited government），即宪政的政府（constitutional government）。徐复观认为这种受到制约的政府或宪政的政府是近代民主政治的题中应有之义。所以他说："因为民主政治的根源是争个人权利，而权利与权利的相互之间必须有明确的界限，有一定的范围，乃能维持生存的秩序，于是法治便成为与民主政治不可分的东西。"❷

然而，徐复观认为，把近代西方民主宪政的思想与中国儒家的政治思想进行比较，仍然可以发现西方有关思想的欠缺之处。在他看来，西方的民主制度建立在由各种利益群体相互竞争而形成的均势与平衡的基础之上，所谓"以争而成其不争"。这种民主制度的建立，缺少了政治家与公民的"道德的自觉"这样一种思想与精神方面的坚实基础。而先秦儒家的德治思想，恰可以在这个方面济西方民主之穷。

徐复观在这里指出，欧洲近代这种自然法、自然权利和社会契约论的思想传统，乃是欧洲近现代民主与法治的思想理论基础。在徐复观看来，与西方这一传统相比较就可以看到，儒家思想中尽管包含德治思想、民本主义和政治抗议精神这些精华，但也存在一个重要的缺陷，那就是法治思想的缺失。他这里的"法治"是指西方近现代意义上的法治，即"the rule of law"，而这里的法，主要指宪法。在这个意义上，法治与"宪政"

---

❶ 徐复观. 自由主义的变种 [M]//论智识分子. 北京：九州出版社，2014：169-170.
❷ 徐复观. 儒家政治思想的构造及其转进 [M]//学术与政治之间. 北京：九州出版社，2014：51-52.

(constitutional government)在本质上有共通之处。也就是说,法律(尤其是宪法)应当是人民根本利益和意愿的制度化体现,应当具有最高的权威。任何个人,包括最高的国家领导者,都必须服从法律的制约,也就是所谓"王在法下"。这个原则最早是由英国 1215 年大宪章以法律文件的形式提出,而最终由英国 1688 年"光荣革命"确立的。徐复观指出,唯有凭借法治制度的建立,国家政府的权力才能受到制约,而个人的自由和权利才能得到保障。诚然,先秦儒家如孟子曾表述"民为贵、社稷次之、君为轻"的民本主义的伟大思想,也曾提出"徒善不足以为政,徒法不能以自行"的宝贵理念,却未能阐发出一种以法律制度来制约王权,从而实现"王在法下"的近代意义上的法治思想。在徐复观看来,先秦儒家所主张的对于社会进行治理的重要手段是礼。然而礼产生自周初的宗法社会,其实质是以"尊尊""亲亲"的精神,靠亲情的纽带来维持和协调周王室与诸侯之间的关系,并保持整个社会的秩序。但在历史的演进过程中,家庭谱系之树不断地分枝离析,"礼"的作用便逐渐地被削弱,越来越无法满足发展变化了的社会之治理的要求。❶ 因此,徐复观指出,生活在那样一个靠"亲亲""尊尊"的礼乐精神来维系的宗法社会,孔子和孟子等先秦儒家没能阐发出近代意义上的法治思想,乃是颇为自然的事情。而到了秦汉专制建立以后,西方近代意义上的法治思想与制度也就更加不可能形成与实现了。

二、法治与民主思想

徐复观和萧公权都曾指出,之所以西方产生了法治与宪政的思想传统,而中国没有,很重要的一点是因为中国皇权专制时代贵族的势力远不如西方中世纪以来贵族的势力强大。这无疑是正确的。不过徐复观更进一步指出,还有两种社会力量在这一过程中起到了至关重要的作用,那就是

---

❶ 徐复观. 封建政治社会的崩溃及典型专制政治的成立 [M]//两汉思想史(第一卷). 北京:九州出版社,2014:61-62.

僧侣阶级和新兴的市民阶级，也就是早期的商业资产阶级。他的这一观察和论述是十分敏锐和深刻的。社会存在与社会意识相互作用（interplay），从最本源的意义上讲，是社会存在决定社会意识。进一步讲，之所以西方产生了法治的思想传统，而中国没有，主要并不是由于中西方理论家、思想家个人的思想倾向、趣好和天赋的不同，而是由于中国与欧洲地理、经济、习俗等社会存在因素的不同。西方近代法治与民主理论的经典作家是洛克、孟德斯鸠和卢梭等。他们的思想理论形成于17~18世纪，而西方第一个宪法式文件，即英国1215年大宪章产生于中世纪，是欧洲中世纪的生产关系与社会关系的产物。从那时起，经过几百年现实与思想之间的相互激荡，才形成了洛克、孟德斯鸠和卢梭等人的法治与民主的理论。美国著名的历史学家帕尔默（R. R. Palmer）就曾指出，欧洲近代的自由与法治的传统其实是发源于欧洲中世纪封建主义的社会结构和生产关系。中世纪时期的英国与同时代的欧洲各国均处于一种封建主义（feudalism）的时代。1066年以后，诺曼底的贵族把土地分封制度带进英国。在这种封建主义制度下，国王和作为其封臣的上层贵族之间，以及作为庄园领主的上层贵族与其封臣（vassals）之间都不是一种单向的绝对服从的关系，而是一种建立在相互依存基础上的双向契约关系。领主和封臣分别享有某些明确的权利，同时分别负有某些明确的义务。这些权利和义务存在于习俗之中，但具有充分的法律效力。具体来讲，国王和领主把土地分封给贵族和家臣，反过来贵族和家臣向国王和领主提供军事服务（为国王和领主打仗），缴纳封建捐税，同时国王和领主也有义务保护贵族和家臣的人身与财产安全，并需要通过御前会议与他们协商讨论，征询贵族、家臣以及僧侣们的意见。这样贵族、家臣还有僧侣阶级便享有在御前会议上表达其意愿和建议的权利。欧洲的议会便是从这种御前会议脱胎而成的。后来，当市民阶级的代表也被吸收参加到御前会议中来的时候，可以说欧洲早期

的议会就诞生了。❶

在这种封建制的社会关系中，若国王的要求超出了习惯法的规定，贵族有权拒绝。若国王一意孤行，滥用封主权力，贵族可以摒弃对国王的效忠，甚至诉诸武力，强迫国王遵守封建契约。而一旦国王违背了契约，侵犯了贵族在历史传统中所享有的权利和自由，贵族们从法理和道义上可以对王权进行反抗。长此以往，人们便形成一种共识，即法律是至高无上的，即便贵为君王，也必须受法律的制约。这便是所谓"王在法下"。到了13世纪英国的约翰王（King John，1199~1216年在位）统治的时代，君主侵犯贵族、僧侣和市民阶级的权利与自由的倾向开始滋长。最终贵族、僧侣阶级和市民阶级（商业资产阶级）联合起来战胜了王室，迫使约翰王订立城下之盟，签署了英国历史上第一个宪法式的文件，即1215年大宪章。

从上述历史中，徐复观敏锐地观察到，正是强大的贵族、僧侣阶级和市民阶级这三种社会力量联合起来对王权的抗衡，才构成了西方宪政和自由传统得以形成的重要条件，而中国自秦汉以来的专制时代根本不具备这些条件。他指出，秦汉以来，大一统的皇权在软弱无力的贵族面前，占有压倒性的优势。在汉初七王之乱被平定之后，诸侯王不仅基本上丧失了政治权力和军事力量，而且要时刻生活在专制君主的严密监视与控制之下，动辄得咎，在自由度上连一般的富户都不如。❷加之中国历史上从未形成强大的、足以制约皇权的僧侣阶级和市民阶级，就形成了徐复观所说的皇帝的"一人专制"。在这种情况下，儒家学者们也就更不可能阐发出近代意义的法治思想了。

总之，在徐复观看来，先秦儒家政治思想诚然为政治制度与政治实践提供了道德与精神的内涵和基础，因而可以弥补具有严重"非道德化"

---

❶ [美] R.R.帕尔默，乔·科尔顿，劳埃德·克莱默. 现代世界史：从文艺复兴到美伊战争 [M]. 孙福生，陈敦全，周鸿临，译. 北京：世界图书出版公司，2013：25-33.

❷ 徐复观. 汉代专制政治下的封建问题 [M]//两汉思想史（第一卷）. 北京：九州出版社，2001：156-157.

倾向的经典自由主义的缺陷；然而问题的另一方面是，自秦汉以来，在大一统的皇权专制的压迫之下，本具有反抗暴政精神的儒家被扭曲而变质，也使得儒家未能发展出"法治"的思想原则，并未能以制度的设置来实现先秦儒家的政治理想。因此，徐复观认为中国必须学习和汲取西方政治文化中民主与法治方面的精华，使之与先秦儒家思想的精华实现创造性的融合。

第二节　西方经典自由主义的缺陷

一、自由与平等的矛盾

徐复观力求对西方自由主义的思想传统不仅要取其精华，还要去其糟粕。他敏锐地认识到经典自由主义自身的一些深刻的内在矛盾。首先他认识到，经济领域中的自由与平等是存在矛盾的，而民主与宏观意义上的自由又是以经济的平等为基础的。也就是说，没有经济方面的平等，也就没有真正的民主和自由。

徐复观指出，自由与平等在某些地方表现为不易调和，但从整体上看又表现为不可分割。当16世纪因"我的自觉"而鼓励了人们世俗的要求，因地理的新发现而鼓励了冒险家对财富的追逐，此时的新兴市民要从僧侣与贵族的特权中获取追逐财富的自由，于是在伦理上一反中世纪同情穷人的道德观念，而代以"财富本身即道德"的观念；在政治上则援助国王去打击僧侣贵族，以助成中央集权的近代君主国家之成立。此时的市民阶级不仅不曾考虑到整个人类的平等问题，连其自身也只要求在经济上有自由。民主革命是市民阶级联合当时之农民及无产者共同进行的。市民阶级与农民及无产者的连接点为法律前之平等，即政治上之平等。一般地说，当时并没有真正浮起经济平等的观念。于是此一革命的结果，资本家有结合团体之自由,而劳动者的团结则视同大逆不道。连劳动者的选举权,即使在欧洲民主国家,也是到19世纪的最后30年才得实现。这一事实说明了不平等的经济造成了不平等的政治,不平等的政治亦是没有自由的政治。

二、阶级和历史的局限

在徐复观看来,"作为西方近代文化主体的市民阶级,在他们联合劳苦大众战胜了王权、贵族、僧侣阶级以后,立刻忘记了自身的痛苦经验,转而视劳苦大众为低级之人,觉得这些人只是为了市民阶级的利润而存在",而在这种情况下,"劳苦大众在政治上当然无平等权利之可言"❶。徐复观又说:"渐有近代教养的市民,绝不能径情直遂地采取'我富你应穷,我活你该死'的说法。于是亚丹(当)·斯密便说:'由自然底自由底单纯体系,人在经济生活中,一面互相激烈竞争,一面由看不见的手,促进各人始料所不及的一个目的。'此目的,意即指社会全体之福利。私人财富之增加,即社会福利之实现,这便是自由经济的中心理论。英国在十九世纪之末、二十世纪之初,财富的光辉照耀了整个世界。但据Charles Booth及Bowntree在一八八九年第一次所发表的私人实际调查报告,伦敦百万人口中,有三分之一以上的人们过着悲惨的生活,尤其是儿童。当时有的资本家说:'自然既是不正义的,则社会也没有正义的存在。不正义与不平等,从摇篮便给予我们的。'(见因·勒邦的《社会主义心理学》)这与戴先生大文对穷人的说法,'与其怪人,不如怪天'的说法,恰是东西一辙。但事实并不因此说法而告解决。一九〇九年英自由党的财相乔治(Lloyd George)在下院提出了以征收累进税、奢侈税、遗产税为中心的'斗争预算',慷慨陈词地说:要于三十年间,'消灭悲惨不洁的穷困'。这是证明亚当·斯密这一类的乐观说法之破产。"❷

---

❶ 徐复观. 反极权主义与反殖民主义 [M]//论智识分子. 北京:九州出版社,2014:77.
❷ 徐复观. 从现实中守住人类平等自由的理想 [M]//学术与政治之间. 北京:九州出版社,2014:245.

欧洲在 16~18 世纪曾流行一种重商主义的理论和经济政策。重商主义的经济政策主张国家政府对于对外贸易和航运业的垄断。为反抗这种重商主义，在 18 世纪中叶的欧洲又兴起了经济上的"自由放任主义"。自由放任主义一词源自法语"laissez-faire"，英语的意思是"let alone"，意思就是主张政府给予商业资产阶级以最充分的贸易自由。这种经济思想意在反对政府对贸易的干涉和垄断。亚当·斯密在其名著《国富论》中对于这种自由放任主义进行了经典的阐发。他认为人的本性是自私自利的，因此追求自我利益并非不道德的。他主张使政治与道德分家，或称为"对于政治的去道德化"（demoralization of politics）。他认为政府所应做的，并非诉诸臣民的道德或仁爱之心，而是诉诸他们对于自我利益的追求，是放任个人自由竞争。在这样竞争的环境中，无须政府以道德的教诲和以"国家富强"等崇高的理想作为号召，而是让每个人凭着自己的理性判断，在市场规律这样一只看不见的手的指引下，去自由地追逐个人最大的利益，最终却会导致国家和社会的富裕与强盛。正是由于他在《国富论》中所阐述的思想，亚当·斯密与洛克一同被称为近代经典自由主义的奠基人，并跻身于著名启蒙思想家的行列。与亚当·斯密异曲同工，洛克在他著名的《政府论》（下篇）中论证了资产阶级追求无限财产的无限权利，而主张资产阶级追求无限财产的无限权利，这成为近代经典自由主义与启蒙思想的一个重要特征。

产生于 18 世纪下半叶的浪漫主义是欧洲近代史上与启蒙运动相继发生的两大思想文化运动，二者既有其反封建、反专制的共性，又有鲜明的不同，以至于被称为"两种文化"（the two cultures）。浪漫主义思潮是对启蒙运动的批判与超越。以卢梭、雪莱、柯勒律治和歌德等为代表的浪漫主义者们认为，启蒙思想家们无限地夸大了理性的作用，错误地把理性认作人类一切事务中的尺度。他们反对启蒙时代所盛行的那种试图将自然科学的定性和定量分析的方法，应用于社会科学及人文学科等一切领域的泛科学主义（scientism）。在他们看来，在人类生活的很多领域中理性是存在局限的，比如，道德原则和宗教信仰最主要的不是产生自理性，而是源于情感和良心，换言之，情感和良心先于理性。他们强调人的个性和多样性，特别是情感、直觉和想象力的重要性。

启蒙思想家大多属于当时社会的上层，而浪漫主义者则往往是社会中的边缘人物（outsiders）。浪漫主义的代表人物往往对下层社会人民的苦难怀有深切的同情，对上层社会对人民的剥削与压迫发出批判与抗议的声音。如雪莱便指责亚当·斯密的"自由放任主义"理论是一种只会使贫者越来越穷、富者越来越富的自私自利的哲学（selfish philosophy）。卢梭是一个两栖式的人物。他既是启蒙思想家，又被称作西方近代第一个浪漫主义者。卢梭是剥削与压迫制度不共戴天的敌人，是追求自由、平等和社会公平正义的勇敢的斗士。他认为，私有制的产生和发展，造成了人类社会中的剥削、压迫与苦难。这样的制度必须被否定，而一个好的社会则必须实现平等和社会的公平正义，首先是分配的正义（distributive justice）。正如麦克弗森所指出的，洛克主张的是有产者追求无限财产的无限的权利，而卢梭则主张有限的财产权。卢梭认为，在一个好的社会里法律应体现和维护分配正义的原则，并以这种体现了分配正义的法律来防止富贵豪强以强凌弱，防止社会在经济方面的两极分化。这种社会平等与正义的实现，使得人们不再依附于他人，从而实现真正的人格独立与自由。

徐复观在本质上也是一个浪漫主义者。正如陈昭瑛所指出的，徐复观天生极富感性，"他非常重视人性中感性与理智所共同构成的整体性，他反对理智对感性的专制，他常觉得感性与理智之间的关系是互动的。对有情世界的关怀、探索，甚至耽美而不思自拔，这一特点……使他与孔子精神越千载而相遇相通"❶。陈昭瑛的这段话，正是道出了浪漫主义的两个重要特征：一是对于感性因素（包括情感、直觉、想象力等）的重视，二是一种悲悯的情怀，一种对于人民苦难的深切的同情。而在这两点上，徐复观与卢梭、雪莱等浪漫主义者在精神、心灵上又何尝不是相通的呢？

---

❶ 陈昭瑛.台湾儒学的当代课题：本土性和现代性 [M].北京：中国社会科学出版社，2001：196.

三、个人主义的弊端

徐复观对个人主义进行了分析和批判。他首先指出，个人主义在西方历史发展的进程中产生过积极的作用，对在中世纪长期受到压抑的个性与个体的创造性起到了解放的作用，同时给予新兴的市民阶级一种追求社会平等的思想武器。❶ 因此，徐复观认为，在历史上，当人们起而反抗某一特定时期的统治阶级对于个人权利和自由的侵害时，个人主义有着其特定的意义。

徐复观进而对个人主义的弊端进行了批判。他同卢梭等浪漫主义者（甚至包括保守主义者柏克）一样，反对把个人与社会相互割裂的看法，反对把人视为一个个孤立的、非社会的个体。他指出，每一个人都必须生存在一个群体之中，并在特定的群体生活中、特定的社会联系中产生特定的情感，并在此基础之上，与该社会群体中的他人产生共同的意愿和目的。也就是说，每一个个体的情感、意愿和目的都是在社会中形成的。并且从人类发展的过程看，每一个个体的福祉，往往是取决于他们所生活其中的群体和社会的状况，取决于该社会能否健康地生存和发展。❷

然而，在徐复观看来，个人主义在历史进程中也逐渐显露出消极的一面。那就是将个人与群体、社会割裂开来，甚至是以个人的利益来否定群体与社会的公共意愿、利益与福祉。他说："许多人以为希特勒们拿着民族的口号而实行对外侵略、对内独裁，便以为民族主义之与侵略、独裁，有必然的关系，却忘记了个人的野心，可以利用各种口号；希特勒利用'民族'，拿破仑却利用'自由'。"❸

正如前面提到的，徐复观指责资产阶级在借助下层人民群众的力量战胜了君主、贵族阶级以及上层的僧侣阶级之后，便忘记了自身被以上三种

---

❶ 徐复观. 个人主义的没落 [M]//论文化（二）. 北京：九州出版社，2014：726.
❷ 徐复观. 反极权主义与反殖民主义 [M]//论智识分子. 北京：九州出版社，2014：74.
❸ 徐复观. 反极权主义与反殖民主义 [M]//论智识分子. 北京：九州出版社，2014：77.

第五章　徐复观对西方经典自由主义的论析

统治阶层压迫的痛苦，转而视下层人民群众为任人驱策与奴役的下等人。在这里，我们既看到徐复观对劳苦大众的深切同情，又感受到他心中对剥削者与压迫者的义愤。综上所述，我们可以说，徐复观与卢梭的思想有很多相似之处。他们都反对两极分化的社会，都反对富贵豪强与民争利，都认为平等和分配正义是人的真正自由的基础和必要的保证。他们都是真正的民主主义者和追求自由的无畏的斗士。

在徐复观看来，西方近代经典自由主义主张理性至上，伸张自然权利特别是财产权，促成了西方民主与法治的形成；然而以洛克、亚当·斯密为代表的自由主义者强调资产阶级追求无限财产的权利和自由，是以牺牲劳动者的权利和自由、牺牲平等和分配正义为代价的。徐复观对资产阶级两面性的批判，也使人联想到西方著名政治思想家麦克弗森对于洛克的批判。麦克弗森指出，洛克虽然声称在拥有理性和自然权利方面人人都是平等的，但实际上他认为只有资产阶级才更有能力和更有资格来积聚和占有财产，因为在洛克的眼里，只有资产阶级才是勤奋和富有理性的群体。所以在麦克弗森看来，洛克的伟大之处在于他把自由的和富于理性的个人作为判评一个好的社会的标准，而他的问题则在于他同时否定了劳苦大众的个性及他们的生存权、自由权和拥有财产的权利。辉格党人所发动的1688年光荣革命不仅确立了议会对于王权的限制乃至对于王权的绝对的优势，也牢固地奠定了新兴资产阶级在政治和经济方面对劳动阶级——无产者的统治地位。而洛克的政治学说则正是从上述两个方面为新的资产阶级国家政权做出了全面的意识形态上的论证。由此我们可以看出，在对经典自由主义思想以及资产阶级两面性的批判上，徐复观与麦克弗森的观点和立场是一致的，都是受到马克思主义深刻影响的。

总之，徐复观推崇西方政治文化传统中的民主与法治。不过民主与法治、宪政在其发生和发展的历史过程中并不总是同轨同步的。譬如，美国开国时的主要思想家杰弗逊、麦迪逊和汉密尔顿，三人都是主张法治和宪政的，然而他们对待民主的态度却迥然不同。杰弗逊是彻底的民主主义者，汉密尔顿却是民主的敌人，而美国宪法之父麦迪逊对于民主的态度则充满了暧昧和犹疑。经典自由主义对于民主的贡献远不及它对法治和宪政的贡献，这一点是应该说明的。对于西方经典自由主义政治文化，徐复观意欲通过批判的审视来取其精华、去其糟粕，将其精华与先秦儒家思想之核心价值实现创造性的融汇。

第六章

徐复观对政治文化综合创新理论的探索

徐复观对儒家思想极为尊重，对西方民主政治也非常赞同。他说："我的政治思想，是要把儒家精神，与民主政体，融合为一的。"❶ 也就是说，他力图将先秦儒家政治思想的核心价值与西方近代民主政治的精华进行一种创造性的融合，我们将其称为政治文化的综合创新。徐复观对政治文化综合创新理论的探索包括两个方面：中西政治思想都存在自己的优点和缺陷，二者之间应该相互学习和借鉴；基于此徐复观主张汲取中西政治文化的精华，探索一条中国政治文化的综合创新之路。

第一节 政治文化综合创新的必要性

在徐复观的政治文化的综合创新理论中，他始终力图将中国传统文化，特别是先秦儒家思想中的核心价值与西方的民主政治创造性地融为一体。一方面，以传统文化的精华贯通民主政治；另一方面，让具有严重的"非道德化"倾向的西方民主以传统文化为精神根基。"现在最重要的是，要在中国文化中发现可以和民主政治衔接的地方。我在很多文章中指出，顺着孔孟的真正精神追下来，在政治上一定是要求民主。只是在专制政治成立以后，这种精神受到了压抑。在西汉的专制下，大思想家如贾谊、董仲舒，都反对专制，反对家天下。《吕氏春秋》和《淮南子》的政治思想，也都是要求民主的，我就是要把这些受到专制政治扭曲压抑的思想，还他的本来面目。西方的民主是争出来的，在几种势力的争衡中，最后诉诸议会民主。这是中国历史中所缺少的。但是，西方的民主没有根，所以经常出现危机。中国则因民主政治不上轨道，因而文化发展也受到了阻碍。……我要把中国文化中原有的民主精神重新显豁疏导出来。这是为往

---

❶ 徐复观. 保持这颗"不容自已之心"——对另一位老友的答复 [M]//论智识分子. 北京：九州出版社, 2014：422-423.

圣继绝学。使这部分精神支持民主政治，这是为万世开太平。"❶

一、儒家思想与中国政治现实的矛盾

徐复观采用事实与价值、现实与理想的二元区分的方法来分析儒家思想与中国政治现实的复杂关系，从而断定以先秦儒家为代表的中国传统文化在政治层面的规范性、理想性的要求，与秦汉之后被扭曲的专制时期的儒家思想是根本对立的，历史上的儒家思想与历史上的中国政治现实是存在巨大矛盾的，而这一矛盾与儒家政治思想的局限性是分不开的。

1. 历史上的儒家思想

在第三章我们提到，徐复观一再强调，先秦儒家思想凝成中华民族精神的主流，其特点是修己与治人、伦理与政治的结合。这种结合使先秦儒家政治思想从最高原则来说，可以称为"德治思想"，而从其努力对象来说，则可称为"民本主义"。在徐复观看来，德治思想是建立在儒家对人和人性的根本信任的基础之上的。统治者必须先尽其在己之德，进而使人人各尽其秉彝之德。法律纵然可以把统治者与被统治者之间的关系维系得很好，但它毕竟同权力一样，都只是一种外在的约制。外在的约制要以内在的凝聚为依据，否则终究维系不牢，并且人内在的仁性也不能得到自由的发展。相比较而言，只有德治是通过每个人的固有之德，来将社会中的人们凝聚起来，而这样的社会关系才是自然而合理的关系。德治思想除了强调统治者的为政以德、善尽其责之外，还有防止统治者做逞一己私意之事的价值，这是一种无为而治。

徐复观进而认为，既然德治思想是要求统治者自己限制自己，那么统治者最高的德，不应当是以自己的好恶为好恶，而应当是以人民的好恶为好恶。把这种德治思想落实下来，自然表现为民本主义，民本主义与德治思想是互为表里的关系。因此，儒家政治思想很少注重于国家观念的建

---

❶ 林镇国，廖仁义，高大鹏．擎起这把香火——当代思想的俯视 [M]//徐复观．论文化（二）．北京：九州出版社，2014：854.

立，而特别注重确定以人民为政治的主体。也就是说，人民在政治中处于主体地位，而天子或人君对于人民这一主体地位而言，处于客体地位。天下不是由统治者决定，而是由人民的公意决定，人民成为全天下的主人。这样一来，政府在任何情况下都必须按照人民的需要和利益行事，政治乃至统治者皆是人民的工具，皆是为人民而存在，而不是相反。

徐复观更进一步指出，政权的存在应是以人民的福祉为依归，所以政权的转移最终应该由人民来决定。正是因为政权应该由人民来决定，所以人民应该有对统治者的暴政进行反抗与革命的权利。统治者权力的取得是基于人民的同意，是一种社会契约的产物，所以对于违反契约的统治者，人民有权收回其权力。儒家的这种政治抗议精神承认了人民的革命权利。

可见，从这种德治思想、以人民利益和需求为本位的民本主义以及以德抗位的政治抗议精神出发，必然导出否定专制主义的结论。徐复观曾明确指出："由德治思想，而否定了政治是一种权力的观点，更否定了国家纯是压迫工具的谰言。由民本思想，而否定了统治者自身有何特殊权益的观点，更否定了统治与被统治乃严格的阶级对立的谰言。因为德治是一种内发的政治，于是人与人之间，不重在从外面的相互关系上去加以限制，而重在因人自性之所固有而加以诱导熏陶，使其能自反自觉，以尽人的义务。法重在外制，而礼则来自内发；因此德治所凭藉以为治的工具，当然重礼而不重法。"❶ 历史上的儒家政治思想虽然没有提出民主政治的制度，却在实际上提出了民主政治的原则。

2. 历史上的中国政治现实

第四章提到，徐复观分析指出，儒家政治思想与中国政治现实，在历史上形成了巨大的矛盾。一边是主张德治思想和民本主义的儒家政治理想，另一边却是长达2000多年的专制政治。从秦朝以来，中国始终处于以一人专制为特征的专制政治之下。这种专制政治把天下的权力高度集中

---

❶ 徐复观. 儒家政治思想的构造及其转进 [M]//学术与政治之间. 北京：九州出版社，2014：52.

于皇帝一人，皇帝成为专制的主体，被赋予"至尊"的身份和地位，而臣民则必须按照皇帝的意志，规规矩矩，绝对服从，来确保皇权的巩固和稳定。专制统治者所采用的社会统制中，所用以达到目的的基本手段，则是依靠武力和刑罚，这是专制政治的最大特色。在专制政治体制下，皇权是无可争议的，人民则处于绝对服从的地位，不容许有任何社会势力挑战皇帝的意志。皇帝一人的意志占主导地位，除皇帝本人以外，其他人不可以有自由意志，不能被赋予学术思想发展的自由。这种政治制度以法家思想为根源，以绝对皇权为核心，以农民和辽阔的领土为营养，以军事力量和残酷刑罚为工具。在这样的政治体制之下，所有的社会、文化、经济活动都受到严格的限制，不得挑战皇权，否则必会遭到完全摧毁。

在徐复观看来，专制政体进一步助长了昏君暴主的胡作非为，给中华民族带来了深重的灾难。"中国二千年的政治，是在一个专制的圈架中，填满了夷狄、盗贼、童昏之主，掌握着最高的权力。……而中国专制政治规模之大，时间之长，为西方历史中所未有。在此种政治之下的人君，能受儒家一部分影响而勤俭、纳谏、爱民的，在两千年中，能数得出几位？更不要说天下为公的基本精神，历史中便不曾找得出一个。那些夷狄、盗贼、童昏之主，大体上说，都是在专制的圈架中胡天胡帝。"❶ 徐复观认为，这种历史上的中国政治现实是不能回避和掩盖的，并由此揭示出儒家政治思想和中国政治现实的矛盾。

与历史上的儒家思想有着天壤之别，在中国政治的历史现实中，宰相制度遭到破坏，法治思想严重缺失，具有政治抗议精神的儒家思想不仅得不到发展，反而与专制政治制度达成妥协。儒家政治思想被严重扭曲而变质，这是中国社会停滞不前和整个帝制时代有序与无序恶性循环的根本原因。依照徐复观的理解，虽然儒家有德治思想、民本主义和以德抗位的政治抗议精神这些精纯的政治思想，尽管这些儒家思想的精华可以为真正的

---

❶ 徐复观. 儒家对中国历史命运挣扎之一例——西汉政治与董仲舒 [M]//学术与政治之间. 北京：九州出版社，2014：385.

民主主义奠定思想的根基,但是中国政治的现实毕竟不曾出现民主政治。而民主政治才是人类政治发展的正轨和坦途。所以,儒家的政治思想在历史上只有减轻暴君污吏的毒素的作用,只能为人类的和平幸福描绘出一个真切的远景,但始终不可能真正解决暴君污吏的问题,更不能逃出一治一乱的历史循环悲剧。

3. 儒家政治思想的局限性

徐复观指出,儒家政治思想与中国政治现实产生了巨大的矛盾,这与儒家政治思想的局限性是分不开的。首先,上文提到,徐复观认为,儒家政治思想中虽然没有提出民主政治的制度,但在实际上提出了民主政治的原则,即德治思想、民本主义和以德抗位的政治抗议精神。然而,这些民主政治的原则毕竟不像西方民主政治那样立足于维护民众的权利,着眼于限定统治者的权力和行为。儒家政治思想总是居于统治者的地位来解决政治问题,却很少站在被统治者的角度来规定统治者的政治行为,这便与近代西方民主政治由下而上去争的情形形成鲜明的对比。所以,儒家政治思想虽然尊重人性、以民为本,并且由仁心而仁政,也曾不断地考虑到一些法良意美的措施和民主性的政治制度,但这一切始终都是一种由统治者来发政施仁、博施济众的"发"与"施"、"施"与"济"的性质,而统治者所行之德也只是一种被覆盖之德,是一种风行草上之德,而人民则始终处于一种消极被动的地位。❶ 正因为如此,儒家政治思想尽管以民为本,却始终不能跳出一步而达到以民为主。

其次,徐复观还指出,正是因为儒家政治思想总是站在统治者的立场来考虑政治问题,所以千言万语总不出于君道、臣道、士大夫出处之道,因此不能把德治思想、民本主义和政治抗议精神这些精纯的政治思想客观化,转化为现实政治。❷ 前文讲到,历史上的儒家政治思想认定民是政治

---

❶ 徐复观. 儒家政治思想的构造及其转进 [M]//学术与政治之间. 北京:九州出版社,2014:53.

❷ 徐复观. 儒家政治思想的构造及其转进 [M]//学术与政治之间. 北京:九州出版社,2014:53-54.

的主体，中国几千年的政治现实却是专制政治。政治权力的根源来自统治者，而不是来自人民，于是在事实上，统治者才是真正的政治主体。也就是说，政治的理念，民才是主体；而政治的现实，则君又是主体，徐复观把这种历史现象称为"二重的主体性"，并指出这是中国历史中巨大矛盾的真正根源。❶ 对于中国政治存在的这种二重的主体性，中国传统的政治思想也曾尝试着加以消解与调和，意欲通过消解人君在政治中的主体性，来凸显人民的主体性。然而这种努力总是收效甚微，解决不了问题。于是，二重的主体性便无可调和地对立，对立程度表现的大小即形成历史上的治乱兴衰。徐复观进一步指出统治者显示其主体性的工具是他个人的好恶与才智。好恶是人人都有的，才智也是人生中宝贵的财富，但是因为统治者拥有政治的最高权力，所以他的好恶与才智，常挟其政治的最高权力表达出来，共同构成政治的主体性。这样一来便会压抑了人民的好恶与才智，也就意味着压抑了人民的政治主体性。在专制政治之下，至高无上的皇帝垄断了天下的权力，一切人民都处于绝对服从的地位，而统治者的这种至高无上的权力不能找到能够加以制约的机制，而且专制政治也不允许有这种制约机制的存在。因此，徐复观说："中国圣贤，一追溯到政治的根本问题，便首先不能不把作为'权原'的人君加以合理的安顿，而中国过去所谈的治道，归根到底便是君道。"❷ 这对于中国的知识分子来说，实在是无可奈何之举。

二、西方民主政治缺乏伦理道德的根基

第五章讲到，徐复观认为，近代西方的民主政治的进程伴随着作为个体的人的自觉。"我的自觉，克就政治上面来说，即是每一个人对他人而言，尤其是对统治者而言，主张自己独立自主的生存权利，争取自己独立

---

❶ 徐复观. 中国的治道——读陆宣公传集书后 [M]//学术与政治之间. 北京：九州出版社，2014：88.

❷ 徐复观. 中国的治道——读陆宣公传集书后 [M]//学术与政治之间. 北京：九州出版社，2014：88.

自主的生存权利。民主政治第一个阶段的根据是'人生而自由平等'的自然法。第二个阶段的根据是互相同意的契约论。自然法与契约论，都是争取个人权利的一种前提、一种手段。所以争取个人权利，划定个人权利，限制统治者权力的行使，是近代民主政治的第一义。在划定的权力之后，对个人以外者尽相对的义务，是近代民主政治的第二义。"❶ 也就是说，这种人的个体的自觉，主要体现为伸张资产阶级的自然权利，也就是所谓"天赋人权"。这种自然权利学说或社会契约论认为人们为了维护自己的生存权、自由权和财产权而订立契约，离开自然状态，建立国家政府，从而进入了政治社会或文明社会。这样建立的国家政府实际是一种受到制约的政府，也是宪政的政府。徐复观认为这种受到制约的政府或宪政的政府是近代民主政治的题中应有之义。由于西方近代民主政治的根源是争个人权利，而权利与权利之间必须有明确的界限和一定的范围，这样才能维持生存的秩序，于是法治便成为与民主政治不可分的东西。

　　徐复观还指出，西方民主政治中的权利和义务的关系，是由外面逼出来的，因此基础不巩固，不易安放得稳。因此，民主政治的基础应该向儒家思想方面转进一层。❷ 由于客观的民主政治是政治运用的一副框架，那么在这种框架内，既可以发展知性活动，也可以发展德性活动，当然也可以在这种框架内创造综合东西政治文化的更高的新的政治文化活动。西方政治思想是从规定自己所应得的权利着眼，而儒家政治思想则是从规定自己对于对方所应尽的义务着眼，因此西方政治思想自然比中国儒家思想要低了一等。

　　徐复观进一步指出，把近代西方民主思想与中国儒家的政治思想进行比较，仍然可以发现西方有关思想的缺欠之处。"民主之可贵，在于以争而成其不争，以个体之私而成其共体的公。但这里所成就的不争、所成就

---

❶ 徐复观. 儒家政治思想的构造及其转进 [M]//学术与政治之间. 北京：九州出版社，2014：51.
❷ 徐复观.《民主政治价值之衡定》读后感 [M]//论文化（一）. 北京：九州出版社，2014：159.

的公,以现实情形而论,是由互相限制之势所逼成的,并非来自道德的自觉,所以时时感受到安放不牢。儒家德与礼的思想,正可把由势逼成的公与不争推上到道德的自觉。民主主义至此才真正有其根基。"❶ 这就是说,西方的民主制度建立在由各种利益群体相互竞争而形成的均势与平衡的基础之上,所谓"以争而成其不争"。这种民主制度的建立,缺少政治家与公民的"道德的自觉"这样一种思想与精神方面的坚实的基础。而先秦儒家的德治思想,恰可以在这个方面济西方民主之穷。

徐复观断言:"所以我认为民主政治,今后只有进一步接受儒家的思想,民主政治才能生稳根,才能发挥其最高的价值。"❷ 而至于"有人怀疑儒家思想是否与民主政治相容,这全系不了解儒家,且不了解民主之论"。❸ 因此,中国政治思想一接上民主政治,就要把儒家政治思想中的精华客观化出来,以凝结为人人可行的制度,这是顺理成章,毫不牵强附会的一条道路。

三、儒家政治思想可以为西方民主政治提供伦理道德的根基

在徐复观看来,西方民主政治的可贵之处就在于它可以涵容各种生活兴趣和各种学术思想。而儒家政治思想具有自身的优长,能够对民主政治起到一种补充和完善的作用,可以为西方民主政治提供伦理道德的根基。

1. 儒家政治思想的理论基础是道德内在论

徐复观指出,儒家的基本用心可以概括为两个方面。第一,由性善的道德内在说,以把人和一般动物区分开来,把人建立为圆满无缺的圣人或

---

❶ 徐复观. 儒家政治思想的构造及其转进 [M]//学术与政治之间. 北京:九州出版社,2014:52.

❷ 徐复观. 儒家政治思想的构造及其转进 [M]//学术与政治之间. 北京:九州出版社,2014:52.

❸ 徐复观. 儒家精神之基本性格及其限定与新生 [M]//儒家思想与现代社会. 北京:九州出版社,2014:23.

仁人，以对世界负责。❶ 在徐复观看来，孔子的人性论学说还只是暗含有性善的思想，而孟子则是公然明确地宣示了人性本善。在第三章中，我们专门分析了徐复观以"今人乍见孺子将入于井"为例对人性善观点的论述。由此可以得知，从"人皆有不忍之心"这一点上，就人皆有恻隐、羞恶、辞让、是非之心以见仁、义、礼、智之"非由外铄我也，我固有之也"的这一点上，以断定人性之善。因此认为，"人皆可以为尧、舜"，人皆可不凭"他力"而都能堂堂正正地站得起来。

第二，将内在的道德客观化于人伦日用之间。❷ 在徐复观看来，内在的道德性，如果不客观化到外面来，则是没有真正的实践。因此，儒家从始即不采取"观照"的态度，而一切都要归之于"笃行"。徐复观指出，博学、审问、慎思、明辨、笃行，这五种治学方法，并不是平列的项目，而是一种前进的程序。笃行是前四个项目的归结，要笃行则必须将内在的道德性客观化出来。于是，儒家思想特别注重"人伦"和"日用"。人伦是人与人之间的正常关系，而日用则是人日常的生活行为。每一个人，在人与人的关系及其日常生活行为之中，都有其应尽的一番道理，而这些道理都是人性所固有的。只有尽伦、敬事，才是内在的道德上的实践，才可以称作"尽性"。而尽伦即可以摄敬事，所以人伦尤为重要。

徐复观进一步指出，性善的道德内在，是人心之仁，而践伦乃是仁之发用。所以，二者是内外合一、本末一致、不可分割的。❸ 也就是说，儒家政治思想的理论基础是道德内在论，而儒家政治思想实质是道德心性与伦理实践的统一。

2. 儒家政治思想贯通家庭、国家与社会

由上面的分析可以得知，儒家内在的道德实践，总是归结于人伦。而

---

❶ 徐复观. 儒家精神之基本性格及其限定与新生［M］//儒家思想与现代社会. 北京：九州出版社，2014：16.

❷ 徐复观. 儒家精神之基本性格及其限定与新生［M］//儒家思想与现代社会. 北京：九州出版社，2014：16.

❸ 徐复观. 儒家精神之基本性格及其限定与新生［M］//儒家思想与现代社会. 北京：九州出版社，2014：19.

落到现实上的成就，大体是从三个方面发展：家庭、政治（国家）和"教化"（社会）。❶ 徐复观进而对这三个方面进行了分析。

首先，从家庭方面来看。徐复观指出，儒家所提出的五伦，其中有三伦属于家庭的范围，所以"尽伦"是要首先把家庭变为一个道德实践的自然团体。儒家思想不重在"改作"，而是注重在已有的事物中去发掘有意义的内涵，从而赋予新的价值，使其渐变而不自觉。而家庭又是人类自然的结合，所以儒家就在这种自然结合中，贯注以道德实践的新生命，即"孝悌之义"。每个人都在其家庭中尽其人生的义务，每个人也都得到其人生的价值，也就是说，正因为有其家庭的存在，人的生命才由此而具有时间与空间上的价值。那么，由现实的家庭纵而推之，则子孙昌盛，百代不衰，人的生命也由此得到时间上无限的安顿；而由现实的家庭横而广之，则四海之内皆兄弟，人的生命则由此得到空间上的无限的安顿。所以，儒家思想通过家庭以浸透于社会，其功效最为广大和深厚。

其次，从政治（国家）方面来看。徐复观指出，儒家既然对人伦负责，当然也要对政治负责。上面我们也曾讲到，因为历史条件的限制，儒家政治思想虽然有其精纯的理论，但这种理论总是站在统治者的立场去求实施，而很少站在人民的立场去争取实现。所以，政治的主体性始终没有建立起来，未能由民本而走向民主，只有减轻统治者毒素的作用，而没有根本解决统治者毒素的作用。此外，儒家一方面要对政治负责，另一方面又未能把握政治的主动，所以儒家思想在现实政治中饱受委屈和摧残，从而影响了其正常的发展，并由此出现了许多出卖灵魂的盗窃之徒。徐复观认为，这是儒家文化历史中的大不幸，为此，真正的儒家一定要致力于政治的民主化。

最后，从"教化"（社会）方面来看。徐复观认为，孔子的教化思想，是儒家对人类负责的精神中最伟大的一面。许多人说孔子是中国最早

---

❶ 徐复观. 儒家精神之基本性格及其限定与新生［M］//儒家思想与现代社会. 北京：九州出版社，2014：20.

的教育家,更准确的描述是,孔子的精神,实是伟大宗教家的教化精神。孔子"毫无凭藉,一本其悲悯之念,对人类承担一切责任,而思有以教之化之。此系立于社会之平面,以精诚理性相感召,这与政治之设施全异其趣。世界伟大宗教之得以建立,其教义必须通过此一教化精神以具象化之,乃能唤起人类之心灵而与其融铸在一起。否则任何教义,只做一番话说,与人究无多干涉"。❶ 因此,儒家能够代替宗教的原因,不仅在其自本自根的道德内在论,而且是因为孔子与伟大宗教的创立者一样,通过教化精神将其学说具象化于中国民族之中,所以非普通一家之言可以相比。政治是实现理想的便捷之路,但政治需要有所待而后行,但教化是一心之发,当下即可尽力。孔子对现实政治采取一种可进可退的随缘态度,但一谈到教人这一方面,则是"教不倦"和"有教无类"。这种站在社会角度对人类负责的精神,真正显示出"人伦"观念的基本用心与其含弘光大。

因此,在现实上,践伦的过程始于家庭,贯彻"孝悌之义",延伸至国家,落实儒家的政治理想,再延伸至社会,对人民实行教化。也就是说,儒家思想是从内在的道德性客观化出来的,它始于孝悌,极于民胞物与、天地万物为一体。而这一过程"只是仁心之发用,一气贯通下来的,此中毫无间隔"。❷

3. 儒家政治思想与民主政治的理念相一致

上文提到,作为内在道德性客观化的践伦过程必然延伸至国家(政治),那么,儒家政治思想就是政治领域践伦、实现儒家道德理性精神的规范性设计。徐复观进而将之归结为儒家思想的七项共识,认为它们与民主政治的理念相一致。

第一,儒家继承民本思想,以人民为政治中的主体性存在,统治者乃系一从属性的客体。因而,儒家主张天下不是统治者私人可得而取或与,

---

❶ 徐复观. 儒家精神之基本性格及其限定与新生 [M]//儒家思想与现代社会. 北京:九州出版社,2014:24.
❷ 徐复观. 儒家精神之基本性格及其限定与新生 [M]//儒家思想与现代社会. 北京:九州出版社,2014:27.

而是决定于民心、民意。那么统治者的地位与人民对统治者的服从，无形中是取得人民同意的一种契约关系。契约说虽然并非历史上的事实，但实际上是由神权、君权过渡到民权的重大枢纽。第二，由于统治者不是天下的主体，统治者的权力的取得是基于人民的同意，这是一种社会契约的产物，所以对于违反契约的统治者，人民有权收回其权力。可见，儒家比西方早 2000 年就正式承认了人民的革命权。第三，因为统治者是应人民的需要而存在，人民最基本的需要是生存，所以统治者最大的任务便是要保障人民的生存，于是爱民、养民便成为儒家规定给统治者的最大任务。第四，因为要保障人民的生存，所以儒家特别重视"义利之辨"。儒家的所谓利，指的是统治者的利益；所谓义，在政治上说，指的是人民的权利。"义利之辨"在政治上是抑制统治者的特别利益，用来保障人民的一般权利。第五，统治者是由人民的需要而存在，那么一切政治的活动是为人民，而不是为统治者的。所以，人臣事君的原因并不是统治者个人应当被供奉，而实际上则是为了一种共同的任务。第六，儒家主张德治。德治的最基本意思是统治者以身作则的"身教"。统治者先修其身，一切道理先在自己的行为上实现，再推以及人，自然会成为"絜矩之道"，这是德治的真正意义。第七，儒家既不承认天下是统治者的私产，更规定统治者的任务是爱民、养民，所以爱民、养民是目的，而"得天下"只是一种手段。儒家把政权隶属于个人人格之下，使政权处于一个极不重要的位置，主张不能为了追求政权而做稍有亏损人格以及政权所要达到的目的的行为。由此，一个人的人格才可以得到纯化，政治也因此同样得到纯化。❶

通过以上论证，徐复观指出，在道德内在论、儒家政治思想、民主政治理念三者之间，是完全可以贯通融合的。因此，他确定地说："儒家的政治思想必归结于民主政治，而民主政治之应以儒家思想为其精神之

---

❶ 徐复观. 荀子政治思想的解析 [M]//学术与政治之间. 北京：九州出版社，2014：172-176.

根据。"❶

第二节　中国政治文化综合创新的途径

徐复观以审视与批判的精神对中西政治思想进行了创造性的发掘和阐释。在对中国传统文化进行梳理时，他指出，儒家政治思想尽管已经提出了民主政治的原则，但由于专制政治的压迫，使其失去了成长的土壤，缺乏制度的客观化，最终没能发展出民主政治。而西方的民主政治虽然具有很大的优越性，但是缺少伦理道德的根基。在此认识的基础之上，徐复观的政治文化的综合创新理论便应运而生。他主张将儒家思想与西方政治文化创造性地融合起来，取长补短，以西方民主政治来弥补儒家政治思想的局限性，为中国的民主政治提供制度上的保证，以儒家思想中的道德伦理来弥补西方民主政治的无根性，在中国传统文化中开辟一条适合中国自身发展的民主政治道路。徐复观所做的探索就是力图把儒家思想的精华从秦汉后在专制政体的压抑下被扭曲了的儒家思想中析离出来，与现代西方民主政治的精华进行创造性的融合，以开创新的中国政治文化。

一、走民主政治道路

前面我们反复提到徐复观的一个观点，即在儒家政治中虽然没有提出民主政治的制度，但在实际上提出了民主政治的原则。他曾经指出，中国的政治思想除了法家以外，都可以说是民本主义，即认定人民是政治的主体。而民本主义与民主主义之间并无间隔，二者可以相通。徐复观做出这样的推断是基于儒家心的文化进行的推演。在心的文化中，由于作为价值

---

❶ 徐复观. 儒家精神之基本性格及其限定与新生 [M]//儒家思想与现代社会. 北京：九州出版社，2014：24.

本源的心是仁心和善心，而心善又是性善的根据，所以，由心善和性善必然引出对人民的信赖，从而把民视为政治的主体。也就是说，所谓民为政治的主体即心善、性善推演于政治的结果。徐复观说："孟子证实了人性之善，证实了人格的尊严，同时即建立了人与人的互相信赖的根据，亦是提供了人类向前向上的发展以无穷希望的根据。所以表现在政治思想方面，他继承了周初重视人民的传统，而加以贯彻，并进一步确定人民是政治的主体，确定人民的好恶是指导政治的最高准绳。"❶ 这就意味着，孟子所主张的政治，实际上是以人民为主的政治，并非只是以人民为本。所以，民为主体的政治理念在心的文化中具有深厚的根基，它本身就是其内在的价值要求。

徐复观进一步指出，儒家思想很少着重于国家观念的建立，而特重于确定以民为政治的唯一对象，不仅认为"天生民而立之君，以为民也"，并且把原始宗教的天的观念落实于民的身上，把民提升到神的地位。然而，中国几千年的实际政治，却是专制政治。在专制政治之下，统治者成为政治的主体，而人民没有成为政治的真正主体，是专制政治导致这种二重主体性矛盾的出现。所以徐复观强调，中国只有走民主政治的道路，把以统治者为政治的主体转变为以人民为政治的主体，建立民主政治制度，才能消解二重政治主体性之间的尖锐对立，突破中国政治的困境。正如他在晚年所说："中国兴亡绝续的关键，在于民主政治的能否建立。中国传统文化在今后有无意义，其决定点之一，也在于它能否开出民主政治。在传统文化中能开出民主政治，不仅是为了保存传统文化，同时也是为了促进民主化的力量。我三十年来在文化上所倾注的努力，主要是指向这一点。"❷

徐复观还指出："儒家尽管有这样精纯的政治思想，尽管其可以为真正的民主主义奠定思想的根基，然中国的本身毕竟不曾出现民主政治。而

---

❶ 徐复观. 中国人性论史 [M]. 北京：九州出版社，2014：168.
❷ 徐复观. 中国传统文化中的性善说与民主政治 [M]//儒家思想与现代社会. 北京：九州出版社，2014：272.

民主政治却才是人类政治发展的正轨和坦途。"❶ 在徐复观看来,民主政治虽然来自西方,但能使儒家精神得以真正地实现。在西方社会,人类由于发现了民主主义的生活方式,于是个性与群性得以融合,肯定与否定得以统一,他认为,这实际上达到了《中庸》所讲的"万物并育而不相害"。而这种生活方式的内在精神,就是所谓的"忠恕"之道。西方文化的基础,并不是根发于忠恕精神,但是它在历史的政治对立的斗争中,迫出了这一方式,便也可以称为"强恕而行,为人莫近"了。所以,徐复观指出,我们应该珍重这种生活方式,并在此一生活方式之下,努力开创自己的政治文化,走向民主政治的道路。

因此,我们只有走上民主政治的道路,而把儒家的政治思想重新倒转,站在被统治者的立场来再做一番体认,通过制度和法律框架的建构以实现从传统政治到现代政治的转换。

（1）转换政治的主体。把政治的主体从统治者的错觉中移归至人民,人民有能力防止统治者的不德,即人民由统治者口中的民本,转变成为自己站起来的民主。❷ 对于现实政治人物的评价,也不应当着眼于个人的才能,而应着眼于他对建立真正的政治主体,即对民主所发生的作用。这样一来,政治人物在制度上只是人民的雇员,在中国历史中处于臣道的位置,而人民则处于君道的位置。

（2）转换政治权力的归属。把政治权力的根源,由统治者的手上转换到人民的手上,以"民意"来代替"君心"。❸ 由于专制时代的政治权力属于皇帝,所以政治意见需要向皇帝陈述;而民主时代的政治权力属于人民,所以政治意见应该向社会陈述。也就是说,政治权力由统治者转移到人民,就从天下为一家一姓的私产转变为天下为天下人所共有,这就实

---

❶ 徐复观. 儒家政治思想的构造及其转进 [M]//学术与政治之间. 北京:九州出版社,2014:52.

❷ 徐复观. 儒家政治思想的构造及其转进 [M]//学术与政治之间. 北京:九州出版社,2014:58.

❸ 徐复观. 中国的治道——读陆宣公传集书后 [M]//学术与政治之间. 北京:九州出版社,2014:110.

现了天下为公。

（3）转换政治约束的机制。把虚己、改过、纳谏等的君德，客观化为议会政治、结社言论自由等的客观制度。❶这样一来，每个政治领袖人物，可以不是圣人，却不能不做圣人之事，他必须要服从选举的结果，必须受到制度的制约。这是从道德制约到制度制约的转换。

民主政治解决了政治权利的主体、政治权利的归属以及政治制约机制等关键性问题，而这些问题在儒家文化传统中是无法根本解决的。因此，中国历史中的政治矛盾以及由此矛盾而造成的历史悲剧，只有落在民主政治上才能得到自然而然的解决。徐复观反对一些文化保守主义者对西方民主政治的排斥，他强调中国政治问题的出路，只能是彻底改变历史上的专制政治，在中国建立民主政治。所以，徐复观反复指出，要在当今世界保存维护传统文化，寻求中国民族的生存发展之路，就必须要以民主政治为努力的方向，这是中国历史的必然选择。

二、将儒家思想中的德治与西方民主政治中的法治相统一

德治思想与上面提到的民本思想都是中国政治思想中的精华，二者互为表里。在徐复观看来，德治思想贯通了整个儒家政治思想，它是儒家政治思想的最高原则。他指出，德治思想是一种以性善论作为人性的依据、以造就理想人格为目标、以统治者的道德修养为起点、以民本思想为基本依托、以道德教化为主要手段、以德主刑辅为基础策略的社会政治的治理模式和基本原则。它是一种理想和境界，是一种政治规范，也是一种政治实践。德治思想作为一种与法治思想并列的社会政治治理模式，有着不可磨灭的价值。德治对统治阶层的道德要求非常高，所以有利于良好官德的建立；它对一般人的道德要求也比较高，因此有利于耻感意识的生成。德治还要求政治和法律与该社会的道德精神相一致，所以它也可以为政治和

---

❶ 徐复观. 中国的治道——读陆宣公传集书后 [M]//学术与政治之间. 北京：九州出版社，2014：110.

法律提供道德根基。这些都是德治思想的正面价值。

不过，徐复观在欣赏儒家德治思想的同时，还看到了它的不足之处，力图将儒家思想中的德治与民主政治中的法治相统一。第一，德治思想可能导致泛道德主义。德治是道德主义的，它以道德挂帅，这就有可能使道德规范或者对个人人品的要求在正常人的能力范围之外，以至于唯道德是论。这样一来，政治和法律都将失去独立的地位，从而变为道德的婢女，不利于政治和法律的独立。德治之下的伦理政治与现代社会的法理政治还是存在巨大的差异的。第二，德治思想具有非民主的因素。德治思想总是站在统治者的立场来考虑政治问题，这与现代民主政治的要求正好是截然相反的。德治强调的是从统治者的角度出发，通过道德对人民进行统治；而法治则是强调从被统治者的角度出发，通过法律控制政府从而捍卫公民的权利。第三，德治思想忽略了公民美德的培养。中国古代只有臣民而没有西方意义上的公民。而德治下的臣民是消极的，法治下的公民则是积极的。在这种情况下，现代的公民美德也就付之阙如了。第四，德治思想忽视了制度建设。德治是理想主义的，它对人性给予了过高的估计，从而认为统治者可以通过道德修养来进行自我约束。因此，它没有建立起有效的制度来约束统治者及其权力。第五，德治思想在稳定性问题上是失败的。德治把希望建立在圣君贤相的基础之上，但是，这些是可遇而不可求的。历史上出现最多的是昏君和奸相，即使出现个别的圣君和贤相，最终也逃脱不了"人存政举，人亡政息"的宿命。❶ 徐复观认识到客观的民主和法治是解决中国政治问题的唯一方式，其原因正在于法治是制度化了的客观存在，因此法治具有德治所没有的诸多优点。

徐复观指出，儒家的政治思想是从规定自己对于对方所应尽的义务着眼，而西方则是从规定自己所应得的权利着眼。❷ 也就是说，在徐复观那

---

❶ 谢晓东. 从德治理想国到法治下的德治——论徐复观对儒家社会治理观的转换［N］. 光明日报，2007-05-15.

❷ 徐复观. 儒家政治思想的构造及其转进［M］//学术与政治之间. 北京：九州出版社，2014：55.

里德治是义务本位的，而法治则是权利本位的。儒家是超出个体自己与个体权利观念之上，将个体没入于对方之中，为对方尽义务的人生与政治。而西方则是以权利作为法律的本位或法律的出发点，没有什么高远的道德目标，只是一种消极的捍卫权利的政治。因此，义务本位的德治比权利本位的法治要高出一筹。但是，从现实的操作层面及其效果上来看，法治则具有更强的操作性和更好的效果。

进一步来讲，徐复观意识到，儒家政治思想中的德治虽然具有崇高的境界和理想，但是在传统中国是很难实现的。原因就在于它缺少了一个建构原则，而现代西方行之有效的法治就是这么一个原则。法治可以分为精神的、实体的和形式的三方面要件，❶下面从这三个方面来论述徐复观的法治思想。

第一，法治的精神要件。法治的精神与法律原则、法律精神、法的本质都不相同，它的实质是关于法在与国家和权力交互作用时人们对这一关系所选择的价值标准和持有的稳定心态。徐复观认为，法家所强调的"法"是严刑峻法，是恶法，它与现代法治所追求的良法之治是有差距的。善法与恶法的标准在于是否合乎道德。宪法本身是自由民主的制度化，所以它应该居于一种最高的地位。权利文化是法治的一个基础，所以如果缺乏个体权利的自觉，那么法治则难以实现。执政党必须在宪法之下活动，否则就是非法。可见，徐复观把法律的统治、法律至上、良法之治和权利文化等观念作为法治精神的要件。只有具备了上述观念，法治才能实现。第二，法治的实体要件。法治的实体要件指的是依据法治的精神而被奉行的法治原则，以及由这些原则所决定的形成制度的法律内容。法治所限定的是政府的强制性活动，所以法治则是权力制约制度的存在以及权力制衡原则的被遵守。徐复观认为，宪法规定的对统治者权力的制约可以分为权力机关的制约、法律规则的制约和社会的制约三种形式。法治不但

---

❶ 徐显明. 论法治的构成要件——兼及法治的某些原则及观念 [J]. 法学研究, 1996 (3)：37.

意味着政治责任的落实，它还意味着权利得到了制度的保障。客观化了的法律可以通过制度的形式有效捍卫人的权利和自由，未获得保障的权利和自由则是不真实的。第三，法治的形式要件。法治的形式要件指的是法治实体要件的表现方式和实现实体要件的技术条件。在徐复观看来，司法独立是一个重要的形式要件，法律不但必须是一般的和抽象的，它还应当是公开的、确定的和可以预见的，法律面前人人平等。❶

前面我们讲到，徐复观认为，从境界上来说，德治是高于法治的；但是从现实的操作层面及其效果上来说，法治具有更强的操作性和更好的效果。由于德治存在一些明显的缺陷，而法治存在一些无可替代的优势，因此，作为社会国家的活动方式，法治是首要的和基本的。现实的选择是把法治作为基本社会政治治理模式，同时吸纳一些与法治不相冲突的德治的精华成分于自身。具体来说就是，徐复观主张把德治客观化而为法治，从而使中国能够实现长治久安，进而解决稳定性的问题。徐复观实际上是确定了法治是社会政治治理的首要原则。接下来，徐复观还认为，除了法治之外，我们还应该利用一些与法治不相冲突的、非制度层面的要素，这就是德治思想。"由孔子思想在政治方面的正常发展，必然要走上民主政治的道路，而这种民主政治，是超过（不是反对）欧洲使民主政治所凭借以成立的功利主义，以奠基于人的最高理念的'仁'的基础之上，使近代的民主政治因而更能得到纯化，以解决仅从制度上所不能彻底解决的问题。"❷ 这句话对于法治也是一样的适用。徐复观又指出："今后的政治先要有合理的争，才归于合理的不争。先要有个体的独立，再归于超个体的共立。先要有基于权利观念的法的限定，再归于超权利的礼的陶冶。"❸ 从这句话可以看出，法治以权利观念为依托，以"合理的争"为标志；

---

❶ 谢晓东. 从德治理想国到法治下的德治——论徐复观对儒家社会治理观的转换 [N]. 光明日报，2007-05-15.
❷ 徐复观. 中国自由社会的创发 [M]//学术与政治之间. 北京：九州出版社，2014：273.
❸ 徐复观. 儒家政治思想的构造及其转进 [M]//学术与政治之间. 北京：九州出版社，2014：58.

而"礼"是德治的体现,以"合理的不争"为特点。至于"先要有基于权利观念的法的限定,再归于超权利的礼的陶冶"一句中的"先"和"再"则表达出了一个时间要求。也就是说,法治具有优先性,而德治是在法治之下发挥其作用和价值。同时,法治也利用德治的非制度因素得以完善。

总之,在徐复观看来,首先从制度的根本层面确定法治是基本社会政治治理模式,同时充分吸收利用与法治不相冲突的德治的精华,进而实现德治与法治在"法治下的德治"的形式下统一起来,将儒家思想中的德治与民主政治中的法治相统一。

三、建立民主政治制度所要遵循的原则

1. 主张间接民主

间接民主是人民选举代表掌握国家决策权力的民主形式,在这种制度之下,人民的民主权利主要体现在选举代表的权利上。民主政治除包括间接民主外,还包括直接民主。在直接民主中,全体人民直接决定和管理国家事务,不通过中介和代表,而这就与间接民主中,人民通过由自己同意所选举出来的代表来负责制定法律和管理公共事务是不同的。所以,在间接民主下,人民通过其代表来进行统治,而不是直接进行统治。

尽管徐复观特别重视权力的根源问题,强调权力属于人民,人民是政治的主体,但是他并不建议人民直接行使权力,而是主张人民委托政府去行使权力。徐复观指出:在民主政治制度下,"政治人物,在制度上是人民的雇员,它即是居于中国历史中臣道的地位,人民则是处于君道的地位。人民行使其君道的方法,只对于政策表示其同意或不同意,将任务的实行委托之于政府"。❶

徐复观主张人民委托政府行使权力的原因就在于,他认为政治只是人

---

❶ 徐复观.中国的治道——读陆宣公传集书后 [M]//学术与政治之间.北京:九州出版社,2014:110.

生中的一个部分，不能使其在人生中僭居于主要的地位，以致淹没了整个人生。"民主政治是自己限定自己的政治，是在人生中把政治限定于一可有可无的地位，以解放人生在政治以外的生活，也是解放人生向质追求的生活。"❶ 此外，政治在人生中还紧连着权力欲和支配欲，徐复观认为这是人生中最坏的一部分。我们要使人生中的这一部分作为其他部分的工具，为其他部分开路，因此也就把这一部分转化为其他部分。但是，反过来则是万万不可的。不能把人生其他部分作为这一部分的工具，为了这一部分而阻塞整个人生。如果把人生其他部分都转化为这一部分，那人与禽兽就没有什么区别了。徐复观对现实中比较理想的政治局面也进行了描述：人人都可以过问政治，也可以不过问政治；要过问政治时，没有人来说不准你过问，想不过问政治时，也没有人来说你非过问不可；要过问政治，则从心到口直道而行，没有人来监视你的言论和投票，不要过问政治，则从工厂到教堂自由选择，没有人来加以干涉统制。"这样的政治才是作为人生工具的政治，人在这种政治中才可以发展整个的人生，建立真正的人文世界。我从此一角度，便特别欣赏近代委托性的民主政治，追求近代委托性的民主政治。"❷ 徐复观所欣赏的近代委托性的民主政治指的就是间接民主，他强调如果没有这种民主政治的空间，人生就会受到压抑，人文也会受到阻滞。

2. 坚持有限多数原则

"有限多数原则"与代议制民主相对应，它是民主制度中的可行性原则，是对传统简单"多数原则"的修正和超越。任何"多数"都没有绝对和无限的权利，只有尊重和保护"少数"的权利，才能维护民主的力量和机制，避免"多数"有可能会带来的专制。在民主政治中，"少数"与"多数"的关系及其处理是不可回避的问题，而"少数服从多数"也就是"多数人原则"经常被视为民主的象征。然而，多数的使用不当会

---

❶ 徐复观. 学术与政治之间［M］//学术与政治之间. 北京：九州出版社，2014：141.
❷ 徐复观. 政治与人生［M］//学术与政治之间. 北京：九州出版社，2014：82-83.

造成"多数暴政",或侵犯少数人的权利,或损害少数人的自由。所以民主不应是简单的"多数决定",而必须是有限制的、受到制约的、择优的多数。在这个问题上,徐复观的主张是把"少数服从多数"与"多数保障少数"统一起来,指出它们都是民主政治不可分割的一部分。

徐复观认为:"民主主义中的民主政治,诚然是少数服从多数、决定于量而不决定于质的凡庸政治。……可是少数服从多数,只是民主政治的一面。民主政治的另一面,是多数保障少数。有了这一面,则问题的解决,虽说是决定于量,而同时量也无形地保障了质。"❶他又指出:"民主政治,不是以多数者所代表的真理性为基础,所以少数服从多数,只是民主政治中的一个条件,……少数服从多数,只有和多数保障少数同时存在,才有其民主的意义。"❷诚然,少数服从多数是民主政治中的一个条件,但它绝不仅仅是唯一的条件,少数服从多数只有和多数保障少数同时存在,民主政治才有其真正的意义。

3. 主张有限政府

"有限政府"指政府自身在规模、职能、权力和行为方式上受到法律和社会的严格限制和有效制约。与"有限政府"相对立的是"无限政府",所谓"无限政府"是指一个政府自身在规模、职能、权力和行为方式上具有无限扩张、不受法律和社会有效制约的倾向。所以,与"无限政府"截然不同,"有限政府"是一种自由主义的政府理论,是从国家与社会二元对立出发,以保护个人权利和个人自由为旗帜,对政府权力和活动范围进行严格限制的理论主张。

徐复观认为,政府的权力必须有其范围,不能无边界地扩张。他说:"政府只是一个更大的有限责任公司。"❸他的这一主张来源于他对现实政治的直接参与以及对权力的深刻认识,他说:"权力对人而言,必发见腐

---

❶ 徐复观. 我们信赖民主主义[M]//学术与政治之间. 北京:九州出版社,2014:26.
❷ 徐复观. 儒家在修己与治人上的区别及其意义[M]//学术与政治之间. 北京:九州出版社,2014:214-215.
❸ 徐复观. 论组织[M]//学术与政治之间. 台北:学生书局,1985:156.

蚀作用"❶，可见，他警惕权力的腐蚀与扩张，强调对政府权力的限制。

然而，权力的本性中包含有一种扩张的倾向，它在缺乏监督和制约的情况下容易被泛滥。因此，要使政府成为有限政府，则必须使其权力受到有效的制约，而民主政治就是防止权力无限扩张的约束框架。所以，徐复观反复强调，民主政治是人民控制统治者的工具，它本身就含有政治的自我否定以及权力的自我否定的高贵品质。❷ 在徐复观的视野里，他将民主政治对权力的制约分为三个方面。

第一，权力机关的制约。徐复观说："把虚己、改过、纳谏等等的君德，客观化为议会政治、结社言论自由等的客观制度。一个政治领袖人物，尽可以不是圣人，但不能不做圣人之事，他不能不服从选举的结果，他不能不听议会的论难。"❸ 在徐复观看来，权力机关的制约指的就是立法机关即议会或国会的制约。而民主政治就是"以人权为灵魂，以议会为格架"的议会政治。在这种制约机制下，统治者必须接受议会的规范，必须听从议会的安排。因此，立法机关对行政机关的权力制约意味着分权制衡的体制安排，它的实质是在权力机关内部以权力制约权力。第二，法律规则的制约。徐复观说："有了法的精神与制度，可使个人与社会、个人与政府之间皆在一种明确的规限之下，保持各自的立足点，而不致受到不正当的侵害，这便使个人对社会及政府的关涉有一种坚确的基础。"❹ 徐复观认为，法律规则通过对公民权利和政府权力各自范围的划分，可以确保公民的个人权利不受政府权力的侵犯，最终实现权利与权力的平衡。所以，在民主政治之下，法律规范则成为争取个人权利和限制统治者权力的第一要义。第三，社会力量的制约。徐复观说："近代西方的社会，有

---

❶ 徐复观．徐复观最后日记［M］//无惭尺布裹头归·生平．北京：九州出版社，2014：314.
❷ 徐复观．政治与人生［M］//学术与政治之间．北京：九州出版社，2014：83.
❸ 徐复观．中国的治道——读陆宣公传集书后［M］//学术与政治之间．北京：九州出版社，2014：110.
❹ 徐复观．儒家对中国历史命运挣扎之一例——西汉政治与董仲舒［M］//学术与政治之间．北京：九州出版社，2014：369.

许多压力团体,不仅可以保有独立性的活动,且可把自己的主张反而强加之于政府,成为政治的基本动力。……但在中国古代,不仅没有社会的压力团体可以影响大一统的皇权专制,即连宗教活动,亦早由政治领导者所垄断,构成统治者权力的一部分。因此,社会是完全在政治控制之下,随政治活动而决定其命运与动向。"❶ 他又指出:"民主则社会权力与政府权力,可以发生制衡作用,所以民主政治中的官僚主义,容易受到限制。"❷ 通过对中西社会的对比,徐复观发现,社会是制约权力最深厚的资源,而民主则是社会权力对政治权力的制衡。通过舆论和选举两条途径,可以实现社会对政治权力的制约。

总之,徐复观以审视、批判的精神对中西政治思想进行了创造性的发掘和阐释。一方面,他主张以西方民主政治来弥补儒家政治思想的局限性,为中国的民主政治提供制度上的保证;另一方面,则以儒家思想中的道德伦理来弥补西方民主政治的无根性,在中国传统文化中开辟一条适合中国自身发展的民主政治道路。徐复观所做的探索就是把儒家思想的精华从秦汉后在专制政体的压抑下被扭曲了的儒家思想中析离出来,与现代西方民主政治的精华进行创造性的融合,以开创新的中国政治文化。这一政治文化的综合创新理论是徐复观政治思想的归结点和落脚点,也是徐复观政治思想的核心。

---

❶ 徐复观. 两汉思想史(三)[M]. 北京:九州出版社,2014:159.
❷ 徐复观. 徐复观最后日记[M]//无惭尺布裹头归·生平. 北京:九州出版社,2014:314.

第七章

对徐复观政治思想的评价

第七章 对徐复观政治思想的评价

徐复观的政治思想是 20 世纪中国学术界一项十分重要的理论成果，是对于中国现代政治文化建设的可贵的探索。本章将从徐复观的贡献、局限及当代启示等三个方面对其进行综合评价。

第一节 徐复观政治思想的贡献及特征

徐复观的政治思想既不同于当时我国台湾地区的自由主义者，又在许多方面有别于传统主义者，而与综合创新者在某些方面又有着一致性。因此可以说，在 20 世纪的中国政治思想史上，徐复观是一个特立独行的人物，其思想的贡献及特征也正在于此。

一、与自由主义者的比较

要探讨徐复观与台湾地区自由主义的不同，首先要把他置于 1949 年以后的台湾地区社会历史与文化背景中来加以思考和说明。在当时的我国台湾地区，西方文化以其压倒一切的优势成为主流文化，而中国传统文化则处于花果飘零的凄凉境地。传统文化特别是儒家思想已经起不到昔日那种维系社会人心的作用，甚至连作为学术研究的科目也颇遭冷遇。儒家思想在社会上的大多数人心目中已经成为保守、落后、封建、愚昧的代名词，实有被连根拔除之势。唐君毅就曾指出："中国社会政治、中国文化与中国人之人心，已失去了一凝摄自固的力量，如似园中大树之崩倒，而花果飘零，遂随风吹散；只有在他人园林之下，托荫避日，以求苟全；或墙角之旁，沾泥分润，以得滋生。"❶

20 世纪五六十年代以后成长起来的我国台湾地区年轻人，大多接受过西方文化的熏陶，在思想倾向与社会风气上，都追求和向往"西化"

---

❶ 唐君毅. 说中华民族之花果飘零 [M]//唐君毅全集（卷七）. 台北：三民书局，1979：2.

之风。著名哲人方东美对此也十分忧虑,他说:"我在台湾大学里面教了二十几年的书,在这里面真正的中国文化根本没有!就是有,分量也非常之轻……许多大学所编订的课程,都是把西洋摆在第一位,甚至很多时候连印度哲学的分量都超过中国哲学的分量。"❶ 他又说:"我们可以知道过去五十年来的教育,尤其是大学教育根本就成了问题,前三十年学日本,后二十年学美国。……在这种情形下,今日大学教育最重要的危机就是'忘本'。"❷

近代以来,我国港台地区一直处于欧风美雨的前沿,随着国民党溃败退于台湾以及大批学者迁居港台,中西文化的冲突更为尖锐。台湾地区的整个思想氛围,除国民党以党意统领政治、社会外,还活跃着一个以胡适为首的标榜自由主义的群体。1949年11月,胡适、雷震、殷海光、夏道平、戴杜衡等人在台北创办了《自由中国》杂志,以新闻自由、言论自由的基本人权为基础,宣扬民主宪政理念。而这时的国民党当局需要利用自由主义标榜自己在思想方面的多元化,因而自由主义得以成为当时台湾地区的一个重要学派。这里,我们以徐复观同胡适和殷海光思想的比较为例,分析徐复观与台湾地区自由主义者的异同。

在中国自由主义阵营中,胡适是宗师式的人物,他被称为20世纪上半叶中国自由主义的灵魂和旗帜,殷海光则是20世纪五六十年代台湾地区著名的自由主义大师,徐复观也曾毫不隐晦地说自己是一个"自由主义者"。在自由主义的基本立场和自由主义的价值方面,徐复观同胡适、殷海光的观点是一致或接近一致的。他们三人都认识到,自由主义对当时西方近三百年的进步起到了巨大的作用。徐复观、胡适和殷海光都曾对自由问题展开过论述,他们都认为自由民主是近代自由主义的一体两面,是与集权主义截然对立的。胡适把自由主义界定为:"人类历史上那个提倡自由,崇拜自由,争取自由,充实并推广自由的大运动。"❸ 他认为,在

---

❶ 方东美. 方东美先生演讲集 [M]. 台北:黎明文化事业公司,1983:7.
❷ 方东美. 方东美先生演讲集 [M]. 台北:黎明文化事业公司,1983:209-210.
❸ 胡适. 自由主义 [M]//胡适文集(12卷). 北京:北京大学出版社,1998:805.

这个大运动里，凡是"爱自由的""承认自由是个人发展与社会进步的基本条件""承认自由难得而易失故必随时随地勤谨护视培养的"都属于自由主义者。在胡适看来，只有民主政治才能保障人民的基本自由，所以自由主义的政治意义是强调拥护民主。而民主是一种生活方式，民主的生活方式就是承认人人各有其价值，人人都应该可以有自由发展的方式；科学则是一种思想与知识的法则，一种注重事实、尊重证据的方法，一种"无证不信"和为真理而真理的精神。由此我们可以看出，胡适关于民主和科学的论述，深深地打上了自由主义的烙印。殷海光认为，自由主义的实质是"一种人生哲学、一种生活原理，及人际互动的一组价值观念，或对人对事的态度。它是人本主义的，认为个人是人生一切建构和一切活动的始原起点。个人有不可剥夺的基本人权。法治的基本出发点和功能，并非保障政司的权利，而在保障个人之不可剥夺的基本人权。"❶ 在此基础上，他列举了自由主义的四个根本要素，其包括思想自由、经济自由、伦理自由和政治自由。思想自由是自由主义中最崇高的自由，它是人类实现真善美的保障；经济自由是自由主义的基础，失去了经济自由，其他自由也将随之失去；伦理自由是自由主义的根本基础，只有注意伦理自由，才能彰显自由主义的崇高道德价值；政治自由的表现就是实行民主政治，民主政治是重视人的尊严，把跟人当人的政治制度。❷ 殷海光认为，在民主政治之下，权力来自人民的选票，而不是源于武力的征服，这就可以防止不公正的权力任意而行的祸害和危害基本人权的危险。在徐复观看来，自由主义是从个人的理性活动上去体认"人生而自由"，在秩序中满足个人自由的要求，它在政治上的表现就是民主主义或民主政治。

然而，这里需要指出的是，徐复观虽然说自己是一个"自由主义者"，但又说自己"不甘心于仅仅做一个自由主义者"，他在肯定民主自

---

❶ ［英］海耶克. 到奴役之路 [M]//殷海光全集（第6卷）. 殷海光，译. 台北：桂冠图书公司，1990：自序2.
❷ 殷海光. 自由主义的蕴涵 [M]//殷海光全集（第11卷）. 台北：桂冠图书公司，1990：194-206.

由的坦途同时，特别强调民主自由在中国生根必须有中国传统文化的滋养。但是，自由主义者从胡适到殷海光一直对中国传统文化特别是儒家思想持全面批判和严厉否定的态度，在这一点上，徐复观又与自由主义者有极大的不同。

自由主义反对甚至全盘否定中国传统文化。1934年，胡适在其创办的《独立评论》上先后发表了《信心与反省》和《再论信心与反省》的文章，指出我们的民族信心必须建立在"反省"的基础之上，绝不是通过浅薄的"与欧美文化接触"就可以脱胎换骨的。胡适采取一种反传统的态度，斥责那种要求"一面学科学，一面恢复我们固有的文化"的陈词滥调是"中学为体，西学为用"方案的翻版。他认为，如果传统文化值得恢复和弘扬，那么"我们今天不至于遭到这步田地了"。"忠孝仁爱信义和平等等并不是'维系并且引导我们民族向上的固有文化'，他们不过是人类共有的几个理想，如果没有作法，没有热力，只是一些空名词而已。这些好名词的存在并不曾挽救或阻止'八股，小脚，太监，姨太太，贞节牌坊，地狱的监牢，夹棍板子的法庭'的存在。这些八股、小脚……'固有文化'的崩溃，也全不是程颢，朱熹，顾亭林，戴东原……等等圣贤的功绩，乃是'与欧美文化接触'之后，那科学工业造成的新文化叫我们相形之下太难堪了，这些东方文明的罪孽才逐渐崩溃的。"❶ 1961年，胡适在他的演讲《科学发展所需要的社会改革》中坚持了他一贯的全盘西化主张。他认为传统的中国文化完全没有精神价值，没有什么灵性，"只属于人类衰老的时代"❷。这种文字被称为那时台湾地区自由主义者对我国传统文化最具侮辱性的文字，以胡适为首的这一派别就是以这样侮辱性的语言，对中国传统文化进行了非理性的猛烈攻击。殷海光也在识别中国自由主义者的六大特征中，把"批孔"列为第一特征，并以"批孔"与否作为是否自由的重要标准。在殷海光那里，传统文化

---

❶ 胡适. 再论信心与反省[M]//胡适文集（5卷）. 北京：北京大学出版社，1998：395.
❷ 胡适. 科学发展所需要的社会改革[M]//胡适文集（12卷）. 北京：北京大学出版社，1998：704.

与自由民主的关系不仅是完全疏离的,而且是完全对立的。他指出,儒家德目的阶级性、重男轻女、愚民政策、独断精神、泛孝主义、轻视实务等弊端,贻害中国社会文化达几千年。❶ 这种非常有代表性和普遍性的认知和评价,造成了殷海光与文化保守主义者的极大隔阂,即使到晚年也未能完全解除。

在这个背景之下,徐复观本着维护传统文化之精华的初衷,严厉指责胡适等,认为对于他们这种行径只能用"文化暴徒"❷四个字加以形容。徐复观指出:"关于自己的历史文化,既不应作狂热的夸张,因为作狂热的夸张,从文化自身说,势必抹煞文化的世界性及世界的其他文化,结果会流于自欺,会使自己的文化失掉了营养,因之归于萎缩。但更不应作狂热的诬蔑,因为失掉了自己记忆力的人一定是白痴,失掉了历史记忆力的民族一定是生命力枯竭而必归于消灭的民族。"❸ 从这里可以看出徐复观思想的一个特点,那就是反对以胡适为首的主张全盘西化、全盘否定传统文化的台湾地区的自由主义者。

作为"文化保守主义"的新儒家在当时的港台地区属于边缘化思潮,其处境可以说是门庭冷落车马稀。正如方克立所指出的:"新儒学在港台并非思想界的主流,香港弥漫着殖民文化和西化思潮,新儒学不可能居于主导地位;而在台湾,新儒学的势力也不大,甚至难以与天主教的新士林哲学比肩而立。"❹ 他又指出:"新儒家过去在台湾既进不了'中央研究院',也在台湾大学等重要高等学府站不住脚,而只能在二三流大学占有一席之位。"❺ 而在另一方面,台湾地区的国民党当局又试图利用传统儒学来为其政治与文化的统治服务。在官方的诠释中,儒学凸显了对政治权

---

❶ 殷海光. 中国文化的展望 [M]. 上海: 上海三联书店, 2002: 507-511.
❷ 徐复观. 历史文化与自由主义——对于辱骂我们者的答复 [M]//学术与政治之间. 北京: 九州出版社, 2014: 501.
❸ 徐复观. 历史文化与自由主义——对于辱骂我们者的答复 [M]//学术与政治之间. 北京: 九州出版社, 2014: 511-512.
❹ 方克立. 现代新儒学与中国现代化 [M]. 长春: 长春出版社, 2008: 369-370.
❺ 方克立. 现代新儒学与中国现代化 [M]. 长春: 长春出版社, 2008: 370.

威的服从，被通过普及性的教育来发挥其巩固现行体制的作用。然而，徐复观以毕生之力从事中国传统文化的著述与教学，守护与发扬了儒家传统的精神价值。这是他针对近代许多自由主义者蔑视传统文化的自暴自弃态度而发愤著述所作出的重要贡献。

二、与传统主义者的比较

萧萐父评价徐复观说："浠水徐复观先生，是现代中国卓有建树的学者，耿直不阿的思想家。……徐先生的学术研究和文化剖析的总方向，似可概括为以破显立，去芜存菁，即通过对传统思想文化的负面的揭露批判以凸显其正面的价值，勇于剔除古老民族文化中的污秽及僵化的成分，从而复活并弘扬其不朽的真精神。"❶ 笔者非常赞同萧萐父的观点。一方面，徐复观立足于传统主义者的立场维护传统文化；另一方面，他又与通常的传统主义者只是维护传统文化不同，他不是无原则地认同和维护传统中的所有一切，而是通过对传统文化的批判和创造来落实自由主义的理念。下面以徐复观同牟宗三、唐君毅以及钱穆等传统主义者的比较与论证为例。

1. 与牟宗三、唐君毅的比较

徐复观与牟宗三、唐君毅并称为中国第二代新儒家的三大代表人物，他们不但是生活中的友人，也都师从熊十力先生，是五四新文化运动中同时成长起来的一代大儒。徐复观、牟宗三、唐君毅三人在保护、发掘和发展中国传统文化的价值与融合中西精髓、重建新儒学的观点上具有一致性，因此常常被并列提出。但是，唐君毅出身书香门第，而牟宗三与徐复观都来自农民家庭；牟宗三与唐君毅一生均未离开学术之门，徐复观却是历经宦海沉浮后由政治转向学术；当牟宗三与唐君毅努力创发自己的哲学体系的时候，徐复观却果断放弃，并认定中国文化的新生远比个人哲学体系的建立更为重要。牟宗三清高傲骨、思辨深微，唐君毅极富温情、学识

---

❶ 萧萐父. 徐复观学思成就的时代意义 [M]//李维武. 徐复观与中国文化. 武汉：湖北人民出版社，1997：7.

广博，徐复观刚强勇猛、知行合一，他们三位分别被尊为智者型新儒家、仁者型新儒家和勇者型新儒家。徐复观与牟宗三、唐君毅三人虽说有种种不同，但他们共同倡导传统文化，都试图将儒家思想的精华与西方文化的精华融合起来，为打破中国近百年的政治困局，走向民主和科学开辟一条生路。

徐复观与牟宗三、唐君毅政治思想的共识体现在三人与张君劢共同发表的《为中国文化敬告世界人士宣言——我们对中国学术研究及中国文化与世界文化前途之共同认识》。这一宣言是新儒家的第一个系统性、纲领性文件，它驳斥了海内外思想界对中国文化的种种误解，表达了徐复观、牟宗三与唐君毅对中国文化的过去、现状和未来的基本看法，反映出他们对中国文化和人类文化的整体构想。他们对五四新文化运动的偏颇和负面效应进行批评，主张将新文化运动提倡的民主和科学建立在儒家生命学问的基础之上，由此打通中国文化健康发展的道路。徐复观、牟宗三、唐君毅三人的努力，为保存和发扬中国传统文化作出了难能可贵的贡献。

牟宗三、唐君毅同徐复观一样，都认为儒家思想在中国文化中居于主体地位，他们都强调在取舍和吸收西方文化时必须要确保儒家思想在文化中的支配地位。牟宗三把中国文化置于主位，西方文化置于客位，认为如果儒家思想的主位性保持不住，那么即使中国走向了现代化，也只不过是"殖民地"的身份。唐君毅提出"依本成末，返本开新"的主张，这里的"本"指的是儒家文化，"末"指的是西方文化，他的目标是以儒家文化为主体，通过消化西方文化和人类一切优秀文化，重建中国的人文理想。按照唐君毅的解释，如果不承认儒家思想在现代文化中的主体地位，那就没有理由说自己是新儒家。牟宗三和唐君毅所强调的儒家思想是形而上的、经世的，而徐复观的儒家思想则是偏重实践的，所以徐复观与牟宗三、唐君毅对儒家思想内涵理解的出入是非常大的。在这一点上，徐复观曾表达过他对师友们的不满："讲中国哲学的先生们……即使非常爱护中国文化，对中国文化用功很勤，所得很精的哲学家，有如熊十力，以及唐君毅先生，却是反其道而行，要从具体生命、行为层层向上推，推到形而上的天命天道处立足，以为不如此，便立足不稳。没有想到，形而上的东西，一套一套的有如走马灯，在思想史上，从来没有稳过。熊、唐两先生对中国文化都有贡献，尤其是唐先生有的地方更为深切。但他们因为把中国文化发展的方向弄颠倒了，对孔子毕竟隔了一层。"❶ 牟宗三、唐君毅与徐复观一样，特别强调中国儒家文化的主体性，但是三人所描绘的儒学的基本性格有很大差异，牟宗三和唐君毅描绘的是形上学的儒学，而徐复观描绘的则是实践的儒学，正所谓"其同不能掩其异"。

徐复观、牟宗三、唐君毅三人都将儒家思想置于主体地位，从深层次说是把道德作为文化的中心，他们都认为儒家的政治理想是德治主义，他们也都为德治思想活转于现代做了很多尝试。然而，牟宗三和唐君毅偏重于对传统政治的梳理，徐复观则更偏重于对现实政治的解析。这不是说牟宗三和唐君毅不重视现实政治，也不是说徐复观不考虑传统政治。事实上，牟宗三和唐君毅在考虑现实政治时，也是从根源的意义上对现实政治进行剖析，而徐复观在对传统政治进行梳理时也带有厚重的现实色彩。牟宗三和唐君毅站在哲学的高度，把现实政治融于传统政治的解析，揭示了中国政治思想的内涵，同时分别建构起他们精密而庞大的哲学体系。而徐复观无暇从事自己哲学体系的建立，他认定对传统文化的现代的解释和转化更为重要。因此，他抨击时政、不惧权势、直言不讳，客观、公正、理智地分析中西政治之短长，努力寻求中国现实政治的发展道路。

徐复观、牟宗三、唐君毅三人都认为，儒家的文化精神比西方的文化精神高出一筹。但是他们也都承认，中国的传统政治并没有发展成当今迫切需要的民主政治。他们对中国传统政治的弊端进行了批判，深刻分析了中国没有走向民主政治道路的根本原因。在批判中国传统政治之失的时候，三人的观点有很多相似的地方。比如牟宗三和徐复观都认为，人民政治自觉的缺失是中国传统政治的一大弊端。但是，牟宗三透过中国政治问

---

❶ 徐复观．向孔子的思想性格的回归——为纪念一九七九年孔子诞辰而作［M］//儒家思想与现代社会．北京：九州出版社，2014：239．

题的表面现象，直接对中国政治的根源加以研究。他指出，中国文化生命里只有"综和的尽理之精神"而无"分解的尽理之精神"，这是中国未出现民主政治的症结之所在。牟宗三的研究是哲学家的研究，不是政治思想史家的研究，所以他比一般的政治思想史家的研究深刻的多，无疑具有重要的理论价值。唐君毅也看到了这一点，他认为儒家文化只强调道德教化，而忽视了制度的建设，没有法律制度的约束，仅靠统治者的道德自律是中国未能建立民主政治的原因之一。而徐复观则从儒家的政治理想与中国的政治现实脱节上分析中国没有发展出民主政治的根源。他指出，由周初封建社会发展起来的儒家政治思想认为，人民是国家的主人，但在帝制历史的现实中，统治者成为全天下至高无上的主体，这是中国未走上民主政治道路和整个社会停滞不前的根本原因。

徐复观、牟宗三、唐君毅在取中国文化之所长时，也都对西方文化进行了评论。这些评论有相同之处，也存在很大的差异。唐君毅从中西二元对立的思维框架下评论西方文化，认为西方文化较之中国文化来源多元，所以文化冲突较多，又常常与现实力量紧密结合，容易产生罪恶。西方近代文化中的理性主义、理想主义、人文主义逐渐沦丧，而现实主义与自然主义的弊端日益显著，于是形成近代西方文化的帝国主义、极端的私人资本主义、极权主义等三大罪恶。徐复观对西方文化的批判，基本上与唐君毅的意见相一致，两者只是表述方式不同而已。徐复观指出西方近代的民主政治发源于"我的自觉"，它以争取个人权利为第一要务。在近代世界发展的历史中，西方文化通过国家意识驱使，成为镇压亚非拉国家的工具，产生了严重的"非道德化"倾向。所以西方近代的民主是"无根"的民主，而儒家思想恰好在这一点上可以弥补它的缺陷。可见，徐复观是在具体的经济政治社会中分析西方近代文化的缺陷，而唐君毅把近代西方文化当成一个哲学概念予以论述，这是两者之间的不同，也是原始儒学与宋明理学的区别。牟宗三提出了一个多层视角的中西文化的比较模式，比如刚才提到的"综和的尽理之精神""分解的尽理之精神"，还有"以气尽理""以理生气"；"理性之架构表现""理性之运用表现"；"理性之外延表现""理性之内容表现"等。他的中西比较是创造性的,而不是描述性的现象罗列。他从决定文化现象的背后精神出发来评论中西文化的成就,寻求文化差异的原因,从而进行现实的创造,为儒家文化的困境寻找出路。牟宗三的中西文化比较模式在学界匠心独具,与其说他是在比较文化,倒不如说他是在思考现实。

徐复观、牟宗三、唐君毅对如何走上现代化的民主政治道路的论述也有区别。牟宗三站在中西文化会通的角度强调,由道德理性即良知自我坎陷开出民主与科学。唐君毅主张将中西文化与政治制度相结合,进而创造出一种更高价值的民主制度。徐复观则直接从政治的层面着手,由民本跳出一步转向民主,将儒家的人文主义与西方民主政治的精华进行创造性的融合。

在第二代新儒家中,牟宗三深邃、唐君毅广博、徐复观刚烈,三人各有千秋。唐君毅最富有宗教温情,牟宗三的宗教是理性宗教,而徐复观则不给宗教留任何位置。牟宗三和唐君毅都是哲学家,他们都创造了自己的哲学体系。唐君毅去世后,牟宗三称他为"文化意识宇宙中的巨人",而牟宗三去世后,台湾地区学者曾兆旭又仿照牟的语气称牟为"哲学宇宙中的巨人",这些称谓得到学术界的普遍认同。所以,牟宗三在哲学领域贡献最多,唐君毅在文化方面成就显著。然而,徐复观则在政治学领域建树最大,是一位跋涉于"学术与政治之间"的政治思想家。因而被海内外学者誉为"创新的传统主义者""现身于民主的斗士""敢于向权势挑战的人文自由主义者"。

徐复观与牟宗三、唐君毅最大的不同在于他不是"象牙塔"中的学者。在笔者看来,徐复观的出身是形成他性格和思想的决定因素。贫苦农村的童年生活,给徐复观留下了很多痛苦的记忆,也留给他很多美好的记忆。这段经历使得徐复观对中国农民的屈辱与苦难有了最深切的个人体会,并使他由衷地发出对普通民众性格中的淳朴、诚实和仁厚的赞赏。他总是能在普通农民的平常言行中发现人性的亮点,在赞赏中他多次提到普通民众的平凡中孕育着伟大,并反复表达了对他们的钦佩,认为中国文化的母亲是勤劳的中国农民。殷海光的学生王晓波回忆了他向徐复观登门请教的一段经历。他说，徐复观讲过，中国文化是中华民族长期生存下来的一种方式，是经过中华民族长期辛勤经营和积累下来的。中国有腐败专制的皇帝和官员，但是真正中国文化的母亲是辛勤耕耘的农民，所以对中国文化我们不可完全否定。❶徐复观痛斥统治阶级的专制，痛心知识分子的堕落，但是他也指出，在统治阶级堕落之余还能维持中华民族的生存，这就是中国文化的伟大之处。也就是说，我们不能因为否定统治阶级的腐败专制和知识分子的堕落，而随之否定维持中华民族几千年生存发展的中国文化。

鉴于普通农民的基本精神和美德，徐复观坚决地表明因为落后而谴责他们是完全不正确的。他们忠孝节烈、耕读传家，是中国文化最大的成就。这才是中华民族几千年传承的真正所在，才是中国的巨大潜力和一个光明未来的希望所在。在徐复观看来，"吸收农村这些美德而伸张到政治上的一定是贤良的士大夫，一定是政治清明的时代。抹杀农村这种美德，骑在农民头上，吸农民的脂血而还骂农民没出息的，一定是最无良心的知识分子，一定是最没落的朝代。"❷徐复观认为，中国农民的道德品质是高于许多知识分子的。根据他的观点，中国历史文化的优良传统，特别是相关道德，在普通农民中要比在受过教育的人中容易找到。徐复观指出，天生的善良是每个人本性形成的道德基础。普通民众的教育程度较低，尽管他们似乎无知，但是他们有神圣的智慧，可以明确区分社会中重大政治问题的正确与错误。按照徐复观的说法，之所以会如此，是因为普通民众与文人相比，是简单的，并在他们的生活中自然而然地表露出其天生的善良。因此，他指出，在过去的 2000 多年里，孔子的教诲常被中国的许多文人学士和官员所背弃，不是对孔子的咒骂就是挂在嘴上做教育的工具。

---

❶ 徐复观. 感念与哀思——敬悼徐复观先生［M］//曹永洋. 徐复观教授纪念文集. 台北：时报文化出版社，1984：292.
❷ 徐复观. 谁赋豳风七月篇——农村的记忆［M］//无惭尺布裹头归·生平. 北京：九州出版社，2014：10.

无论如何，孔子学说的本质却为受教育程度较低、勤劳而诚实的普通中国百姓所传承下来。正是由于这种信念，尽管中国文化面临西方文化冲击的危机，徐复观依然对其抱有极大的信心。对中国人民伟大性格的赞赏更加深了他对中国文化的热爱。反过来，这种热爱又加深了他对中国普通民众的感激之情，并自觉地与普通民众共命运。

此外，在新儒家中，徐复观无疑是对现实政治接触、了解、体验最深的人物。李维武说："在与现实政治的关系上，不仅是冯友兰、唐君毅、牟宗三这些学院型学者不能与徐复观相比，就是熊十力、梁漱溟、张君劢这些曾一度涉足于政治场的学者，也没有像徐复观那样深入到现实政治的核心。"❶ 徐复观从现实政治的参与者，到现实政治的痛苦失望者，最后成为现实政治的勇敢批判者。无论是积极的参与、痛苦的失望还是勇敢的批判，都出自他对中华民族命运与前途的关切与希冀。丰富的政治经验和对劳苦大众的同情使得徐复观对政治问题的理解比其他新儒家学者更为深刻，他的政治思想在20世纪中国政治学发展史上独树一帜，有其重要的贡献。

2. 与钱穆的比较

海内外很多学者主张把钱穆列为新儒家的一员，钱穆自己却从不认同。钱穆去世后，他的学生余英时也曾尽力辩称钱穆并不属于新儒家的阵营。余英时认为，钱穆既无门户之见，又对新儒家的学术途径截然异趣。"钱先生和新儒家之间，除了最低限度的共同纲领——阐明中国文化的特性——之外，真是所谓'所同不胜所异'。他们不可能属于同一'学派'，这是显而易见的。尤其重要的是：他们的分歧恰恰发生在对中国文化的理解上面。这正是章学诚所谓'千古不可合之异同'。"❷ 笔者认为，钱穆与徐复观、牟宗三、唐君毅都从文化保守主义出发，但是他们所保守的对象是截然不同的。以徐复观、牟宗三、唐君毅为代表的第二代新儒家从文化保守主义出发，最后走向了政治上的现代性道路；而钱穆则把文化保守主

---

❶ 李维武. 徐复观学术思想评传 [M]. 北京：北京图书馆出版社，2001：227.
❷ 余英时. 钱穆与新儒家 [J]. 中国文化，1992（7）：22.

义落实到现实政治的层面，从而衍生出了政治保守主义。也就是说，徐复观、牟宗三、唐君毅是局部意义的保守主义者，而钱穆则是彻底的保守主义者。因此从这个角度来看，钱穆不属于新儒家的阵营。这里，我们着重以徐复观同钱穆在对待中国传统文化上的分歧与论证做比较。

在传统主义者中，钱穆是一位非常强调历史与文化意识的思想史家。在中西文化比较的过程中，他以抉发中国历史和文化的主要精神及其现代意义为治学的宗旨，主张重建一个道，重立一个心，即重建中国儒学思想的大传统。他同徐复观都是以治思想史而闻名遐迩的史学家，同时是联合反对全盘性反传统主义和西化思潮的传统主义者，二人之间有过密切的合作经历，为捍卫中国传统文化作出了卓越的贡献。出于对传统文化的认同，钱穆对徐复观兴办《民主评论》的事业非常支持，在刊物因当局疑虑和经费困难准备停刊之时，钱穆除给徐复观出谋划策外，还为刊物撰写多篇文章。徐复观说，因钱穆的大名，《民主评论》吸引了不少读者。二人都曾在《民主评论》上发文，共同捍卫中国传统文化。徐复观与钱穆在文化上的认同非常接近，他们都曾指出，如果一个民族本身没有文化，专门学习别人的文化，那么这个民族必然是暗淡没有希望的。中国有自己的文化，且中国的文化博大精深，如果要全部丢掉去学别人，那也是不大可能的。因此，从事实和理论上来讲，中国根本不可能与传统文化一刀两断。徐复观虽然仰仗钱穆兴办《民主评论》，但是对钱穆的学术观点，他并不是照单全收。二人之间曾多次发生学术上的"商榷"与冲突，而后关系急剧降温，甚至发展到"咬牙切齿"的程度。

钱穆在《国史大纲》中为中国历史上的皇权专制制度进行辩护，认为中国传统政治是"平民政治""士人政治"，甚至是"民主政治"，否认秦汉以来的中国政治制度是专制制度。他说："今日一般国人，认为中国自秦以下之政治，只是一种专制黑暗的政治，此种说法，用为辛亥革命时期之宣传，或无不可。若认为是历史情实，则相去殊远。……今明白言之。中国传统政治，实乃一种士人政治。换言之，亦可谓之贤能政治。因士人即比较属于民众中之贤能也。有帝王，乃表示其国家统一，而政府则由士人组成,此即表示政府之民主。因政府既非贵族政权,又非军人政权与富人政权,更非帝王一人所专制,则此种政治,自必名之为民主政治矣。若必谓其与西方民主政治不同,则姑谓之东方式的民主,或中国式的民主,亦无不可。"❶

钱穆把传统中国政治看作士人政治、贤能政治,甚至称其为中国式的民主,而徐复观则将传统中国政治断定为皇帝一人专制政体。两人把握的是同一历史对象,结论却是截然相反。对此徐复观发表了《良知的迷惘——钱穆先生的史学》一文,系统地反驳与批判了钱穆的论点。徐复观指出,钱穆"认为由平民出身取得政权的便是平民政府,等于说本是由摆地摊而后来发大财的人,只能算是地摊之家,而不可称为富豪之家,是同样的可笑"。❷ 而对于钱穆赞美历史上帝王的"爱民观念",徐复观认为,历史家不可因所谓"爱民"的词句,而忽略了2000多年来专制历史的事实与本质,那就是历代统治者多是"以为天下利害之权皆出于我""敲剥天下之骨髓,离散天下之子女,以奉我一人之淫乐,视为当然"❸的专制之君。不要以为一个"一切为人民"的口号,就可以掩盖独裁者的罪恶。他认为,钱穆所说的"士人政府"也是不可靠的"浓雾",既不能解释何以地位越高、与皇帝越近,命运越困扰、艰难,也不能解释何以在中国千百年的历史上屡屡发生宦官与外戚的专权擅政。

徐复观指出,他自己和钱穆有相同之处,都是想要把历史中好的一面发掘出来,然而钱穆所做的实际上是对历史上的专制制度的粉饰,而让今天的人们也不必妄想什么民主。"而我所发掘的却是以各种方式反抗专制,缓和专制,在专制中注入若干开明因素,在专制下如何多保持一线民族生机的圣贤之心,隐逸之节,伟大史学家、文学家面对人民的呜咽呻

---

❶ 钱穆. 世界局势与中国文化 [M]. 台北:东大图书公司,1985:246-247.
❷ 徐复观. 良知的迷惘——钱穆先生的史学 [M]//论智识分子. 北京:九州出版社,2014:393.
❸ 徐复观. 良知的迷惘——钱穆先生的史学 [M]//论智识分子. 北京:九州出版社,2014:394.

吟，及志士仁人、忠臣义士，在专制中所流的血与泪。因而认为在专制下的血河泪海，不激荡出民主自由来，便永不会停止。"❶ 徐复观对传统文化采取审视批判的精神，而钱穆则基于"温情与敬意"。钱穆反对把传统中国政治定性为专制政体，这自然有其苦心与深意，他希望用对中国历史文化的"温情与敬意"唤醒"国民对国家有深厚之爱情"。❷ 而徐复观则是截然相反，他对中国政治现实中的专制政体充满了痛恨，认为专制政治是导致传统中国社会停滞不前的根源。

由于徐复观对中国传统文化的维护，他通常被视为与牟宗三、唐君毅、钱穆同为传统主义者的一员。然而，徐复观在很大程度上是传统主义者阵营中的一个"异数"，因为他是立足于自由主义者的立场来维护传统文化的。在前文分析的四人之中，钱穆对民主政治没有多大的兴趣，牟宗三和唐君毅对民主政治的兴趣也只是限于书斋中的纯学理的分梳。牟宗三与反中国文化的民主人士"道不同不相为谋"，而唐君毅则鄙视民主人士的品格，二人都不曾也不愿意参与现实中的民主运动。只有徐复观一人对民主政治的学理分梳和对民主政治的现实参与表现出极大的兴趣和热忱。他始终坚信："中国不论走哪一条路，必然要通过民主这一关，否则都是死路。而现有的人民，将来的史学家，在评断政治人物的是非功罪时，必然以这些人对民主的态度为最基本的准的；玩弄假民主的，其罪恶必然与公开反民主的人相等。"❸ 他又说："作为中国的一个知识分子，把自由民主的问题放在一旁，甘心不闻不问，而只以与世无争的态度来讲自己的学问，这种知识分子，他缺少了起码的理性良心；他所讲的学，只能称之为伪学，或者是一钱不值之学。"❹

---

❶ 徐复观. 良知的迷惘——钱穆先生的史学［M］//论智识分子. 北京：九州出版社，2014：400.
❷ 钱穆. 国史大纲（上册）［M］. 北京：商务印书馆，1994：引论 3.
❸ 徐复观. "死而后已"的民主斗士——敬悼雷震先生［M］//无惭尺布裹头归·交往集. 北京：九州出版社，2014：44.
❹ 徐复观. 一个伟大书生的悲剧——哀悼胡适之先生［M］//无惭尺布裹头归·交往集. 北京：九州出版社，2014：121.

因此，徐复观不同于通常的传统主义者，他不是无原则地认同和维护传统文化的一切，而是对传统中的专制制度进行了不遗余力地鞭挞。他对专制制度的批判，特别是对大一统的一人专制性格的结构性研究，是在他之前无其他学者做出过的突破性建树。而他对专制制度批判的深刻性、尖锐性和全面性，实际上即便是以反专制为一目标的自由主义者也是有所不及的。徐复观对传统文化的批判已经超出政治批评的范畴，而具有文化批判的意义。

三、与综合创新者的比较

徐复观力图把儒家思想的精华从秦汉后在专制政体的压抑下被扭曲了的儒家思想中析离出来，与现代西方民主政治的精华进行创造性地融合，以开创新的中国政治文化。他的这一政治文化综合创新理论与"综合创新文化观"有着很多共性，但也存在本质的区别。下面对徐复观和综合创新文化观的重要代表人物张岱年、方克立的相关论点作比较分析。

综合创新文化观是由张岱年首先提出来的，它是20世纪文化争论的产物。20世纪30年代，张岱年提出了"综合创造论"，他既不赞同全盘西化论，也反对文化复古主义，而是主张兼综中西文化之长，创造一种新的中国文化。80年代，他又提出"文化综合创新论"，不仅强调了建设社会主义新文化必须以马克思主义为指导，坚持中西文化的综合以及中国固有文化中不同学派的综合，而且明确提出文化综合创新的核心是马克思主义与中国文化优秀传统的综合。90年代，方克立创造性地继承和发展了"文化综合创新论"，从文化价值的取向和新文化建设的高度将综合创新文化观概括为"古为今用、洋为中用、批判继承、综合创新"，这是马克思主义者对"古今中西"问题的比较完整的回答。到了21世纪，方克立又提出了"马魂、中体、西用"论，把坚持马克思主义的指导思想地位、挺立民族文化的主体性和坚持对外开放的方针有机统一起来。"马魂、中体、西用"论是综合创新文化观进一步发展的客观要求，是马克思主义综合创新派为了更准确地回答中国文化发展的现实道路问题做出的重要理论创新。

徐复观同张岱年和方克立在对待文化资源的择取上，一致表现出融合中西的开放姿态。他们都认为，无论是中国文化还是西方文化，其中都是精华和糟粕并存、资源与负担同在的，因此对中西文化都要进行批判地继承，在此基础上进行创造性的转化。徐复观指出，我们对中国文化和西方文化应该抱一个相同的态度，首先诚恳地学习，认真地了解，了解以后再加以审慎的批判，而批判的基准，是应以整个的现实社会人生的问题来作对照。如果它没有意义，中国的也好，西方的也好，我们都不接受；如果它有意义，中西也好，都应接受。❶ 张岱年也持有相同的看法，他在"综合创造论"时期主张兼综中西两方之长，发扬中国固有的卓越的文化遗产，同时采纳西方的有价值的精良的贡献，融合为一，而创成一种新的文化。❷ 他在"文化综合创新论"时指出，一方面，我们要总结我国的传统文化，探索近代中国落后的原因，经过深入的反思，对其优缺点有一个明确的认识；另一方面，我们要深入研究西方文化，对西方文化作具体分析，对其优缺点也要有一个明确的认识。最后，根据我国的国情，将上述两个方面的优点综合起来，创新出一种更高的文化。❸ 方克立同以上两人的观点也是一致的，他指出，像中国文化与西方文化这一类矛盾的事物，它们之间的关系并不是你存我亡、水火不容的绝对对立的关系，对这一类矛盾的认识和处理，就不宜只强调他们的"不同"，采取"非此即彼"的绝对互相排斥的方法，而是应该按照"和而不同"的原则，正确地发挥"和"即辩证同一性的作用，通过二者的"并存""结合""合作"来达到相反相济、良性互动的效果。❹ 无论是徐复观、张岱年还是方克立，他

---

❶ 徐复观. 徐复观先生谈中国文化［M］//论文化（二）. 北京：九州出版社，2014：842.

❷ 张岱年. 关于中国本位的文化建设［M］//张岱年文集（第一卷）. 石家庄：河北人民出版社，1996：229-236.

❸ 张岱年. 综合、创新，建立社会主义新文化［M］//张岱年文集（第六卷）. 石家庄：河北人民出版社，1996：251-254.

❹ 方克立. 21世纪，能否淡化东化和西化之争？［M］//方克立文集. 上海：上海辞书出版社，2005：490-491.

们都非常认同文化的可离析性和可综合性，他们的目的都是突破中西文化各自认识上的局限，从而辩证扬弃、取长补短。

但是，张岱年、方克立与徐复观在中西文化资源的择取上又有显著的差异。张岱年和他的兄长张申府首先注意到并系统论证了中、西、马之"三流合一"思想的可能性。张申府提出"百提，伊里奇，仲尼，三流合一"❶的主张，即"罗素，列宁，孔子，三流合一"。这里的罗素、列宁和孔子并非单指这三个人，而是指罗素所代表的西方近代新实在论和逻辑实证论、列宁所代表的辩证唯物论、孔子所代表的中国传统文化。在张申府的影响下，张岱年提出了以"兼和"思想为理论基础的"一方反对保守旧封建文化，一方反对全盘承受西洋已在没落的资本主义文化，而主张新的社会主义的中国文化之创造"的"文化创造主义"❷，将"唯物、理想、解析、综合于一"❸。他立足于中、西、马三种文化资源的互动、融通，明确指出综合创新文化观对于西方哲学来讲，是新唯物论之更进的引申；对于中国哲学来讲，是王船山、颜习斋、戴东原的哲学之再度的发展；在性质上是唯物论、理想主义和实在论之一种新的综合。方克立在继承和汲取张岱年思想精神实质的基础上，创造性地提出了"魂、体、用"三元模式，把"马魂、中体、西用"都放在了"学"的层面上，以此来界定它们之间的相互关系。"马学为魂"是以马克思主义和社会主义的思想体系为指导原则，"中学为体"是以自强不息、变化日新、厚德载物、有容乃大的中华民族文化为生命主体、创造主体和接受主体，"西学为用"是以西方文化和其他民族文化中的一切积极成果、合理成分为学习和借鉴的对象。这样一来就把马克思主义的主导地位、中国文化的主体地位以及对外来文化的开放性三者有机地统一起来。徐复观在中西文化资源

---

❶ 张申府. 编余 [N]. 大公报·世界思潮，1932-10-22.
❷ 张岱年. 西化与创造——答沈昌晔先生 [M]//张岱年全集（第一卷）. 石家庄：河北人民出版社，1996：260.
❸ 张岱年. 哲学上一个可能的综合 [M]//张岱年全集（第一卷）. 石家庄：河北人民出版社，1996：262.

的择取上与张岱年、方克立存在差异。他把先秦儒家思想与秦汉大一统专制制度建立后被压迫、被扭曲了的儒家思想区别开来，指出先秦儒家思想的核心价值是民本主义、德治思想和政治抗议精神。他又研究和批判了西方政治文化的弊端，主张学习与汲取西方政治文化中民主与法治的精华。在此基础上，他力图把中西政治文化的精华相沟通融汇，以实现政治文化的综合创新。从这里可以看出，徐复观也是以多元开放的文化心态和审视批判的精神来挖掘中西政治思想的精华与糟粕的，他对传统文化和西方文化的选择有其合理的成分。但是，从根本上说，他所维护的仍然是儒家伦理本位和心性之学的唯心主义传统，而对西方文化中的唯物论和辩证法关注不够，他忽视了中国传统文化以外的其他学派，对马克思主义的理解也存在偏差，这样就必然会给综合创新的理想打了折扣。

徐复观与张岱年、方克立在反对全盘西化、肯定中国文化主体性、主张独立自主创建新文化上体现出了高度的一致。徐复观对全盘西化论者作了不遗余力的批判，并对中国传统文化有深深的认同感。他立足于中国文化的主体性，力图汲取儒家政治思想的精华，打通中国走向民主政治的道路。张岱年坚决反对全盘接受西方文化，也坚决反对全盘否定自己的传统。他明确指出，我们必须要克服对待文化问题的盲目性，如果守旧不改，则无异于等着毁灭；如果妄自菲薄，则难免有被外来侵略者征服的危险。而对于西方文化，也不应是取过来就用，而是应当加以发展使其带着中国特色。这就是说，文化的独立性是保证民族独立性的一个重要方面，民族文化取消了，民族的独立性也就无法保持。❶ 因此，在张岱年看来，建设未来的中国文化，最重要的是要重视和保持民族的主体性及民族的主体意识。同徐复观、张岱年一样，中国民族文化的主体性也一直是方克立高度关注的问题。他的"马魂、中体、西用"论中的"中学为体"强调的就是民族文化的主体性。方克立指出，"中学为体"的"体"不是"道

---

❶ 张岱年. 世界文化与中国文化 [M]//张岱年全集（第一卷）. 石家庄：河北人民出版社，1996：154.

体器用"的"体",而是"器体道用"的"体",不是作为精神指导原则的"体",而是作为文化发展载体的"体",这讲的就是中国文化的主体性问题。他用"运作主体""生命主体""创造主体""接受主体"四个概念集中阐明和论证"中学"的主体性,即民族文化的主体性。特别是"接受主体"这个概念,它不仅是对西学而言的,也是对马克思主义这种外来文化而言的。❶ 所以,在方克立看来,如果没有中国文化这个"接受主体",如果不被中国文化所接受,再好的外来文化也不可能在中国发生任何作用,不能起"他山之石"的作用,更不可能起到引领时代思潮的指导思想作用。这也就意味着,方克立的"马魂、中体、西用"论最突出的特点就是强化了中国文化的主体性。因此,在肯定中国文化主体性这一点上,徐复观、张岱年和方克立并没有根本的分歧,他们都坚决反对文化虚无主义,反对全盘西化论,主张独立自主地创建中国新文化,表现出了强烈而真挚的爱国主义情感。

然而,这里需要指出的是,张岱年和方克立在探讨中国文化主体性的同时,还认识到,在综合创新文化观中除了要确立文化的民族主体之外,还要确立文化的指导原则。张岱年的综合创新文化观的一个中心问题就是中、西、马三种文化资源的地位和关系。他既强调要以马克思主义的基本理论为指导,又特别重视文化的民族主体性,并力图将二者有机结合起来。这种结合的努力虽然未能在张岱年的文化探索中得到完全解决,但是方克立在张岱年的基础之上阐明了马克思主义与中国文化的恰切关系。方克立明确反对把马克思主义与中国文化看成是根本对立的错误观点,强调要以马克思主义为指导来对中国文化进行辩证分析和批判继承。马克思主义也有一个中国化的问题,它要同中国革命与建设的具体实践相结合,也要同中国优秀的传统文化相结合,在内容和形式上都成为真正中国化的马克思主义。在方克立看来,"马克思主义只是提供了一种新的世界观和方

---

❶ 钟义见.方克立:"马魂、中体、西用"是我们的文化旗帜——访中国社会科学院学部委员方克立教授[N].中国社会科学报,2014-05-05.

法论，为人类文明发展指出了一条通向大同的道路，它并不否定也不能代替民族文化的主体性。马克思主义作为一种外来文化，要在中国生根发芽，不能没有中国文化这个接受主体。"❶ 因此，我们可以得出结论：马克思主义作为中国社会主义新文化建设的指导原则，并没有取代中国文化的创造主体和接受主体；而以马克思主义为指导，也没有否定民族文化的主体性原则。马克思主义的主导地位与中国文化的主体地位都是中国新文化顺利发展的根本保证。"马魂、中体、西用"是马克思主义综合创新文化观的最新理论成果，它"既肯定了马克思主义在中国新文化建设中的指导思想地位，又突出地强调了民族文化的主体性，同时坚持面向世界、对外开放的方针"❷，体现了主导性、主体性、开放性的高度统一。

综合创新文化观最显著的特征就是恰当地解决了马克思主义的指导地位与中国文化的主体地位之间的关系，在坚持马克思主义指导地位的前提下空前高扬了文化的民族主体性。徐复观虽然也强调中国文化的主体地位，但没有指出在中国政治文化的综合创新过程中马克思主义的指导作用。其实，马克思主义实际上对徐复观产生了深刻的影响，并且这种影响持续了许多年。徐复观曾做过这样的说明："对于这一套（马克思主义），虽然口里不说，笔下不写，但……它实在填补了我从青年到壮年的一段精神上的空虚。"❸ 徐复观本来已是国民党党政军联合秘书处副秘书长，十分接近当时权力的核心。而且据同样在国民党高层任职的涂寿眉等人在回忆录中都指出，徐复观在抗战胜利后如果不脱离国民党，用不着同流合污，只要保持沉默，就可以飞黄腾达。结果在事实上，与上述人等相比，徐复观是最坚决地反对与批判当时的专制政治，最真诚地主张下层人民的权利与自由的。而与其同时代的传统主义者和自由主义者相比，他又是受

---

❶ 方克立. 略论现代新儒家之得失 [M]//现代新儒学与中国现代化. 长春：长春出版社，2008：29.
❷ 方克立. "马魂、中体、西用"：中国文化发展的现实道路 [M]//中国文化的综合创新之路. 北京：中国社会科学出版社，2012：314.
❸ 徐复观. 我的读书生活 [M]//无惭尺布裹头归·生平. 北京：九州出版社，2014：50.

马克思主义影响最深,并最为亲近中国共产党人的。他生活在港台地区那样一种特定的政治环境中,能够受到马克思主义和中国共产党的影响,猛烈抨击国民党的专制统治,并把批评的锋芒直接指向蒋介石本人,这实际上已经突破了时代和阶级的部分的局限,是极其难能可贵的。

四、主要特征

台湾地区学者韦政通称徐复观为"以传统主义卫道,以自由主义论政"❶,这在某种程度上道出了徐复观政治思想的主要特征。笔者认为就徐复观的政治思想的总体倾向来看,他是一个"积极的保守主义者""人文的自由主义者"和"综合创新论者",这在一定程度上反映了徐复观政治思想的主要特征。

第一,徐复观是一个"积极的保守主义者"。徐复观摒弃了那种把传统与现代截然对立的观点,他既对世界范围内的反传统思潮进行了探索与抗争,又与通常的传统主义者划清了界限,力图走出一条"返本开新"的综合创新之路,这鲜明地体现了他的新儒学立场,表明他是一个"积极的保守主义者"。在中国文化的空前厄运之中,徐复观保持了清醒的文化自我意识,他以毕生之力从事中国传统文化的著述与教学,守护与发扬了儒家传统的精神价值。徐复观自觉承担起国族的时代苦难和历史命运,彰显了一位大儒的担当精神。徐复观通过对"忧患意识"的经典阐释,指出正是"忧患意识"标志着中国传统文化由原始宗教向人文主义的转化,包含了古代中国人以道德理性为主要元素的人文主义的觉醒。忧患意识是中国人文主义精神的源泉,预示着后来几千年整个中国文化发展的一种以人为本的人文主义的根本趋向。孔子与孟子的人性论学说,是商末周初以"忧患意识"为标志的中国古代人文主义精神萌动、生长和长期发展的结果。在孔子与孟子的人性论的哲学基础之上,徐复观提出与论证了

---

❶ 韦政通. 以传统主义卫道,以自由主义论政——徐复观先生的志业 [M]//罗义俊. 评新儒家. 上海:上海人民出版社,1989:557.

先秦儒家政治思想的核心价值，即德治思想、以人民利益和需求为本位的民本主义以及以德抗位的政治抗议精神。这是徐复观针对近代许多自由主义者蔑视传统文化的自暴自弃态度而发愤著述所作出的重要贡献。

第二，徐复观是一个"人文的自由主义者"。徐复观与通常的传统主义者只是维护传统文化不同，他不是无原则地认同和维护传统中的一切，而是通过对传统文化的批判和创造来落实自由主义的理念，这鲜明地体现了他的自由主义立场，表明他是一个"人文的自由主义者"。由于徐复观对中国传统文化的维护，他通常被视作与牟宗三、唐君毅、钱穆同为传统主义者的一员。然而，徐复观在很大程度上是传统主义者阵营中的一个"异数"，因为他是立足于自由主义者的立场来维护传统文化的。徐复观对传统中的专制制度进行了不遗余力的鞭挞，指出专制政体是传统中国社会停滞不前、形成国族一切灾祸、一切"反文化"土壤以及阻遏历史进化的总根源。❶ 自由主义者通常是把对封建主义的批判与对传统文化的批判，特别是对儒家思想的批判联系在一起的，认为二者是统一而不可分割的，而徐复观则明确指出对二者必须要加以区分。徐复观认为，儒家思想在秦汉大一统的皇权专制制度的压迫之下，原本具有反抗暴政精神的儒家思想被严重扭曲而变质，但是，"这只能说是专制政治压歪，并阻遏了儒家思想正常的发展，如何能倒过来说是儒家思想是专制的护符。"❷ 这也就是说，徐复观批判专制制度的目的，是"要在中国文化中发现可以和民主政治衔接的地方"❸。正如韦政通所说的："在卫道的立场上，他对自由主义者反传统的言论痛斥不遗余力；在论政立场上，他又往往与自由主

---

❶ 徐复观. 封建政治社会的崩溃及典型专制政治的成立 [M]//两汉思想史（第一卷）. 北京：九州出版社，2014：144；徐复观. 远奠熊师十力 [M]//无惭尺布裹头归·交往集. 北京：九州出版社，2014：115.

❷ 徐复观. 代序——研究中国思想史的方法与态度问题 [M]//中国思想史论集. 北京：九州出版社，2014：11.

❸ 林镇国，廖仁义，高大鹏. 擎起这把香火——当代思想的俯视 [M]//徐复观. 论文化（二）. 北京：九州出版社，2014：854.

义结为联合阵线。因此,他与自由主义之间,是一种既矛盾又联合的关系。"❶

第三,徐复观是一个"综合创新论者"。徐复观力图将先秦儒家政治思想中的精华与秦汉大一统专制制度建立后被压迫、被扭曲了的儒家政治思想相区别、相析离,使其与现代西方民主政治的精华进行创造性地融合,以开创新的中国政治文化,这就是他的政治文化综合创新理论,表明他是一个"综合创新论者"。无论是与自由主义者还是与传统主义者相比,徐复观都是最坚决地反对与批判当时的专制政治,最真诚地主张下层人民的权利与自由的。同时,他又是受马克思主义影响最深、并最为亲近中国共产党人的。徐复观指出,儒家政治思想尽管已经提出了民主政治的原则,但由于专制政治的压迫,使其失去了成长的土壤,缺乏了制度的客观化,最终未能发展出民主政治。西方的民主政治虽然具有很大的优越性,但是缺少了伦理道德的根基。徐复观主张将儒家思想与西方政治文化创造性地融合起来,取长补短,以西方民主政治来弥补儒家政治思想的局限性,为中国的民主政治提供制度上的保证,以儒家思想中的道德伦理来弥补西方民主政治的无根性,在中国传统文化中开出一条适合中国自身发展的民主政治的综合创新之路。

总之,在西方思潮席卷中国的20世纪,徐复观以毕生之力从事中国传统文化的著述与教学,守护与发扬了儒家传统的精神价值。他在政治上把儒家政治抗议精神与自由主义立场结合起来,在文化问题上则为中国文化在现代社会中的生存和发展进行辩护,这是徐复观针对近代许多自由主义者蔑视传统文化的自暴自弃态度而发愤著述所做出的重要贡献。而他本人的思想在中国文化的花果飘零中崛起,在花果飘零中担当,自觉承担起国族的时代苦难和历史命运,彰显了一位大儒的担当精神。徐复观不同于通常的传统主义者,他不是无原则地认同和维护传统文化的一切。他对传

---

❶ 韦政通. 以传统主义卫道,以自由主义论政——徐复观先生的志业 [M]//罗义俊. 评新儒家. 上海:上海人民出版社,1989:558.

统文化中专制制度的抉示与批判，在他之前无其他学者做出过突破性的建树，而其批判的深刻性、尖锐性和全面性，即便是以反专制为目标的自由主义者也是有所不及的。正是这样，徐复观"在政治上在学术上自甘孤立"❶，他关注中国的现实政治，重建儒家的政治之道，立足于自由主义者立场维护传统文化，寻求传统与自由的综合创新。所以，"积极的保守主义者""人文的自由主义者"和"综合创新论者"在一定程度上反映了徐复观政治思想的主要特征，这也体现了他对那个时代所作出的最具独创性的贡献。

第二节　徐复观政治思想的局限

任何理论都是一样，其意义的极限处，就是其理论的局限所在。因此，我们需要站在马克思主义立场对徐复观的政治思想进行客观和实事求是的批判和反省，坚持马克思主义的阶级分析方法，坚持社会存在决定社会意识的历史唯物主义基本原则，不仅要承认徐复观政治思想的合理成分，更要认识到它的偏颇与不足，从而正确揭示徐复观政治思想的局限。

一、唯心史观基础

徐复观指出，中国的道德精神和人生价值根源于人的具体生命的心性之中。"在人的具体生命的心、性中，发掘出道德的根源、人生价值的根源；不假藉神话、迷信的力量，使每一个人，能在自己一念自觉之间，即可于现实世界中生稳根、站稳脚；并凭人类自觉之力，可以解决人类自身的矛盾，及由此矛盾所产生的危机；中国文化在这方面的成就，不仅有历

---

❶ 徐复观. 瞎游杂记之一［M］//无惭尺布裹头归·生平. 北京：九州出版社，2014：204.

史的意义，同时也有现代的、将来的意义。"❶ 徐复观基于这一儒家心性论的立场，提出了民主政治的文化价值根基，即道德良心。在他看来，良心是人人所固有的道德之心，它可以超越个人利害之上，不仅具有知善知恶、好善恶恶的功能，而且会形成趋善去恶的坚强意志，它是人生价值的根源，是决定人类命运的根本性力量。因此，"可以透过一个人的性，一个人的心，以看出人类的命运，掌握人类的命运，解决人类的命运。"❷ 这样一来，徐复观确定，良心是儒家传统的根基，是中国文化的命脉。"中国以儒家为主干的文化，所信仰的是个人自己的良心。"❸ 所以，徐复观把中国文化归结为"心的文化"或"良心之教"，这实际上对心性的意义作了过分的夸大，没有看到道德除了主体自觉的一面，更应该有社会规范的一面。

　　徐复观从儒家心性史观出发，进而把民主政治视为人类道德良心的发现或自然归属。在徐复观看来，"良心发现的程度，决定历史中的治乱兴衰。"❹ 也就是说，导致历史中"乱"与"衰"的专制政治是人类良心遮蔽的结果，而带来天下治理有序、国家兴盛的民主政治则是良心发现的产物。因此，"民主政治，是'人心之所同然'，是人类良心在政治方面自然地归宿。"❺ 徐复观特别强调心性的作用，而落实到历史上，就是特别强调历史中人的作用，从而强调了精神层面，于是必然相信历史是一种精神的生活史，从而强调历史的演变是遵循这一种精神的辩证法则。这实际上是一种唯心主义的历史观，不是由社会存在决定社会意识，而是把历史当成某种抽象精神实体的存在。

---

❶ 徐复观. 中国艺术精神 [M]. 北京：九州出版社，2014：3.
❷ 徐复观. 中国人性论史 [M]. 北京：九州出版社，2014：164.
❸ 徐复观. 上帝·良心·越南 [M]//学术与政治之间续编（三）. 北京：九州出版社，2014：1794.
❹ 徐复观. 良心·政治·东方人 [M]//学术与政治之间续编（三）. 北京：九州出版社，2014：1799.
❺ 徐复观. 良心·政治·东方人 [M]//学术与政治之间续编（三）. 北京：九州出版社，2014：1808.

按照马克思主义的基本观点，社会存在决定社会意识，经济基础决定上层建筑。民主政治属于上层建筑的范畴，它坚实的基础应该存在于经济之中，而并非徐复观所说的人类道德良心的发现或自然归属。马克思指出："法律应该是社会共同的、由一定物质生产方式所产生的利益和需要的表现，而不是单个的个人恣意横行"❶，那么民主政治的推动力量也应该是来自现实的经济关系和利益需要，所以人类主观意愿的产物不可能成为民主政治的基础。

此外，徐复观还以"心善""性善"为理论依据，阐发了儒家的"仁爱"的道德观，这实际上是追求仁性一本论的泛道德主义。徐复观说："盖儒家之基本用心，可概略之以二。一为由性善的道德内在说，以把人和一般动物分开，把人建立为圆满无缺的圣人或仁人，对世界负责。……一为将内在的道德，客观化于人伦日用之间，由践伦而敦'锡类之爱'，使人与人的关系，人与物的关系，皆成为一个'仁'的关系。性善的道德内在，即人心之仁。而践伦乃仁之发用。所以二者是内外合一（合内外之道），本末一致而不可分的。"❷ 徐复观把道德置于人类文化和社会生活中的至高无上的地位，把道德视为人类一切活动的价值之源，把道德当作判断一切人类活动的价值标准。这反映到政治生活中，就是政治的伦理化。

在徐复观看来，"知性"与"仁性"是人性的一体两面。西方文化成就的是"知性"的一面，体现为民主和科学；儒家文化成就的是"仁性"的一面，体现为伦理和道德。然而，"知性"与"仁性"单方面的突出，都不是人性的整体与全部。只有中西文化都作出双向转进的努力，即西方文化"摄智归仁"，儒家文化"转仁成智"，这样才能到达"仁智双成"的境界。"仁性的文化，是'个个人心中有仲尼'的文化，是'有一言而

---

❶ 马克思，恩格斯. 对民主主义者莱茵区域委员会的审判 [M]//马克思恩格斯全集（第六卷）. 中共中央马克思恩格斯列宁斯大林著作编译局，编译. 北京：人民出版社，2014：292.

❷ 徐复观. 儒家精神之基本性格及其限定与新生 [M]//儒家思想与现代社会. 北京：九州出版社，2014：16-17.

可以终身行之'的文化。只须有此一觉，只要有此一提撕，则仁性恰如春风之鼓舞万物，但并不占万物生育之位置。所以仁性在人性之全的自觉下，是会鼓舞知性之发展的。"❶ 然而，通过分析我们可以发现，无论是"摄智归人"还是"转仁成智"，都只不过是"内圣外王"的另一种说法而已。它的理论预设都是"仁"对"智"，"内圣"对"外王"的一元统领，即把"外王"看成"内圣"的直接延伸，把修身齐家和治国平天下直接等同起来。徐复观最终没有逃脱新儒家内圣外王的思想方向，因此也就无法摆脱泛道德主义的窠臼。这种把仁性视为人类一切文化发展的根本的论断，必然走向儒家伦理本位的唯心主义。

李维武也对徐复观进行了批评，指出徐复观对于心性的作用作了过分夸大，批判他过于注重道德主体自觉，而忽视了社会规范的作用。他还指出，徐复观"对于内在的人文世界与外在的人文世界如何统一，使人类文化朝着健全合理的方向发展，也缺乏深入的阐发；至于中国道德精神如何在现代文化中获得再生，开出新局，更只是提出了问题，而远未给出答案"。❷ 郭齐勇也指出，徐复观以道德心性史观去评价思想史，是具有浓厚的理想主义色彩的。这些学者都从唯物主义角度出发，看到了徐复观唯心史观的局限。

从本质上来讲，徐复观所维护的是儒家伦理本位和心性之学的唯心主义传统。他以理想主义的道德人性论来研究政治思想，尚未逃离我国古代政治思想家的老路，而建立在唯心史观基础上的道德理性和道德价值，并不能真正揭示政治思想的本质和规律。因此，只有唯物史观才是研究政治思想的正确方法论。

二、阶级局限性

徐复观出生于一个半耕半读的农村小知识分子家庭，农村的生活经历

---

❶ 徐复观. 儒家精神之基本性格及其限定与新生［M］//儒家思想与现代社会. 北京：九州出版社，2014：47.

❷ 李维武. 徐复观学术思想评传［M］. 北京：北京图书馆出版社，2001：198.

在他的心中留下了刻骨铭心的记忆。他说:"我的生命,不知怎样地,永远是和我那破落的湾子连在一起;返回到自己破落的湾子,才算稍稍弥补了自己生命的创痕。"❶ "我真正是大地的儿子,真正是从农村地平线下面长出来的。"❷ 在徐复观看来,一个脱离了乡土的人,他就是一个无根之人;一个人失去了自己的根,也就失去了他自己的生命。不可否认,对农村之根的眷恋和对贫苦农民的同情,是徐复观政治思想的深刻根源。然而,在徐复观的内心深处,仍然充溢着传统士大夫悲天悯人的情怀,他始终不曾逃脱传统的士人阶级的局限。

特别是1944年之后,徐复观从农民、军人、政治家变成了学者、教授。在这期间,无论是他在大学校园接触的师生,还是与其在《民主评论》和《自由中国》上辩论的对手,天然地都从知识分子前提出发探讨问题。在这样一种背景和氛围中,徐复观的自我认同开始从农民倾向于知识精英阶层,这导致他对农民阶级的政治意义在有意无意间忽视了,而对知识精英阶层的政治意义则给予更多关注。因此,他本能地将思维指向他心中的名人贤士,不可能真正以农民和广大劳动人民为本位。实际上,在徐复观的著作和评论文章中,他对农村和农民的论述在数量上是非常少的,只是在零星的几篇文章将之与中国社会的理想思考联系在一起,而且这中间充溢着强烈的悲天悯人的感性成分。而对于精英阶层的关注,他则显示出了极大的热情。在他看来,中国知识分子对中国政治的性格、命运与走向,对中国文化的过去、现在与未来,都起着决定性的作用,他们肩负着打开中国通向民主政治的历史重任。于是则不可避免地造成士人阶级或中国知识分子"以己意而为民意"。这样一来,知识分子就站在了农民阶级之上,把农民阶级看作知识分子的附属品,把从知识分子地位出发的"价值判断"强加给了农民阶级。出于这种阶级的局限,徐复观脱离了社会结构变革的正常轨道,也脱离了社会结构变革的主要力量。

---

❶ 徐复观. 旧梦·明天 [M]//无惭尺布裹头归·生平. 北京:九州出版社,2014:17.
❷ 徐复观. 谁赋豳风七月篇——农村的记忆 [M]//无惭尺布裹头归·生平. 北京:九州出版社,2014:5.

徐复观的政治思想是在阶级社会的背景下产生的，他所代表的士人阶级和知识分子的特殊利益决定了其理论的局限。毛泽东指出："在中国的民主革命运动中，知识分子是首先觉悟的成分。……然而知识分子如果不和工农民众相结合，则将一事无成。革命的或不革命的或反革命的知识分子的最后的分界，看其是否愿意并且实行和工农民众相结合。"❶ 在中国封建社会的历史中，唯一能够较为有力打击封建专制力量的是由占人口绝大多数的农民阶级所发动的农民革命。而在连续不断的农民革命的实践中，孕育出了反对封建、追求原始素朴的民主与平等的文化价值观。如果要将这一反传统的价值观发扬光大，则需要彻底铲除封建传统赖以生存的根基，而文化价值的变革，则根本上取决于农民阶级的彻底解放。李大钊也曾深刻地指出，农民的痛苦"就是我们国民全体的痛苦，他们的愚暗，就是我们国民全体的愚暗"，"他们若是不解放，就是我们国民全体不解放"。❷ 中国文化的真正变革，应该依赖于农村经济的根本改造和农民的彻底解放，而在士人阶级和知识分子的价值理想中，是始终不可能真正找到作为价值主体的农民阶级的位置的。

另外，徐复观对资产阶级以及西方政治文化的研究也存在局限。经典自由主义的一个主要特征是崇尚个人主义。个人主义在西方历史发展的进程中产生过积极的作用，对于在中世纪长期受到压抑的个性与个体的创造性起到了解放的作用，同时给予新兴的市民阶级一种追求社会平等的思想武器。❸ 然而，个人主义同时具有消极的一面，那就是将个人与群体、社会割裂开来，甚至是以个人的利益来否定群体与社会的公共意愿、利益与福祉。

正是因此，古典共和主义在近代的主要代表人物卢梭就曾经对个人主义的缺陷进行过批判。他认为，在一个好的社会里，个人的权利和自由不应是无限度的。他反对洛克主张的那种个人追求无限财产的无限的权利，

---

❶ 毛泽东. 五四运动 [M]//毛泽东选集（第二卷）. 北京：人民出版社，1991：559.
❷ 《李大钊选集》编写组. 李大钊选集 [M]. 北京：人民出版社，1959：146-147.
❸ 徐复观. 个人主义的没落 [M]//论文化（二）. 北京：九州出版社，2014：726.

因为在他看来，这会导致人们之间的倚强凌弱、两极分化。他指出，个人应该享有正当的权利和自由，但个体只有融入社会才能真正享有自由和幸福。当个人的意愿和利益与社会的公众意愿和根本利益发生矛盾和冲突时，个人意愿应当服从公众意愿和利益。在这个过程中，个人不仅会获得社会的自由，同时还会获得道德和心灵的自由。卢梭还主张国家与社会应当注重对于公民的道德教化，使得社会成员不是由于外力的强制，而是由于道德与心灵的契合而凝聚在一起，实现代代相传的淳美风俗。卢梭的这些思想继承与发展了以亚里士多德为先驱的古典共和主义思想，是对以洛克为代表的近代自由主义的批判与超越。

徐复观对于西方政治思想的研究主要侧重于经典自由主义一面，而忽略了对于以卢梭为代表的古典共和主义的研究。他十分重视学习和借鉴西方的民主理论，可是，殊不知西方近代经典的民主理论家恰恰不在经典自由主义一边，而是在古典共和主义一边。西方著名的民主理论家麦克弗森就曾指出，对于当代民主理论影响最大的思想家就是卢梭和杰弗逊，而杰弗逊思想中的古典共和主义因素要多于自由主义的因素。❶ 而最能够与中国传统思想精华实现创造性融合的，并不是洛克等人的思想，而是卢梭和杰弗逊等古典共和主义者的思想。徐复观学术研究中的这个不足，也恐怕在于他不懂英语；他是通过日本学者翻译的西方著作来了解西方思想的。也可以说，学术的局限，源自语言的局限，我们也不应苛求前辈学者。徐先生思想之敏锐与深刻，无疑都是第一流的。

三、历史与时代局限性

第二章曾讲到，马克思主义实际上对徐复观产生了一定的影响，并且这种影响持续了许多年。徐复观在日本留学期间，曾利用日本的条件，对马克思主义进行了研究。由他组织的"群不读书会"，专门阅读马克思主

---

❶ C. B. Macpherson. The Life and Times of Liberal Democracy [M]. Oxford : Oxford University Press, 1988：17-18.

义的书刊,研究马克思主义的哲学、政治学和经济学。译成日文的苏联杂志《在马克思主义的旗帜下》,不但一期不漏,日本马克思主义者河上肇的著作,也是片言只字必读。他自己曾坦言,马克思主义曾在相当长的时间里在他的思想中占有重要的位置,并弥补了他从青年到壮年一段精神上的空虚。在奉国民党军事委员会命令赴延安任少将联络官的半年时间里,徐复观又与毛泽东、朱德、周恩来、刘少奇、叶剑英等中国共产党领导人都有过交往与晤谈。他清楚地看到中国共产党的政治、军事素质和潜能,也曾感慨地说,中国的热血男儿都在共产党里了。他还赞扬延安的整风运动,称延安"仿佛是大革命时代的黄埔""令人敬佩"。❶ 实际上,他已预感到中国共产党的胜利和国民党的失败都是难以避免的。应当承认,徐复观的学术思想与政治理念受到了马克思主义和中国共产党的影响,但在他的学术论证中并没有写到"马克思主义",这除了受到其阶级的局限之外,还在很大程度上受到了他所生活的政治和社会环境的限制。

  徐复观从延安回到重庆后,向国民党当局递交了一份关于中国共产党情况的报告——《中共最近动态》。报告有其党派立场局限,但直言讲出了当时国民党不敢面对的事,指出中国共产党有能力夺取全国的政权,国民党如此下去必将败给中国共产党。蒋介石对这份报告做了详细的圈点,并作为秘密文件下发国民党内传阅。文件的《序言》讲道:"此乃本党某同志对中共情形实地考察所得之结论。某同志一面为三民主义之忠实信徒,一面对党派问题,素无成见;故其所得结论,较客观而深刻。其建议部分,亦颇有独到之处,可发人深省,故特为印发,供本党负责同志之阅读研究。"❷ 徐复观从此得到蒋介石的器重和提拔,开始作为蒋介石的高级幕僚参与国民党高层工作。他先后担任联合秘书处秘书长随从秘书、侍从室第六组副组长、总统随从秘书、联合秘书处副秘书长等职,成为当时国民党高层中有一定影响的人物。地位的改变,使徐复观的思想发生了巨

---

❶ 朱鸿召. 国民党少将观察员徐佛观眼中的延安 [N]. 文汇读书周报, 2016-02-01.
❷ 常家树. 震撼蒋介石心灵的警世危言 [EB/OL]. (2016-12-08) [2020-04-21]. http://myy.cass.cn/zgjxdsjbwt/201612/t20161208_3307217.shtml.

大的变化，他放弃了原来的对马克思主义的兴趣，转而对马克思主义持批判的态度。1949年，国民党在中国大陆的统治彻底崩溃，徐复观也离开大陆，开始了流亡台湾和香港地区的生活。虽然此时的徐复观因不满国民党的专制腐败而毅然退出了国民党，但长期生活在台湾和香港地区那样一种特定的政治环境中，以及对蒋介石知遇之恩的感激，徐复观在发表言论方面不能不有很多的顾忌，恐怕也是出于"不得已而为之"的苦衷。

徐复观将中国革命和建设的曲折归咎于马克思主义，这实际上是否认了马克思主义的实践性和科学性，更否认了马克思主义的历史作用和历史地位。

马克思主义理论是从实际出发，运用科学的态度和方法，对社会历史领域的最基本问题、社会发展客观规律等进行研究所得到的科学结论。马克思主义理论并不是单纯为了无产阶级一个阶级的利益服务的，它最终的目的是解放全人类。无产阶级的阶级性不同于以往一切阶级所具有的阶级性，它是最富有革命性、最有前途、最大公无私的阶级。阶级的历史地位和历史使命使得无产阶级的利益与社会绝大多数人的根本利益是一致的，与社会发展规律所指引的方向是一致的。

同时，马克思主义在中国的历史进程也证明了马克思主义的历史地位是不可动摇的。中国共产党革命、建设和改革的历史证明，解决中国的实际问题，没有马克思主义的指导是不可思议的。中国共产党运用马克思主义分析中国的具体实际，并将马克思主义与中国具体实践相结合，形成了两次历史性的飞跃，结出了两大理论成果。以毛泽东为代表的中国共产党人将马克思主义的基本理论同中国革命具体实践相结合，从中国的历史和社会状况出发，提出了建立农村革命根据地、实行工农武装割据的方针，成功开辟了一条农村包围城市、武装夺取政权的革命新道路，创立了新民主主义革命理论，指导中国革命取得了胜利。毛泽东思想是马克思主义中国化的第一次历史性飞跃的理论成果，是新民主主义和社会主义革命取得胜利的理论基础。以邓小平为核心的党的第二代中央领导集体坚持马克思主义基本原理，从社会主义初级阶段的实际出发，在总结我国社会主义胜利和挫折的历史经验的基础上，在借鉴其他社会主义国家兴衰成败历史经验的基础上，提出了一系列切实可行的改革开放的方针政策，成功解决了中国社会主义建设和发展中所面临的一系列问题，极大地推动了中国社会的全面发展和进步。邓小平抓住"什么是社会主义，怎样建设社会主义"这个根本问题，深刻地揭示社会主义的本质，把对社会主义的认识提高到新的科学水平。这样一来，中国共产党人找到了中国特色社会主义建设道路，实现了马克思主义中国化的第二次历史性飞跃。

当然，马克思主义的运用与发展是一个历史过程，在这个过程中有过严重的失误和挫折。苏联解体、东欧剧变，这都是社会主义实践中的重大曲折，教训极为深刻。然而，绝不能用这些挫折和失误来否定马克思主义的历史地位。马克思主义讲的是实事求是，随时随地都要以当时的历史条件为转移，"实践是检验真理的唯一标准"。而苏联模式的失败，是由于整个体制僵化、封闭，是由于腐败、麻木不仁，是苏联党不能再为苏联人民谋利益。所以，苏联模式的失败，只能说明不遵循马克思主义的基本原理，不坚持原理的运用"随时随地都要以当时的历史条件为转移"❶，实践必然无法长久、无法成功，而不是马克思主义的失败。

党的十一届三中全会以后，我们党领导全国人民正确总结中华人民共和国成立以来的经验教训，开辟了改革开放新时期，走上中国特色的社会主义道路。党的十八大以来，在以习近平同志为核心的党中央的领导下，中国特色社会主义事业更臻成熟。中国革命和建设取得的成就，是坚定我们马克思主义信仰、增强我们社会主义事业信心的重要依据。马克思主义理论以它成功的实践向我们表明，马克思主义并不会过时，它仍然富有无限生机和活力。

张岱年认为中国文化的现代化应当以马克思主义为灵魂，创造性地融合中西文化的精华，从而创造新型的、社会主义的中国文化。而徐复观虽

---

❶ 陈江生.马克思主义过时了吗 [J].人民论坛，2016（9）：24.

然提出了综合创新的理论，但受到历史和时代的局限，他对于综合创新的构思与阐述是不可能以马克思主义为主导的，这样的综合创新理论也不可能真正解决中国的民主政治问题。

第三节　徐复观政治思想的当代启示

一、正确认识传统与现代性的辩证关系

西方近代的启蒙运动对打破中世纪的思想桎梏，为以理性、自由和天赋人权的资产阶级思想的生长与发展做出了不可磨灭的历史性贡献。然而启蒙运动是有缺陷的，其中一点就是极端的反传统主义。把历史看作一往直前的进步，而把一切传统的事物看作落后和腐朽。"五四"时期的新文化运动可以被称为中国的启蒙运动。新文化运动荡除了旧时代许多陈腐落后的东西，为中国社会的进步扫清了许多思想文化方面的障碍。但是正如林毓生所指出的，新文化运动的一些代表人物把传统文化看作铁板一块，未能对传统中各种不同的成分与因素加以深入细致的鉴别、分析与研究，因而导致了对传统文化，尤其是儒家文化的彻底否定。

徐复观没有受此影响。他在熊十力等的启发与影响下，以审视、批判的精神，认真、细致、深入地研究了先秦儒家的思想，创造性地发掘并阐释了孔孟思想中的核心价值，即民本主义、德治思想和政治抗议精神。他进而把先秦儒家思想中所蕴含的这些精华，与秦汉大一统专制制度建立后被压迫、被扭曲了的儒家思想相区别、相析离，从而与其他数位杰出的学者如熊十力、梁漱溟、冯友兰、贺麟等一起为先秦儒家的思想平了反、恢复了名誉，使其思想精华在中国学术界、思想界重放光彩。而这一点，对于中国文化的综合创新是重要的前提，是必不可少的第一步。

美国著名社会学家爱德华·希尔斯（Edward Shils）指出，一般来说，每一代的人都不可能独立地创造出一套关于真理和正义的思想体系，以及判断事物的标准和行为的准则。历代的人们都需要继承以往世代的社会习俗、信仰、准则和典章制度等方面的文化遗产。所以，一个现代的、自由民主的社会必须是形成和生长在传统的根基之上。❶

政治学家劳伊德·鲁道夫（Lloyd Ruldoph）和苏珊妮·鲁道夫（Susanne Hoeber Ruldoph）指出，当代理论家们往往认为新的事物绝对地优于和要取代旧的事物，而新事物的成长则不需要对传统价值的继承和借鉴，从而把传统和现代性截然对立起来。鲁道夫指出，传统和现代性之间不是截然对立的，而是相互渗透，并相互促进对方的转化、变革与更新。❷ 政治学家卡尔·弗里德里希（Carl Friedrich）也指出，进步与传统二者之间需要一种平衡。对传统文化带根本性的破坏，必然会逐渐地削弱以至于瓦解一个社会。❸

社会的发展要求创新，可是这种创新并非无源之水、无本之木。这种创新不仅要求对某些传统因素的摒弃，同时也要求对另外一些传统因素的汲取与发扬，即所谓的扬清激浊。希尔斯指出，在一个特定的传统中，其实存在各种不同的因素。我们需要对不同的因素加以区分和鉴别，从而取其精华，去其糟粕。❹

徐复观对先秦与专制时期儒家的分析说明，中国的传统文化是包含多种矛盾与冲突的因素或成分的混合体。传统也并不是永恒不变的，而是不断地随历史条件的变化而发展演变的。如专制时期的儒家，便杂有儒、道、法、佛、阴阳等各种不同的思想成分。而先秦儒家与秦汉专制形成以后的儒家更是有重大的不同；譬如"以德抗位"的政治抗议精神与主张

---

❶ [美] 爱德华·希尔斯. 论传统 [M]. 傅铿，吕乐，译. 上海：上海世纪出版集团，2009：12-21.

❷ Lloyd Ruldoph, Susanne Hoeber Ruldoph. The Modernity of Tradition: Political Development in India [M]. Chicago: The University of Chicago Press, 1967: 3.

❸ Carl J. Friedrich. Tradition and Authority [M]. New York: Praeger Publishers, 1972: 14.

❹ [美] 爱德华·希尔斯. 论传统 [M]. 傅铿，吕乐，译. 上海：上海世纪出版集团，2009：12-21.

"君臣大义"的判然两途。

全盘否定儒家思想的价值,将传统与现代完全割裂与对立,显然失于偏颇。❶ 这在理论上是错误的,在实践上也是极为有害的。近代中国的社会发展和文化发展历史给予我们的教训是有目共睹的。盲目的、冲动的、普遍的反传统思潮,很容易引起传统、文化、价值和权威的全面失落,这是十分危险和有害的。著名美籍华人历史学家刘子健(James T. C. Liu)就曾指出,现代与传统必须经历一种创造性的融合。而20世纪以来,中国的知识分子在追求现代化的过程中,盲目地否定传统文化的价值与作用,结果付出了沉重的代价,造成了危机和混乱。❷

近年来,随着全球化的发展,一种"以洋为尊""唯洋是从"的心态在中国悄然兴起,"去思想化""去价值化""去历史化""去中国化""去主流化"的风气潜滋暗长。忘掉自己的文化根基,对西方文化照单全收和生搬硬套的做法,是缺乏文化自信和丧失自我更新与自我创造能力的表现。这种对于中国传统文化精华的误解、无知和隔阂对于中国的新文化的创造是极其不利、极其有害的。港台现代化问题专家金耀基指出,中国的现代化所要求的不是对于传统的毁灭,而是去努力发掘传统中可以在现代社会里发挥积极作用的因素。❸ 历史学家、现代化问题研究专家罗荣渠指出:"成功的现代化运动不但在善于克服传统因素对革新的阻力,而尤其在善于利用传统因素作为革新的助力。"❹

徐复观的研究分析为我们树立了如何区分鉴别传统中不同因素和如何扬清激浊的典范。此外,徐复观对先秦儒家性善论、德治思想,以及人本主义的研究与阐释,他的将中国与西方政治文化的精华相融合的探索,都表明在中国政治文化的背景下传统并不是与现代性截然对立的;传统文化

---

❶ 陈来. 传统与现代:人文主义的视界[M]. 北京:北京大学出版社,2006:63.
❷ 转引自:刘鸿鹤. 试论传统与现代性[J]. 辽宁大学学报(哲学社会科学版),2002(6):122.
❸ 金耀基. 中国现代化与知识分子[M]. 香港:香港时报出版公司,1984:8.
❹ 罗荣渠. 中国近百年现代化思潮演变的反思[M]//罗荣渠. 从"西化"到现代化——五四以来有关中国的文化趋向和发展道路论争文选(上册). 合肥:黄山书社,2008:39.

中固然存在过时，乃至腐朽的因素，然而也存在与民主和法治相通相合的精华，而这些精华的部分，又可以弥补西方自由主义的缺陷，这实质上是阐明了传统与现代性可以互相渗透、可以促成对方的创造性转化与变革的道理。

二、对西方政治文化要取其精华、去其糟粕

从20世纪初叶以来，我国思想界、学术界就存在一种主张"西化"的倾向。近一个世纪以来，这种倾向，绵延不断。到了20世纪80年代末期，电视系列片《河殇》代表了那种主张全盘西化的思潮。《河殇》的作者们主张与落后、僵化的农业文明决裂，要无条件地接受西方的工业文明。他们的问题恰恰在于错误地理解传统与现代之间的关系，同时他们既不真正了解西方文化与社会，也没有真正深入地对中国传统文化进行研究与认识。在20世纪80年代，人们急于了解西方、被西方的成就所炫惑时，也就很容易产生对于西方的一厢情愿。全盘西化的主张，部分是在这种心态下产生的。

徐复观对吸纳西方政治文化表现出开放的态度，但是他坚决反对宣扬民族虚无主义、文化投降主义的全盘西化论。徐复观虽然也是一名自由主义者，但他对西方政治文化有着深刻的反省，他要求对西方政治文化加以区分和鉴别，取其精华、去其糟粕，坚决反对通过全盘西化来建设现代中国。而这一点，是中国政治文化的综合创新的必要条件。

当前，西化的倾向集中表现为一些人对于所谓"普世价值"的鼓吹。这些人把诸如民主、自由、人权、宪政等理念说成是放之四海而皆准的"普世价值"，要求把西方资产阶级的这一切理念和制度在中国不加区分、不加批判、毫无保留地如法炮制。自由、民主、权利等这些概念，抽象地看，似乎有普遍的意义，然而历史地考察，提出这些概念的人从来都不是抽象的，而是历史的、具体的，是代表着特定群体或阶级的利益的。例如近代经典自由主义的鼻祖洛克、亚当·斯密等，都是大资产阶级的代表人物，他们所主张的自由和权利主要是为了维护资产阶级积聚财产的权利和

自由。所以，对这些人的思想，一定要在马克思主义的指导下来进行阐述与剖析，不可以照单全收，否则就会误导青年，甚至是遗患无穷。

当年提出民主、自由、人权、宪政这些理念的人不是抽象的，今天把这些理念说成是普世价值的人同样不是抽象的，而是历史的、具体的，具有特定的政治倾向与目的。例如，美国当代著名国际政治理论家塞缪尔·亨廷顿（Samuel P. Huntington）就积极主张用西方的"普世文明"和"普世主义"来对抗非西方社会的意识形态。他曾经坦言："普世文明的概念有助于为西方对其他社会的文化统治和那些社会模仿西方的实践和体制的需要作辩护"，当然他也不得不承认，"西方人眼中的普世主义，对非西方来说就是帝国主义。"❶ 美国原国务卿亨利·基辛格（Henry A. Kissinger）在他的《论中国》一书中，曾直言不讳地指出，他们鼓吹"普世价值"的实质，就是要促使中国重蹈苏联和东欧的覆辙。可见，"普世价值"是西方国家在特定的历史条件下，针对特定的历史对象所进行的"西化"和"分化"的思想渗透，是东西方意识形态斗争的突出表现，是西方实行和平演变战略的撒手锏。

然而，西方所谓的"普世价值"的本质和真相又是什么呢？宣扬民主、自由、平等、人权的"普世价值"在西方真的实现了吗？事实上，"普世价值"仅仅是作为一个口号，并且遭受了持久的践踏。一些西方国家长期存在种族歧视、性别歧视、劳资对立、贫富两极分化等严重的社会问题。❷ 马克思说："资产阶级口头上标榜自己是民主阶级，而实际上并不如此，它承认原则的正确性，但是从来不在实践中实现这种原则。"❸ 1776年美国《独立宣言》写道：每个人都应平等地享有天赋的生命、自

---

❶ [美] 塞缪尔·亨廷顿. 文明的冲突与世界秩序的重建 [M]. 周琪，刘绯，张立平，等译. 北京：新华出版社，1998：200.
❷ 卫兴华. 掀开西方"普世价值"的面纱 [N]. 人民日报，2015-11-30.
❸ 马克思. 1848年11月4日通过的法兰西共和国宪法 [M]//马克思恩格斯全集（第七卷）. 中共中央马克思恩格斯列宁斯大林著作编译局，编译. 北京：人民出版社，2014：589.

由和追求幸福的权利。❶ 然而在事实上，平等只适用于白人中的男性富人，黑人、印第安人、穷人和妇女并未涵盖其中。经过近两百年的苦难与奋争，黑人才在理论上拥有了与白人同等的民权，当然在事实上又是另外一回事。西方的民主与平等是一个昂贵的事业，在事实上是难以实现的。美国诺贝尔经济学奖获得者约瑟夫·斯蒂格利茨（Joseph E. Stiglitz）认为，美国民主的本质是1%的人所有，1%的人统治，1%的人享用。❷ 2011年的"占领华尔街"抗议活动，表明了资本主义制度的危机，而2013年曝光的"棱镜计划"，更是显示出了公民个人自由权利遭受的威胁。

马克思指出，资产阶级的民主"无非是君主国的有产阶级为了夺取君主的权力而让各非有产阶级相信的骗局……劳动者在服从，而不是在指挥；小商人和小业主在劳动，而不是在发号施令；富人到处都由于金钱的影响而在进行统治，并且参加政权，担任官职"。❸ 列宁也曾论述道："资本主义既有形式上的平等，又有经济上的不平等和随之而来的社会的不平等。"❹ "这种民主制度（指资本主义社会的民主共和制）始终受到资本主义剥削制度狭窄框子的限制，因此它实质上始终只是少数人的即只是有产阶级的、只是富人的民主制度。"❺ 美国学者凯茨尼尔森与凯索曼也指出：美国的民主存在一个根本性的矛盾，那就是，民主的政治制度要求公民在经济上的平等，资本主义的生产方式却时刻在产生着人们在经济生活中的

---

❶ Tomas Jefferson. The Declaration of Independence, 111th Congress, 1st Session Senate Document 111-4 [C]. USA Government, 2009：35.

❷ Joseph E. Stiglitz. Of the 1%, by the 1%, for the 1% [J/OL]. [2020-04-22]. http：//www.vanityfair.com/news/2011/05/top-one-percent-201105.

❸ 马克思. 克罗茨纳赫笔记（第4本）[M]//马列著作编译资料（第11辑）. 北京：人民出版社，1980：58-59.

❹ 列宁. 迎接国际劳动妇女节 [M]//列宁全集（第38卷）. 中共中央马克思恩格斯列宁斯大林著作编译局，编译. 北京：人民出版社，1986：203.

❺ 列宁. 国家与革命 [M]//列宁全集（第31卷）. 中共中央马克思恩格斯列宁斯大林著作编译局，编译. 北京：人民出版社，1986：83-84.

不平等，在生产着贫富的两极分化。❶ 也就是说，美国公民在经济上的不平等最终导致他们在政治上的不平等。

究其根源，西方民主制度的内在矛盾是由资本主义生产方式的根本矛盾所决定的。所以，随着资本主义的发展，西方民主制度中的一些问题和矛盾也会得到某种程度的解决或缓和，然而，只要资本主义的生产方式还存在，西方民主制度的内在矛盾就不可能得到根本的克服，这是西方民主制度的历史和阶级的局限。真正的民主制度的实现要求对资本主义生产方式的否定。正如列宁所说："民主意味着平等。很明显，如果把平等正确地理解为消灭阶级，那么无产阶级争取平等的斗争以及平等的口号就具有极伟大的意义。"❷

徐复观对西方经典自由主义的批判与马克思列宁主义的立场是一致的。在徐复观看来，经济领域的自由与平等是存在矛盾的；而民主与宏观意义上的自由又是以经济的平等为基础的。没有经济方面的平等，也就没有真正的民主和自由。以洛克、亚当·斯密为代表的经典自由主义者强调资产阶级追求无限财产的权利和自由，是以牺牲劳动者的权利和自由、牺牲平等和分配正义为代价的。徐复观指责资产阶级在借助下层人民群众的力量战胜了君主、贵族阶级以及上层的僧侣阶级之后，便忘记了自身被以上三种统治阶层压迫的痛苦，转而视下层人民群众为任人驱策与奴役的下等人，这是与资产阶级的两面性分不开的。此外，西方的民主制度建立在由各种利益群体在相互竞争而形成的均势与平衡的基础之上，这种民主制度的建立，缺少了政治家与公民的"道德的自觉"这样一种思想与精神方面的坚实的基础。所以徐复观在看到中国传统的政治文化缺少民主和法治，需要向西方政治文化进行借鉴的同时，又清醒地认识到西方经典自由

---

❶ Ira Katznelson, Mark Kesselman. Capitalism and Democracy [G]// Cary Colombo, Robert Cullen, Bonnie Lisle, ed. Rereading America: Cultural Contexts for Critical Thinking and Writing. Boston: Bedford Books of St. Martin's Press, 1992: 715, 716, 719.

❷ 列宁. 国家与革命 [M]//列宁全集（第 31 卷）. 中共中央马克思恩格斯列宁斯大林著作编译局，编译. 北京：人民出版社，1986：95.

主义以上的缺陷，主张对西方政治文化要进行一种"扬弃"。所谓"扬弃"，就是要既克服、又保留，即取其精华、去其糟粕。他的方向无疑是正确的，与马克思主义是一致的，比那些主张无条件接受所谓"普世价值"的人们，高明了不知多少倍。

三、中西政治文化精华的综合创新

"五四"以来的中国思想文化领域，形成了三种最主要的思想派别，即自由主义"全盘西化派"、被称为文化保守主义的新儒家和倾向马克思主义的"文化综合创新派"。"综合创新派"认为中国文化的现代化应当以马克思主义为灵魂，创造性地融合中西文化的精华，从而创造新型的、社会主义的中国文化。张岱年是这一派的主要代表人物之一。张岱年认为，应当是在马克思主义思想灵魂的主导下，来对中西文化两者取其精华、去糟粕，从而创造出一个符合时代需要的社会主义的新文化。❶ 对综合创新这一文化建设理论思路，方克立的表述是：必须在马克思主义指导下，对中西文化以审慎的态度进行分析与鉴别，从而取其精华、去其糟粕。以我为主，经过辩证的综合，创造出新的中国社会主义文化。❷

张岱年与方克立对于中国文化的综合创新所表述的思想原则是一致的，都是主张在马克思主义思想灵魂、理论原则的指导下，以审视批判的精神，以开放的胸襟，来研究中国传统文化和西方文化，然后扬清激浊，在融汇众长的基础上，来创造适应新时代要求的新的中国文化。而在这一点上，徐复观与张岱年等可以说是不谋而合、殊途同归。徐复观目睹了国民党和蒋介石的专制与腐败，感到中国的政治和经济这样下去是没有前途的，必须要经历一场深刻的变革。在经济方面，他主张在抗战后实行土地改革，解除农民的苦难。在政治上，他主张废除国民党的一党专制，在战后建立联合政府。为了从根本上改变中国传统政治的弊端，他认为中国必

---

❶ 张岱年. 张岱年全集（第6卷）[M]. 石家庄：河北人民出版社，1996：253-254.
❷ 方克立. 现代新儒学与中国现代化 [M]. 长春：长春出版社，2008：302-303.

须以审视、批判的态度研究西方政治文化，去其糟粕，取其精华，学习和借鉴西方民主与法治方面的可取之处，再与中国传统文化中的优秀因素相融合，来开创新的中国政治文化。

前文曾指出，徐复观在青年时代曾以极大的热情学习与研究过马克思主义的理论。到了中年时，他还曾流露这样的心迹，即在归国从军后的那些年里，尽管同任何人都绝口不谈马克思主义与社会主义，但是在内心深处，马克思主义和社会主义的思想和理论给予他以人生的意义和精神的支柱。❶ 1943 年他在延安任联络官期间，十分赞赏中国共产党人的政治精神与军政素质。抗战时期国共合作，有一次徐复观与其他一些国民党军官在西安听周恩来做报告，其间他不禁向身边的同事赞道："国民党里没有这样的人才"。❷ 这些都说明他对于马克思主义、对于中国共产党人的真实态度和倾向。回顾一下他对于经典自由主义之资产阶级倾向的深刻批判，就更可以判定马克思主义在他思想深处的影响与地位。近年来，在张岱年关于中国文化"综合创新"思想的启迪与影响下，不少学者也相继提倡"中、西、马"思想精华的创造性融合，而徐复观实际上亦当被视作这一思潮的先驱。

列宁在其著名的《青年团的任务》一文中指出："我们只能利用旧社会遗留给我们的全部知识、组织和机关，在旧社会遗留下来的人力和物力的条件下建设共产主义。"❸ 他又说，对于人类历史所创造的一切，马克思"都有批判地重新加以探讨，任何一点也没有忽略过去。凡是人类思想所建树的一切，他都放在工人运动中检验过，重新加以探讨，加以批判，从而得出了那些被资产阶级狭隘性所限制或被资产阶级偏见束缚住的人所不能得出的结论"。其结论是："无产阶级文化应当是人类在资本主义社会、地主社会和官僚社会压迫下创造出来的全部知识合乎规律的发

---

❶ 徐复观. 我的读书生活［M］//无惭尺布裹头归·生平. 北京：九州出版社，2014：50.
❷ 李维武. 徐复观学术思想评传［M］. 北京：北京图书馆出版社，2001：17.
❸ 列宁. 青年团的任务［M］//列宁全集（第 39 卷）. 中共中央马克思恩格斯列宁斯大林著作编译局，编译. 北京：人民出版社，1986：294.

展。"❶ 列宁的如上论述实际上是表明了文化的综合创新的方向。也就是说,在他看来,新的社会主义思想文化的建设,必须要批判性地汲取人类历史上各个阶段、在各个地域所创造的精神财富。然而这种汲取必须是有原则的、批判性的。

徐复观在肯定西方资产阶级在与专制王权斗争时伸张民主和自由的进步意义的同时,明确指出民主和自由是以经济的平等为基础的;没有经济方面的平等,也就没有真正的民主和自由。他批评以洛克和亚当·斯密为代表的自由主义者所主张的资产阶级积聚财产的权利和自由,是以牺牲公平正义和劳动者的权利与自由为代价的。由此可见,在徐复观这里,文化的综合创新是有原则的,而不是折中主义的调和。在建设新的政治文化这项光荣而又艰巨的事业中,徐复观以一种天下兴亡、匹夫有责,为往圣继绝学、为万世开太平的忧患意识和历史责任感,以一种追求真理的无畏的精神,筚路蓝缕,以启山林,他的努力和探索是卓有成效的。

---

❶ 列宁. 青年团的任务 [M]//列宁全集(第39卷). 中共中央马克思恩格斯列宁斯大林著作编译局,编译. 北京:人民出版社,1986:299.

第八章

结论、创新点与展望

第八章 结论、创新点与展望

第一节 结论

徐复观其人其学的时代背景和心路历程，是其政治思想形成的重要因素。通过对徐复观心路历程的考察，可以把徐复观的人生主要分为三个阶段：农村经历、政治生涯和学术生活，这也是影响其政治思想形成的三个重要的因素。徐复观出生于一个贫苦的农民家庭，他深切地同情劳苦大众，视自己为"大地的儿子"。在青年时代，他怀抱革新中国社会的理想，由一介书生投身于政治的激流。他曾与马克思主义有过接触，与国共两党许多重要政治人物有过交往，经历过许多重大的政治事件，对中国政治有着深刻的理解与体验。最后他因对国民党的腐败与专制彻底失望而由政治转向学术，结果是著作等身。对劳苦大众的同情与丰富的政治经历使得徐复观对政治问题的理解比他同时代的传统主义者和自由主义者都更为深刻。徐复观的政治思想在20世纪中国政治学发展史上独树一帜，具有重要的理论价值和时代意义。

徐复观对儒家政治思想进行了剖析，从而将先秦时期儒家政治思想的精华与专制时期扭曲变质的儒家政治思想区别开来。徐复观以审视、批判的精神对儒家政治思想进行了剖析，指出"忧患意识"是中国古代人文主义精神的起源，人性论学说是人文主义精神萌动、生长和长期发展的结果，德治思想、以人民利益和需求为本位的民本主义以及以德抗位的政治抗议精神，共同构成了先秦儒家政治思想的核心价值。然而，在秦汉大一统的皇权专制制度的压迫之下，本具有反抗暴政精神的儒家思想被严重扭曲而变质，儒家不但未能发展出"法治"的思想原则，也未能以制度的设置来实现其政治理想。徐复观把先秦儒家思想中的精华与秦汉大一统专制制度建立后被压迫、被扭曲了的儒家思想相区别析离，这对于政治文化的综合创新是重要的前提，是必不可少的第一步。

徐复观对西方政治思想展开了批判，从而将西方政治文化中的精华和缺陷进行了区分和鉴别。徐复观以审视、批判的精神对西方政治思想进行了剖析，指出西方近代经典自由主义主张理性至上，伸张自然权利特别是财产权，促成了西方民主与法治的形成；然而以洛克、亚当·斯密为代表的自由主义者强调资产阶级追求无限财产的权利和自由，是以牺牲劳动者的权利和自由、牺牲平等和分配正义为代价的。徐复观挖掘了西方政治文化中民主与法治的精华，同时批判了西方政治文化中自由与平等的矛盾、阶级与历史的局限以及个人主义的弊端。他主张对西方政治文化加以区分和鉴别，取其精华、去其糟粕，坚决反对通过全盘西化来建设现代中国。而这一点，是政治文化的综合创新的必要条件。

基于此，徐复观提出了他的政治文化综合创新理论，力求把中西民主政治的精华进行创造性的融合。一方面，他主张以西方民主政治来弥补儒家政治思想的局限性，为中国的民主政治提供制度上的保证；另一方面，主张以儒家思想中的道德伦理来弥补西方民主政治的无根性，在中国传统文化中开出一条适合中国自身发展的民主政治道路。徐复观所做的努力就是把儒家思想的精华从秦汉后在专制政体的压抑下被扭曲了的儒家思想中析离出来，与现代西方民主政治的精华进行创造性的融合，以开创新的中国政治文化。这一政治文化综合创新理论是徐复观政治思想的归结点和落脚点，也是其政治思想的核心内容。

最后，站在马克思主义的立场，对徐复观政治思想进行了客观和实事求是的评价，为新形势下我国社会主义政治文化建设提供了借鉴。徐复观用敏锐深刻的目光、独到的见解和勇气，对中西政治文化进行了分析和批判，对众多盛行但往往是错误的观点和思维方式进行了挑战。特别是他的政治文化综合创新的理论，为我们提供了很多灵感与启示。今天，我们站在马克思主义的立场对他的政治思想进行客观和实事求是的批判和反省，坚持马克思主义的阶级分析方法，坚持社会存在决定社会意识的历史唯物主义基本原则，不仅要承认徐复观政治思想的合理成分，也要批判他的偏颇与不足。我们要借鉴徐复观的学术与思想的合理成分,在马克思主义的指导下,融汇中国传统文化与西方政治文化的精华,不断推动新形势下我国的社会主义政治文化建设。

第二节 创新点

第一,把徐复观作为政治思想家来进行研究,揭示了徐复观从一名政客转变为一位"独树一帜"的政治思想家的深层缘由,即受马克思主义和中国共产党的影响、对国民党腐败与专制的失望,以及受熊十力弘扬传统文化思想的启发等"时势"造就的。

海内外学者们普遍把徐复观归类为"现代新儒家",着重论析和凸显他作为新儒家的思想、观点和立场,本书则着重把徐复观作为政治思想家来进行研究,揭示出徐复观是现代新儒家中受马克思主义影响最深、最为亲近中国共产党人的学者;他不畏强权和不被高官厚禄所诱惑,深刻批判国民党和蒋介石的专制腐败统治;他受熊十力对中国传统文化的尊重与弘扬的启发,由厌弃传统文化变为保护传统文化,深悟传统文化的重要性。正是受到这三个方面的重要因素的影响,促使徐复观毅然决然地退出国民党,由政治转向学术,从一名政客转变为一位政治思想家。

第二,对徐复观政治思想进行了系统研究,深刻阐述了徐复观通过对中西政治文化的扬弃而提出的政治文化综合创新理论。

围绕徐复观对先秦时期儒家思想、专制时期儒家思想、西方经典自由主义和政治文化综合创新理论等四个方面的分析和论述,揭示出徐复观所做的努力就是把先秦儒家政治思想中的精华与秦汉大一统专制制度建立后被压迫、被扭曲了的儒家思想相区别、相析离,使其与现代西方民主政治的精华进行创造性的融合,以开创新的中国政治文化。一方面,他主张以西方民主政治来弥补儒家政治思想的局限性，为中国的民主政治提供制度上的保证；另一方面，主张以儒家思想中的道德伦理来弥补西方民主政治的无根性，在中国传统文化中开辟出一条适合中国自身发展的民主政治道路。徐复观的政治文化综合创新理论是其政治思想的归结点和落脚点，也是其政治思想的核心内容。

第三，站在马克思主义的立场上，通过把徐复观与传统主义者、自由主义者和综合创新者相比较，较为系统地论述了其政治思想的独特贡献，并深刻地揭示了其政治思想的唯心史观基础、阶级局限性以及历史与时代局限性。

站在马克思主义的立场，将徐复观与传统主义者、自由主义者和综合创新者相比较，在细密分析论证的基础上指出，徐复观有别于自由主义者对传统文化的全盘否定，也有别于传统主义者无原则地认同和维护传统文化的一切，而是立足于自由主义者的立场来维护传统文化，寻求传统与自由的综合创新，这是他对那个时代所作出的最具独创性的贡献。不仅承认徐复观政治思想的合理成分，也认识到它的偏颇与不足，进而从唯心史观的局限、阶级的局限、历史与时代的局限等三个方面揭示了徐复观政治思想的缺陷和不足。从本质上来讲，徐复观所维护的是儒家伦理本位和心性之学的唯心主义传统，而建立在唯心史观基础上的道德理性和道德价值是不可能真正揭示政治思想的本质和规律的。他所代表的是士人阶级和知识分子的特殊利益，这决定了在他的价值理想中也不可能真正找到农民阶级的位置。基于历史和时代的局限，他对于政治文化综合创新的构思与阐述也是不可能以马克思主义为主导的，这样的综合创新理论也不可能真正解决中国的民主政治问题。

第三节　展望

徐复观以其传奇的政治经历和三十多年的学术生命，对中国传统文化和西方文化进行了深入的研究与思考，在20世纪的中国政治思想史上占有一个特殊的地位。通过对徐复观政治思想的深入研究和分析，有利于我们把握传统和现代性的关系以及处理中国文化和西方文化的关系。在任何历史条件下，社会的进步都必然是一个充满了矛盾和冲突的复杂的过程。政治文化的创新并非无源之水、无本之木。这种创新不仅要求对某些传统因素的摈弃，同时也要求对于另外一些传统因素的汲取与发扬，这是一个扬清激浊、去伪存真的过程。这要求我们对于中西政治文化中各种不同的、相互矛盾与冲突的因素进行分析与鉴别，从而取其精华，去其糟粕。

本书对徐复观政治思想的研究还存在不足。要把中西政治思想进行比较研究，应该是既以西方政治思想来诠释中国政治思想，又以中国政治思想来诠释西方政治思想，使得双方在尽可能平等的条件下互相得到澄明。而本书采取的方式相对比较单向，以中论西居多，以西论中偏少。政治文化综合创新作为一种学术思想和政治文化主张，也有着进一步探讨和完善的巨大理论空间。而对于要实现政治文化综合创新这个任务来说，无论对于中国政治思想，还是对于西方政治思想，笔者的研究与理解都是远远不够的，未来还有很多工作要做。借用《论语》中的一句话："士不可以不弘毅，任重而道远。"

参考文献

第1部分　徐复观相关主要著作及译作

[1] 徐复观. 徐复观全集：中国人之思维方法、诗的原理 [M]. 北京：九州出版社，2014.

[2] 徐复观. 徐复观全集：学术与政治之间 [M]. 北京：九州出版社，2014.

[3] 徐复观. 徐复观全集：中国思想史论集 [M]. 北京：九州出版社，2014.

[4] 徐复观. 徐复观全集：中国人性论史·先秦篇 [M]. 北京：九州出版社，2014.

[5] 徐复观. 徐复观全集：中国艺术精神·石涛之一研究 [M]. 北京：九州出版社，2014.

[6] 徐复观. 徐复观全集：中国文学论集 [M]. 北京：九州出版社，2014.

[7] 徐复观. 徐复观全集：两汉思想史（一）[M]. 北京：九州出版社，2014.

[8] 徐复观. 徐复观全集：两汉思想史（二）[M]. 北京：九州出版社，2014.

[9] 徐复观. 徐复观全集：两汉思想史（三）[M]. 北京：九州出版社，2014.

[10] 徐复观. 徐复观全集：中国文学论集续篇 [M]. 北京：九州出版社，2014.

[11] 徐复观. 徐复观全集：中国经学史的基础·周官成立之时代及其思想性格 [M]. 北京：九州出版社，2014.

[12] 徐复观. 徐复观全集：中国思想史论集续篇 [M]. 北京：九州出版社，2014.

[13] 徐复观. 徐复观全集：儒家思想与现代社会 [M]. 北京：九州出版社，2014.

[14] 徐复观. 徐复观全集：论智识分子 [M]. 北京：九州出版社, 2014.

[15] 徐复观. 徐复观全集：论文化（一）[M]. 北京：九州出版社, 2014.

[16] 徐复观. 徐复观全集：论文化（二）[M]. 北京：九州出版社, 2014.

[17] 徐复观. 徐复观全集：青年与教育 [M]. 北京：九州出版社, 2014.

[18] 徐复观. 徐复观全集：论文学 [M]. 北京：九州出版社, 2014.

[19] 徐复观. 徐复观全集：论艺术 [M]. 北京：九州出版社, 2014.

[20] 徐复观. 徐复观全集：偶思与随笔 [M]. 北京：九州出版社, 2014.

[21] 徐复观. 徐复观全集：学术与政治之间续篇（一）[M]. 北京：九州出版社, 2014.

[22] 徐复观. 徐复观全集：学术与政治之间续篇（二）[M]. 北京：九州出版社, 2014.

[23] 徐复观. 徐复观全集：学术与政治之间续篇（三）[M]. 北京：九州出版社, 2014.

[24] 徐复观. 徐复观全集：无惭尺布裹头归·生平 [M]. 北京：九州出版社, 2014.

[25] 徐复观. 徐复观全集：无惭尺布裹头归·交往集 [M]. 北京：九州出版社, 2014.

[26] 余纪忠, 等. 追怀 [M]. 北京：九州出版社, 2014.

[27] 徐复观. 中国学术精神 [M]. 上海：华东师范大学出版社, 2004.

[28] 徐复观. 中国人的生命精神 [M]. 上海：华东师范大学出版社, 2004.

[29] 徐复观. 中国知识分子精神 [M]. 上海：华东师范大学出版社, 2004.

[30] 徐复观．中国的世界精神［M］．上海：华东师范大学出版社，2004．

[31] 徐复观．中国文学精神［M］．上海：上海书店出版社，2004．

[32] 徐复观．中国思想史论集［M］．上海：上海书店出版社，2004．

[33] 徐复观．中国思想史论集续篇［M］．上海：上海书店出版社，2004．

[34] 徐复观．徐复观文集：文化与人生［M］．武汉：湖北人民出版社，2002．

[35] 徐复观．徐复观文集：儒家思想与人文世界［M］．武汉：湖北人民出版社，2002．

[36] 徐复观．徐复观文集：中国人性论史·先秦篇［M］．武汉：湖北人民出版社，2002．

[37] 徐复观．徐复观文集：中国艺术精神［M］．武汉：湖北人民出版社，2002．

[38] 徐复观．徐复观文集：两汉思想史［M］．武汉：湖北人民出版社，2002．

[39] 徐复观．徐复观论经学史二种［M］．上海：上海书店出版社，2002．

[40] 徐复观．两汉思想史：第一卷［M］．上海：华东师范大学出版社，2001．

[41] 徐复观．两汉思想史：第二卷［M］．上海：华东师范大学出版社，2001．

[42] 徐复观．两汉思想史：第三卷［M］．上海：华东师范大学出版社，2001．

[43] 徐复观．中国人性论史·先秦篇［M］．上海：上海三联书店，2001．

[44] 徐复观．中国艺术精神［M］．上海：华东师范大学出版社，2001．

[45] 徐复观．徐复观杂文补编（一）思想文化卷（上）［M］．黎汉基，

李明辉，编. 台北："中央研究院"中国文哲研究所，2001.

[46] 徐复观. 徐复观杂文补编（二）思想文化卷（下）[M]. 黎汉基，李明辉，编. 台北："中央研究院"中国文哲研究所，2001.

[47] 徐复观. 徐复观杂文补编（三）国际政治卷（上）[M]. 黎汉基，李明辉，编. 台北："中央研究院"中国文哲研究所，2001.

[48] 徐复观. 徐复观杂文补编（四）国际政治卷（下）[M]. 黎汉基，李明辉，编. 台北："中央研究院"中国文哲研究所，2001.

[49] 徐复观. 徐复观杂文补编（五）两岸三地卷（上）[M]. 黎汉基，李明辉，编. 台北："中央研究院"中国文哲研究所，2001.

[50] 徐复观. 徐复观杂文补编（六）两岸三地卷（下）[M]. 黎汉基，李明辉，编. 台北："中央研究院"中国文哲研究所，2001.

[51] 徐复观. 徐复观家书集[M]. 黎汉基，曹永洋，编. 台北："中央研究院"中国文哲研究所，2001.

[52] 徐复观. 徐复观家书精选[M]. 曹永洋，编. 台北：学生书局，1993.

[53] 徐复观. 当代新儒学八大家集：徐复观集[M]. 黄克剑，林少敏，编. 北京：群言出版社，1993.

[54] 徐复观. 徐复观文存[M]. 曹永洋，编. 台北：学生书局，1991.

[55] 徐复观. 儒家政治思想与民主自由人权[M]. 台北：学生书局，1988.

[56] 徐复观. 徐复观最后日记——无惭尺布裹头归[M]. 翟志成，冯耀明，校注. 台北：允晨文化出版公司，1987.

[57] 徐复观. 徐复观最后杂文集[M]. 台北：时报出版事业有限公司，1984.

[58] 徐复观. 中国思想史论集续编[M]. 台北：时报出版事业有限公司，1982.

[59] 徐复观. 论战与译述[M]. 曹永洋，编. 台北：志文出版社，1982.

[60] 徐复观．中国文学论集续篇［M］．台北：学生书局，1981．

[61] 徐复观．徐复观杂文续集［M］．台北：学生书局，1981．

[62] 徐复观．徐复观文录选粹［M］．台北：学生书局，1980．

[63] 徐复观．徐复观杂文集（一）论中共［M］．台北：时报出版事业有限公司，1980．

[64] 徐复观．徐复观杂文集（二）看世局［M］．台北：时报出版事业有限公司，1980．

[65] 徐复观．徐复观杂文集（三）记所思［M］．台北：时报出版事业有限公司，1980．

[66] 徐复观．徐复观杂文集（四）忆往事［M］．台北：时报出版事业有限公司，1980．

[67] 徐复观．石涛之一画研究［M］．台北：学生书局，1979．

[68] 徐复观．公孙龙子讲疏［M］．台北：学生书局，1979．

[69] 徐复观．中国思想史论集［M］．台北：学生书局，1975．

[70] 徐复观．中国文学论集［M］．台北：学生书局，1974．

[71] 徐复观．徐复观文录：第一卷［M］．台北：环宇出版社，1971．

[72] 徐复观．徐复观文录：第二卷［M］．台北：环宇出版社，1971．

[73] 徐复观．徐复观文录：第三卷［M］．台北：环宇出版社，1971．

[74] 徐复观．徐复观文录：第四卷［M］．台北：环宇出版社，1971．

[75] 荻原朔太郎．诗的原理［M］．徐复观，译．台北：学生书局，1989．

[76] 中村元．中国人之思维方法［M］．徐复观，译．台北：学生书局，1990．

第2部分　其他论著

[77] ［美］林毓生．中国传统的创造性转化［M］．北京：生活·读书·新知三联书店，1998．

[78] ［美］林毓生．中国意识的危机［M］．穆善培，译．北京：人民出

版社, 1986.

[79] [美] 张灏. 幽暗意识与民主传统 [M]. 北京: 新星出版社, 2006.

[80] [美] 周策纵. 五四运动史 [M]. 陈永明, 等译. 长沙: 岳麓书社, 1999.

[81] [美] R. R. 帕尔默, 乔·科尔顿, 劳埃德·克莱默. 现代世界史——从文艺复兴到美伊战争 [M]. 孙福生, 陈敦全, 周鸿临, 译. 北京: 世界图书出版公司, 2013.

[82] [美] 爱德华·希尔斯. 论传统 [M]. 傅铿, 吕乐, 译. 上海: 上海世纪出版集团, 2009.

[83] [美] 白诗朗. 普天之下: 儒耶对话中的典范转化 [M]. 彭国翔, 译. 石家庄: 河北人民出版社, 2006.

[84] [美] 顾立雅. 孔子与中国之道 [M]. 高专诚, 译. 郑州: 大象出版社, 2014.

[85] [美] 亨利·基辛格. 论中国 [M]. 胡利平, 林华, 杨韵琴, 等译. 北京: 中信出版社, 2012.

[86] [美] 塞缪尔·亨廷顿. 文明的冲突与世界秩序的重建 [M]. 周琪, 刘绯, 张立平, 等译. 北京: 新华出版社, 1998.

[87] [美] 查尔斯·比尔德. 美国政府与政治 [M]. 朱曾汶, 译. 北京: 商务印书出版社, 1987.

[88] 班固. 汉书 [M]. 北京: 中华书局, 1960.

[89] 蔡仁厚. 儒家思想的现代意义 [M]. 台北: 文津出版社, 1987.

[90] 曹永洋. 徐复观教授纪念文集 [M]. 台北: 时报出版事业有限公司, 1984.

[91] 陈来. 传统与现代——人文主义的视界 [M]. 北京: 北京大学出版社, 2006.

[92] 陈昭瑛. 台湾儒学的当代课题——本土性和现代性 [M]. 北京: 中国社会科学出版社, 2001.

[93] 程俊英, 蒋见元. 诗经注析 [M]. 北京: 中华书局, 1991.

[94] 丁永隆，孙宅巍. 南京政府的覆亡 [M]. 郑州：河南人民出版社，1987.

[95] 范晔撰，李贤注. 后汉书 [M]. 北京：中华书局，2012.

[96] 方东美. 方东美先生演讲集 [M]. 台北：黎明文化事业公司，1983.

[97] 方克立. 现代新儒学与中国现代化 [M]. 天津：天津人民出版社，1997.

[98] 封祖盛. 当代新儒家 [M]. 北京：生活·读书·新知三联书店，1989.

[99] 顾炎武. 日知录解集 [M]. 石家庄：花山文艺出版社，2002.

[100] 郭廷以. 中国近代史纲 [M]. 上海：上海外语教育出版社，1980.

[101] 何信全. 儒学与现代民主 [M]. 北京：中国社会科学出版社，2001.

[102] 何卓恩. 自由主义的新遗产——殷海光、夏道平、徐复观政治经济文化论说 [M]. 北京：九州出版社，2013.

[103] 贺麟. 文化与人生 [M]. 北京：商务印书馆，1988.

[104] 胡平生. 孝经释注 [M]. 北京：中华书局，1996.

[105] 胡适. 胡适文集（12卷）[M]. 北京：北京大学出版社，1998.

[106] 黄俊杰. 东亚儒学视域中的徐复观及其思想 [M]. 上海：华东师范大学出版社，2012.

[107] 黄俊杰. 台湾意识与台湾文化 [M]. 台北：台湾大学出版社，2007.

[108] 贾亦斌. 半生风雨录 [M]. 北京：中国文史出版社，1996.

[109] 贾谊. 贾谊集·贾太傅新书 [M]. 长沙：岳麓书社，2010.

[110] 翦伯赞. 秦汉史 [M]. 北京：北京大学出版社，1999.

[111] 金冲及. 二十世纪中国史纲 [M]. 北京：社会科学文献出版社，2009.

[112] 金耀基. 中国现代化与知识分子 [M]. 香港：香港时报出版公

司，1984.

[113] 李道平. 周易集解纂疏 [M]. 北京：中华书局，1994.

[114] 李山. 管子 [M]. 北京：中华书局，2009.

[115] 李维武. 徐复观学术思想评传 [M]. 北京：北京图书馆出版社，2001.

[116] 李维武. 徐复观与中国文化 [M]. 武汉：湖北人民出版社，1997.

[117] 李维武. 二十世纪中国哲学本体论问题 [M]. 长沙：湖南教育出版社，1991.

[118] 李维武. 中国哲学的现代转型 [M]. 北京：中华书局，2008.

[119] 李维武. 中国人文精神之阐扬——徐复观新儒学论著辑要 [M]. 北京：中国广播电视出版社，1996.

[120] 李文绚. 报章血痕——中国新闻史上被残杀的报人 [M]. 福州：福建人民出版社，1999.

[121] 梁启超. 论中国学术思想变迁之大势 [M]. 上海：上海古籍出版社，2011.

[122] 梁启超. 先秦政治思想史 [M]. 北京：东方出版社，1996.

[123] 梁漱溟. 梁漱溟全集 [M]. 济南：山东人民出版社，1993.

[124] 刘坤，韩建立，刘乾先，等. 韩非子注释 [M]. 哈尔滨：黑龙江人民出版社，2003.

[125] 刘统. 中国的1948年：两种命运的决战 [M]. 北京：生活·读书·新知三联书店，2006.

[126] 刘毅青. 徐复观解释学思想研究 [M]. 北京：人民出版社，2014.

[127] 刘哲民. 近现代出版新闻法规汇编 [G]. 上海：学林出版社，1992.

[128] 鲁迅. 鲁迅全集（第四卷）[M]. 北京：人民文学出版社，2005.

[129] 许维遹. 吕氏春秋集释 [M]. 北京：中华书局，2009.

[130] 吕士朋，杨承祖，蔡仁厚，等. 东海大学徐复观学术思想国际研讨会论文集 [M]. 台中：东海大学，1992.

[131] 罗伯特·达尔. 论民主 [M]. 李柏光, 林猛, 译. 北京: 商务印书馆, 1999.

[132] 罗荣渠. 从"西化"到现代化——五四以来有关中国的文化趋向和发展道路论争文选（上册）[M]. 合肥: 黄山书社, 2008.

[133] 罗义俊. 评新儒家 [M]. 上海: 上海人民出版社, 1989.

[134] 马寅初. 马寅初选集 [M]. 天津: 天津人民出版社, 1988.

[135] 彭明. 五四运动史 [M]. 北京: 人民出版社, 1984.

[136] 荣孟源. 蒋家王朝 [M]. 北京: 中国青年出版社, 1980.

[137] 沈卫威. 自由守望——胡适派文人引论 [M]. 上海: 上海文艺出版社, 1997.

[138] 司马迁. 史记 [M]. 北京: 中华书局, 2013.

[139] 苏舆. 春秋繁露集成 [M]. 北京: 中华书局, 1992.

[140] 孙希旦. 礼记集解 [M]. 北京: 中华书局, 1989.

[141] 孙星衍. 尚书今古文注疏 [M]. 北京: 中华书局, 2004.

[142] 唐君毅. 唐君毅全集（卷七）[M]. 台北: 三民书局, 1979.

[143] 王遽堂. 戊戌变法（第4册）[M]. 上海: 上海人民出版社, 1957.

[144] 王先谦. 尚书孔传参正 [M]. 北京: 中华书局, 2011.

[145] 王跃, 高力克. 五四: 文化的阐释与评价——西方学者论五四 [M]. 太原: 山西人民出版社, 1989.

[146] 王知伊, 等. 编辑记者一百人 [M]. 上海: 学林出版社, 1985.

[147] 魏宏运, 郭彬蔚, 金普森. 中国现代史稿 [M]. 哈尔滨: 黑龙江人民出版社, 1980.

[148] 萧公权. 中国政治思想史 [M]. 北京: 商务印书馆, 2011.

[149] 萧慧麟. 萧毅肃上将轶事 [M]. 台北: 书香文化事业公司, 2005.

[150] 肖滨. 传统中国与自由理念——徐复观思想研究 [M]. 广州: 广东人民出版社, 1999.

[151] 谢晓东. 现代新儒学与自由主义——徐复观殷海光政治哲学比较

研究[M]. 北京：东方出版社，2008.

[152] 谢泳. 逝去的年代——中国自由知识分子的命运[M]. 北京：文化艺术出版社，1999.

[153] 徐汤莘，朱正直. 马寅初选集[M]. 天津：天津人民出版社，1988.

[154] 徐元诰. 国语集解[M]. 北京：中华书局，2002.

[155] 许涤新，吴承明. 中国资本主义发展史[M]. 北京：人民出版社，1993.

[156] 许纪霖. 二十世纪中国思想史论[M]. 北京：东方出版中心，2001.

[157] 许维遹. 吕氏春秋注[M]. 北京：中华书局，2010.

[158] 张岱年. 张岱年全集（第6卷）[M]. 石家庄：河北人民出版社，1996.

[159] 张岱年. 张岱年文集[M]. 北京：清华大学出版社，1995.

[160] 张公权. 中国通货膨胀史（1937—1949年）[M]. 北京：文史资料出版社，1986.

[161] 张君劢. 中国第三势力[M]. 台北：稻香出版社，2005.

[162] 章清. "胡适派学人群"与现代中国自由主义[M]. 上海：上海古籍出版社，2004.

[163] 中国第二历史档案馆. 国民党政府政治制度档案史料选编（下）[M]. 合肥：安徽教育出版社，1994.

[164] 周天度，孙彩霞. 救国会史料集[M]. 北京：中央编译出版社，2006.

[165] 朱熹. 四书章句集注[M]. 北京：中华书局，1983.

[166] 邹韬奋. 韬奋全集（第六卷）[M]. 上海：上海人民出版社，1995.

[167] 邹韬奋. 韬奋全集（第十卷）[M]. 上海：上海人民出版社，1995.

[168] 邹韬奋. 韬奋全集（第四卷）[M]. 上海：上海人民出版社，1995.

第3部分 论文

[169] 蔡仁厚."徐复观学术思想会议"志感 [C]//吕士朋，杨承祖，蔡仁厚，等. 东海大学徐复观学术思想国际研讨会论文集. 台中：东海大学，1992：535-536.

[170] 蔡仁厚. 徐复观先生的学术通识与专家研究 [M]//李维武. 徐复观与中国文化. 武汉：湖北人民出版社，1997：26-36.

[171] 蔡仁厚. 徐复观先生对中国思想史的贡献 [C]//曹永洋，等. 徐复观教授纪念文集. 台北：时报文化出版事业有限公司，1984：364-373.

[172] 陈锦忠. 从人性论到封建政治社会——徐复观先生的古史研究 [C]//曹永洋，等. 徐复观教授纪念文集. 台北：时报文化出版事业有限公司，1984：317-326.

[173] 陈进国. 从忧患意识到和乐境界——徐复观先生对中国人文精神的开掘与反省 [M]//李维武. 徐复观与中国文化. 武汉：湖北人民出版社，1997：158-174.

[174] 陈少明. 为什么是思想史？——徐复观的思想性格与学问取径 [J]. 华南师范大学学报（社会科学版），2013（10）：54-64.

[175] 陈昭瑛. 一个时代的开始：激进的儒家徐复观先生 [C]//徐复观. 徐复观文存. 台北：学生书局，1991：361-373.

[176] 杜维明. 徐复观的儒家精神——以"文化中国"知识分子为例 [M]//李维武. 徐复观与中国文化. 武汉：湖北人民出版社，1997：14-25.

[177] 杜维明. 徐复观先生的人格风范 [C]//吕士朋，杨承祖，蔡仁厚，等. 东海大学徐复观学术思想国际研讨会论文集. 台中：东海大学，1992：15-28.

[178] 法帅. 现代新儒家历史哲学研究——以徐复观、牟宗三、康君毅为中心 [D]. 济南: 山东大学, 2010.

[179] 干春松. 儒家政治思想的连续与转折———徐复观论董仲舒的政治哲学 [J]. 学术研究, 2010 (5): 21-26.

[180] 郭齐勇. 论徐复观的思想史观 [M]//李维武. 徐复观与中国文化. 武汉: 湖北人民出版社, 1997: 369-377.

[181] 郭荣丽. 文化理念的构建与落实——唐君毅、牟宗三、徐复观文化观研究 [D]. 哈尔滨: 黑龙江大学, 2008.

[182] 韩三洲. 论儒家徐复观的传奇人生 [J]. 海内与海外, 2005 (11): 46-48.

[183] 贺越明. 罗孚与徐复观的隐秘交往 [J]. 同舟共济, 2014 (9): 52-56.

[184] 黄俊杰. 当代历史变局下的儒家诠释学: 徐复观对古典儒学的新解释 [M]//李维武. 徐复观与中国文化. 武汉: 湖北人民出版社, 1997: 227-274.

[185] 黄俊杰. 徐复观的思想史方法论及其实践 [C]//吕士朋, 杨承祖, 蔡仁厚, 等. 东海大学徐复观学术思想国际研讨会论文集. 东海大学, 1992: 251-281.

[186] 黄俊杰. "东亚儒学"的视野及其方法论问题 [J]. 杭州师范大学学报 (社会科学版), 2016 (6): 25-34.

[187] 黄克剑. 心灵真切处的忧患——徐复观先生文化思想论要 [M]//李维武. 徐复观与中国文化. 武汉: 湖北人民出版社, 1997: 91-137.

[188] 江山. 内圣无需开出"新外王"——为徐复观思想学术讨论会而作 [M]//李维武. 徐复观与中国文化. 武汉: 湖北人民出版社, 1997: 364-368.

[189] 姜国柱. 徐复观的心性论 [M]//李维武. 徐复观与中国文化. 武汉: 湖北人民出版社, 1997: 275-289.

[190] 金耀基. 学术与政治之间的巨笔 [C]//曹永洋, 等. 徐复观教授纪念文集. 台北: 时报文化出版事业有限公司, 1984: 113-114.

[191] 乐炳南. 徐师在中国历史方面的一些突破和创见 [C]//吕士朋, 杨承祖, 蔡仁厚, 等. 东海大学徐复观学术思想国际研讨会论文集. 台中: 东海大学, 1992: 282-301.

[192] 李明辉. 徐复观与殷海光——当代新儒家与中国自由主义的争辩之一个剖面 [C]//吕士朋, 杨承祖, 蔡仁厚, 等. 东海大学徐复观学术思想国际研讨会论文集. 台中: 东海大学, 1992: 522.

[193] 李瑞全. 先秦儒家之人权观念——为徐复观先生之重构进一解 [C]//吕士朋, 杨承祖, 蔡仁厚, 等. 东海大学徐复观学术思想国际研讨会论文集. 台中: 东海大学, 1992: 425-436.

[194] 李维武. 国族无穷愿无极, 江山辽阔立多时——徐复观的文化哲学与人文世界 [M]//李维武. 徐复观与中国文化. 武汉: 湖北人民出版社, 1997: 37-90.

[195] 李维武. 开辟现代新儒学走向生活世界之路——关于徐复观消解形而上学思想的再思考 [J]. 孔子研究, 2013 (3): 88-103.

[196] 李维武. 徐复观的政治理想与孙中山的政治哲学 [M]//李维武. 徐复观与中国文化. 武汉: 湖北人民出版社, 1997: 321-336.

[197] 李翔海. 徐复观中西文化观述评 [M]//李维武. 徐复观与中国文化. 武汉: 湖北人民出版社, 1997: 138-157.

[198] 廖伯源. 述徐复观先生对秦汉政治制度史研究的两点成绩 [C]//吕士朋, 杨承祖, 蔡仁厚, 等. 东海大学徐复观学术思想国际研讨会论文集. 台中: 东海大学, 1992: 303-316.

[199] 林载爵. 徐复观论民主与自由 [C]//吕士朋, 杨承祖, 蔡仁厚, 等. 东海大学徐复观学术思想国际研讨会论文集. 台中: 东海大学, 1992: 475-490.

[200] 刘国民. "从学术上抢救青年一代"——徐复观论治学的态度 [J]. 中国青年研究, 2016 (2): 30-36.

[201] 刘鸿鹤,刘越. 徐复观对西方经典自由主义的评析——兼与儒家政治思想比较 [J]. 社会科学辑刊, 2014 (11): 606-610.

[202] 刘鸿鹤. 扬清激浊、返本开新——徐复观论儒家政治思想 [M] // 方克立. 中西会通与中国哲学的近现代转换. 北京: 商务印书馆, 2003: 630-667.

[203] 刘俊,傅斯年. 徐复观论"生"与"性"之关系及其思想史意义 [J]. 中国哲学史, 2015 (11): 115-120.

[204] 刘毅青. 徐复观解释学思想研究 [D]. 杭州: 浙江大学, 2006.

[205] 刘越,刘鸿鹤. 儒家人文主义的源头——徐复观论"忧患意识" [J]. 社会科学辑刊, 2014 (11): 41-45.

[206] 陆鸿英,吴根友. 徐复观与儒家的政治哲学 [J]. 孔子研究, 2005 (11): 115-123.

[207] 罗义俊. 儒家批判传统的重建——论徐复观先生的时代贡献 [M] // 李维武. 徐复观与中国文化. 武汉: 湖北人民出版社, 1997: 194-226.

[208] 马林刚. 从"政治救国"到"文化救世"——徐复观创办《民主评论》前后的心路历程 [J]. 齐鲁学刊, 2015 (7): 51-56.

[209] 牟宗三. 大难后的反省——一个骨干: 代发刊词 [J]. 历史与文化, 1947 (1): 1-14.

[210] 牟宗三. 悼念徐复观先生 [M] // 曹永洋, 等. 徐复观教授纪念文集. 台北: 时报文化出版事业有限公司, 1984: 13-16.

[211] 牟宗三. 徐复观先生的学术思想 [C] // 吕士朋,杨承祖,蔡仁厚, 等. 东海大学徐复观学术思想国际研讨会论文集. 台中: 东海大学, 1992: 1-14.

[212] 任剑涛. 自由主义的两种理路: 儒家自由主义与西化自由主义——徐复观、殷海光政治哲学之比较 [M] // 李维武. 徐复观与中国文化. 武汉: 湖北人民出版社, 1997: 337-363.

[213] 邵华,陈勇. 徐复观的考据观和考据方法述论 [J]. 江海学刊,

2014（11）：178-184.

[214] 邵华. 徐复观与《民主评论》[J]. 台湾研究集刊，2014（10）：77-84.

[215] 苏新鋈. 徐复观先生活转先秦儒家之思想纲脉[C]//吕士朋，杨承祖，蔡仁厚，等. 东海大学徐复观学术思想国际研讨会论文集. 台中：东海大学，1992：29-52.

[216] 孙阳阳. 传统文化的"现代疏释"——徐复观政治思想研究[D]. 济南：山东大学，2013.

[217] 谈瀛. 我所知道的徐复观先生——影响徐复观思想的家乡环境和几位前辈学者[M]//李维武. 徐复观与中国文化. 武汉：湖北人民出版社，1997：604-617.

[218] 谭凯. 批评与重建——熊十力徐复观知识分子观研究[D]. 长沙：湖南大学，2012.

[219] 唐良雄. 我所认识的徐复观先生[J]. 传记文学，1982（5）：20-24.

[220] 唐文. 徐复观政治哲学研究[D]. 湘潭：湘潭大学，2008.

[221] 王守雪. 心的文学——徐复观与中国文学思想经脉的疏通[D]. 上海：华东师范大学，2004.

[222] 王向清，彭抗洪. 徐复观对"五四"时期非孝思想的思[J]. 哲学动态，2015（7）：48-53.

[223] 王晓波. 感念与哀思——敬悼徐复观先生[M]//曹永洋，等. 徐复观教授纪念文集. 台北：时报文化出版事业有限公司，1984：291-303.

[224] 王兴国. "全球化"与"在地化"的当代新儒家——以刘述先和蔡仁厚为例[J]. 社会科学文摘，2016（5）：85-87.

[225] 韦维. 徐复观思想与现代新儒学发展学术讨论会纪略[M]//李维武. 徐复观与中国文化. 武汉：湖北人民出版社，1997：618-629.

[226] 韦政通. 以传统主义卫道,以自由主义论政——徐复观先生的志业 [M]//中国论坛编委会. 知识分子与台湾发展. 台北:联经出版事业公司,1989:439-469.

[227] 肖滨. 徐复观重构儒家政治文化的三个层面 [M]//李维武. 徐复观与中国文化. 武汉:湖北人民出版社,1997:301-320.

[228] 萧萐父. 徐复观学思成就的时代意义 [M]//李维武. 徐复观与中国文化. 武汉:湖北人民出版社,1997:6-13.

[229] 萧欣义. 徐复观教授的群己观 [C]//吕士朋,杨承祖,蔡仁厚,等. 东海大学徐复观学术思想国际研讨会论文集. 台中:东海大学,1992:523-526.

[230] 徐非光. 且莫给民族虚无主义评功摆好——评为《河殇》翻案的议论 [J]. 中华魂,2006(11):50-53.

[231] 徐均琴. 大地的儿女——悼念我的父亲徐复观先生 [M]//曹永洋,等. 徐复观教授纪念文集. 台北:时报文化出版事业有限公司,1984:7-8.

[232] 薛顺雄. 徐复观老师在东海的教书生活 [M]//曹永洋,等. 徐复观教授纪念文集. 台北:时报文化出版事业有限公司,1984:205-206.

[233] 颜炳罡. 评徐复观的学术态度与方法 [M]//李维武. 徐复观与中国文化. 武汉:湖北人民出版社,1997:385-402.

[234] 杨胜良. 论徐复观对儒家"成己"思想的诠释 [M]//李维武. 徐复观与中国文化. 武汉:湖北人民出版社,1997:290-300.

[235] 杨胜良. 略论徐复观对中国思想史的研究 [M]//李维武. 徐复观与中国文化. 武汉:湖北人民出版社,1997:378-384.

[236] 杨泽波. 徐复观性善论研究的贡献与不足 [M]//李维武. 徐复观与中国文化. 武汉:湖北人民出版社,1997:422-433.

[237] 余英时. 血泪凝成真精神 [M]//曹永洋,等. 徐复观教授纪念文集. 台北:时报文化出版事业有限公司,1984:115-116.

[238] 翟志成. 儒门批判与抗议精神之重建——徐复观先生对当代新儒学之贡献 [C] // 吕士朋, 杨承祖, 蔡仁厚, 等. 东海大学徐复观学术思想国际研讨会论文集. 台中: 东海大学, 1992: 437-458.

[239] 张岱年, 王东. 中华文明的现代复兴和综合创新 [J]. 教学与研究, 1997 (5): 9-14.

[240] 周炽成. 徐复观: 20世纪中国知识分子的杰出一员 [M] // 李维武. 徐复观与中国文化. 武汉: 湖北人民出版社, 1997: 181-193.

[241] 周磊. 论徐复观对早期儒家政治哲学的探析 [D]. 大连: 大连理工大学, 2008.

[242] 包心鉴. 马克思主义与中国传统文化内在精神的融通 [N]. 光明日报, 2009-11-21 (07).

[243] 陈先达. 马克思主义和中国传统文化 [N]. 光明日报, 2015-07-03 (1).

[244] 杜维明. 关乎中国人心灵的挑战 [EB/OL]. (2013-01-28) [2020-04-22]. http: //www.21ccom.net/articles/sxwh/shsc/article_ 2013012875998.html.

[245] 何卓恩. 徐复观: 不甘心只做一个儒家 [N]. 中华读书报, 2014-07-01 (9).

[246] 贺照田. 徐复观的晚年定论及其思想意义 [N]. 中国图书商报, 2005-08-19 (8).

[247] 蒋广学. 马克思主义视域下的传统文化精髓 [N]. 中国社会科学报, 2013-09-25 (4).

[248] 李维武. 从心到画: 徐复观《中国艺术精神》的思路 [N]. 中华读书报, 2011-11-16 (14).

[249] 施忠连. 徐复观——需要重新解读的思想家 [N]. 中国图书商报, 2001-12-27 (15).

[250] 王守雪. 性情充溢的思想家——徐复观 [N]. 社会科学报, 2003-

01-23（6）.

[251] 王珍. 马克思主义视域中的中国传统文化资源 [N]. 中国民族报, 2014-06-27（5）.

[252] 卫兴华. 掀开西方"普世价值"的面纱 [N]. 人民日报, 2015-11-30.

[253] 习近平. 在纪念孔子诞辰2565周年国际学术研讨会上的讲话 [EB/OL].（2014-09-24）[2020-04-22]. http://news.xinhuanet.com/politics/2014-09/24/c_1112612018.html.

[254] 晓方, 洪恩. 越过乡愁独照传统 [N]. 湖北日报, 2003-12-18（3）.

[255] 尹旦萍. 徐复观思想的多维展开 [N]. 社会科学报, 2004-03-04（3）.

后 记

后　记

　　本书是我在大连理工大学马克思主义学院攻读思想政治教育专业博士学位的博士论文基础上修改充实而成的。硕士研究生期间，我在《中西政治思想史专题研究》的专业课课堂上，作"论现代新儒家的民主理论"的主题演讲，其中提到了《为中国文化敬告世界人士宣言——我们对中国学术研究及中国文化与世界文化前途之共同认识》一文，进而谈及了第二代新儒家的独特代表人物徐复观先生，并表达了对其人格与学问的敬慕。后来我方得知，这堂课的主讲人刘鸿鹤教授，正是国内外研究徐复观思想的专家。三年之后，我有幸成为刘鸿鹤教授的亲传弟子，开始深入探究徐复观的政治思想，从而走近了这位跋涉于"学术与政治之间"的政治思想家。

　　徐复观说："一个人在学术上的价值，不仅应由他的研究成果来决定，同时也要由他对学问的诚意及其品格之如何来决定。学问是为人而存在；但就治学的个人来说，有时也应感到人是为学问而存在。"在刘鸿鹤教授身上，最能体现出徐复观这句话的真意，我依稀看到了徐复观追求真理的无畏精神和爱憎分明的高尚品格。刘教授的渊博、宽厚、仁爱、教诲使我感怀万千，他与我的师生之缘是命运的恩赐，但愿我能以自己的学思予以回报。

　　感谢我的硕士导师杨慧民教授，是他引领我踏上了学术探求之路，他的倾情呵护与无私帮助一直鼓舞着我坚持不懈、不断前行，感恩之情，难以言尽。

　　感谢马克思主义学院的洪晓楠教授、魏晓文教授、杨连生教授、徐成芳教授、戴艳军教授、蔡小慎教授、马万利教授、荆蕙兰教授、费艳颖教授、胡光教授、刘志礼教授、王新颖教授等从我论文的开题、写作、修改到最终定稿的过程中，提出的宝贵的建议和意见，他们的灵思与博学使我受益弘深。

　　感谢我挚爱的同窗，是你们一路陪伴我度过在大连理工大学的友情时光。

　　感谢我所在单位辽东学院的各位领导和同事。感谢领导的培养和关心，感谢同事的理解与帮助。感谢吕志霞研究员和满海峰教授，每当我陷入顿挫，二位必有激励；每当我濒临放弃，二位必有劝勉。感谢何莲书记、高新力教授、娄振钢老师，以及与我共事的各位兄弟姐妹在我有所需求时不吝援手。因为你们，我才始终保持坚定的信念。

感谢我的家人，你们殷切的期望和默默的支持是我最大的幸福。

感谢教育部人文社会科学研究项目（20YJC710039）、辽宁省教育厅人文社会科学研究项目（LNSZYT2019191）、辽宁省社科规划基金项目（L18WSZ013）对本书的资助。

博士虽已毕业，但一切才刚刚开始。既然选择了学术研究这条道路，纵然前路坎坷，我也会坚定地走下去。